提供资助的项目：
2021年四川省一流课程《市场营销学》，2022年四川省一流课
成都理工大学中青年骨干教师资助计划，2021~2023年成都理
教学改革项目"经管类专业课与思政课多维融合的智慧课堂设计
2021~2023年四川省高等教育人才培养质量和教学改革项目"
体系构建研究"（项目编号JG2021-705）

电商平台
消费者行为研究

李　琼　李　琳◎著

经济管理出版社
ECONOMY & MANAGEMENT PUBLISHING HOUSE

图书在版编目（CIP）数据

电商平台消费者行为研究/李琼，李琳著. —北京：经济管理出版社，2023. 10
ISBN 978-7-5096-9409-1

Ⅰ.①电…　Ⅱ.①李…②李…　Ⅲ.①电子商务—消费者行为论—研究　Ⅳ.①F713. 55

中国国家版本馆 CIP 数据核字（2023）第 215335 号

责任编辑：王格格　杜奕彤
责任印制：许　艳
责任校对：陈　颖

出版发行：经济管理出版社
　　　　　（北京市海淀区北蜂窝 8 号中雅大厦 A 座 11 层　　100038）
网　　　址：www. E-mp. com. cn
电　　　话：（010）51915602
印　　　刷：北京晨旭印刷厂
经　　　销：新华书店
开　　　本：720mm×1000mm/16
印　　　张：12. 5
字　　　数：236 千字
版　　　次：2023 年 12 月第 1 版　　2023 年 12 月第 1 次印刷
书　　　号：ISBN 978-7-5096-9409-1
定　　　价：69. 00 元

·版权所有　翻印必究·

凡购本社图书，如有印装错误，由本社发行部负责调换。
联系地址：北京市海淀区北蜂窝 8 号中雅大厦 11 层
电话：（010）68022974　邮编：100038

前　言

　　互联网已经成为当今社会不可替代的产物，它改变了人们的生活习惯，并创造了新的商业模式和消费行为方式。一方面，互联网的高度互动性、便利性和个性化特征吸引了越来越多的消费者使用电子媒介进行沟通；另一方面，各行各业都逐渐意识到网络技术所带来的全方位挑战，从而努力在战略设计与营销策略上寻找相应的变革机会和发展对策。随着购物类互联网平台的逐渐成熟以及人们消费习惯的改变，网络购物成为一种消费趋势。网络市场扩大了传统市场的范畴，对企业传统的生产模式和经营理念提出了严峻的挑战，同时也为企业提供了机遇。

　　电子商务的快速发展和成熟化，凸显了众多优势，如降低信息成本、有效降低库存、减少库存费用、缩短生产周期等，一方面对传统商务模式产生了一定的冲击，另一方面则直接影响着消费者的生活方式和消费理念。电子商务极大地降低了消费者的消费门槛，赋予消费者更为个性的消费追求；实时、便捷的沟通和交流极大地丰富了商品和服务的种类，使得消费者选择多样化；改变了消费者信息搜集的方式，从而也进一步促进了基于互联网的电子商务的快速发展；使消费者进一步关心商品或服务的质量，更加注重个人的消费满足，对网络隐私和信息保密也给予了更高的关注。

　　电子商务环境下消费者依旧受到传统购物习惯的束缚，如消费者长期以来形成的"眼看、手摸、耳听"的传统购物习惯在网上受到束缚等，但网络购物具有的形式方便、信息快捷、时间节省等优势，使消费者慢慢接受了全新的商务模式。随着买方市场的到来，消费者将面临更为纷繁复杂的商品和品牌选择，在网络购物的过程中，消费者的消费心理和行为习惯正在慢慢发生改变，并且呈现出新的特点和趋势。比如，众多消费者更强调个性化消费，主张多样化消费。基于互联网的电子商务的一大特点便是企业能够实时、有效地提供定制化的服务，而市场消费品种和产品的多样化、高度细化也使得消费者能够以个人心理愿望为基础挑选和购买商品或服务。同时，消费者消费的主动性增强。互联网的交互性使消费者能够轻松、自由地参与到企业的生产过程中，提高了产品的透明度，消费者和厂家能够进行实时、全面的沟通。在电子商务环境下，消费者对购买便利性提出了更高的要求。消费者在网上购物的时候，能够最大程度地享受电子商务便利性给他们带来的好处。随着人们生活节奏的不断加快以及网络购物整体环境的改变，消费者对购物的便利性将提出更高的要求，以保持他们网络购物的满足感和乐趣。

本书以电子商务环境下的消费者购买行为为主题，意在为我国企业在当前网络经济快速发展的形势下，尽快掌握切实可行的网络营销理论，用科学的方法开展电商营销实践提供建议，以使其在激烈的市场竞争中充分利用新的营销环境所创造的难得的机遇创建差异化竞争优势，从而全面提高经营效益，并带动我国网络经济的发展。

本书主要内容如下：第一章为消费者行为概述；第二章为消费热点中的消费者行为；第三章为网络消费者行为概述；第四章为电子商务环境下的消费价值观与消费者行为；第五章为电子商务推荐服务与消费者在线商品选择决策；第六章为社交电子商务环境下消费者行为；第七章为引导消费者行为的策略。前三章由李琳承担主要撰写工作，后四章由李琼撰写完成。另外，李琳承担了外文参考文献的翻译工作，李琼进行了全书统稿。

由于电子商务在不断发展以及个人消费观念在不断更新，本书可能存在不足之处，恳请广大读者批评指正。

目　录

第一章　消费者行为概述 ··· 1

第一节　消费者行为的概念 ··· 1

第二节　消费者行为的理论体系 ···································· 2

第三节　消费者需要、动机与态度 ·································· 5

第四节　消费者购买决策 ··· 25

第二章　消费热点中的消费者行为 ··································· 40

第一节　绿色消费、保健食品消费中的购买行为 ················· 40

第二节　教育、文化消费中的购买行为 ···························· 48

第三节　休闲消费、假日消费的购买行为 ························· 51

第三章　网络消费者行为概述 ·· 57

第一节　电子商务与网络消费 ······································ 57

第二节　网络消费者及其行为特征 ································· 62

第三节　网络消费者购买行为的影响因素 ························· 69

第四章　电子商务环境下的消费价值观与消费者行为 ············· 92

第一节　消费价值观与冲动购买 ···································· 92

第二节　基于电商购物节的消费价值观与消费者行为 ············ 103

第三节　基于消费者在线评论的消费价值观与消费者行为 ········ 112

第四节　基于消费者在线投诉的消费价值观与消费者行为 ········ 123

第五章　电子商务推荐服务与消费者在线商品选择决策 ··········· 134

第一节　消费者在线商品选择决策过程模型构建 ················· 134

第二节　在线商品选择决策中的知识支持机理分析 …………………… 136

第三节　消费者对在线知识推荐接受的可能需求与意愿分析 ………… 140

第四节　基于参数理解的消费者商品选择决策行为偏好分析
　　　　——以数码相机为例 …………………………………… 143

第六章　社交电子商务环境下消费者行为 …………………………… 151

第一节　社交电子商务中消费者行为分析 …………………………… 151

第二节　基于微信的社交电商发展及消费者行为分析 ……………… 157

第三节　朋友圈社交互动对消费者购买行为的影响 ………………… 163

第四节　电商直播情境下消费者行为分析 …………………………… 167

第七章　引导消费者行为的策略 ……………………………………… 174

第一节　消费者教育与消费引导 ……………………………………… 174

第二节　在电子商务中实施精准营销的建议 ………………………… 181

第三节　我国购物网站营销策略与发展战略 ………………………… 184

参考文献 …………………………………………………………………… 192

第一章　消费者行为概述

第一节　消费者行为的概念

随着市场竞争环境的变化和需求问题的日益突出，社会各界尤其是企业界对消费者需求问题的关注日益加深，消费者行为研究备受重视。消费者行为学是所有营销方法之母，也是营销管理的公理假设基础。了解客户思维模式和习惯，可以找到有效的营销手段，创造性地使用资源，灵活地运用增加产品销量的"钥匙"。

研究和了解消费者行为，是市场营销成功的基础。营销人员通过了解购买者经历的需求产生、寻找信息、评价商品、做出购买决策的全过程，获得一系列有助于满足消费者需要的线索；通过了解购买过程中的各种参与者及其对购买行为的影响，就可以为目标市场制订有效的市场营销计划。所以，消费者行为好似复杂的 DNA，消费者行为分析就是为了解读或破解消费者行为的密码，市场营销管理不能孤立地研究消费需求本身，还必须从消费者的视角出发，去研究影响消费需求的经济、社会、文化、心理等因素，并追踪消费需求产生的前导和满足后的延续过程。

一、谁是消费者

狭义的消费者，是指购买、使用各种消费品或服务的个人与住户。广义的消费者，是指购买、使用各种产品与服务的个人或组织。本书主要从狭义的消费者角度讨论消费者行为。

现实生活中，同一消费品或服务的购买决策者、购买者、使用者可能是同一个人，也可能是不同的人。比如，大多数成人的个人用品，很可能是由使用者自已决策和购买的，而大多数儿童用品的使用者、购买者与决策者则很有可能是分离的。在消费决策过程中，存在不同类型的购买参与者，如果把产品的购买决策、实际购买和使用视为一个统一的过程，那么处于这一过程任一阶段的人，都可称为消费者。

二、消费者行为的含义

从理论上讲，消费者为满足其需要必须去选择、获取、使用或处置某种产品或服务。在这个过程中，消费者所表现出来的种种心理活动和外在行为，包括先于且决定这些行动的决策过程，总称为消费者行为。

美国市场营销协会对消费者行为的定义是：人类在进行生活中各方面的交换时，表现出来的情感、认知、行为和各种环境因素的相互作用的动态过程。

消费者行为是与产品或服务的交换联系在一起的。在现代市场经济条件下，企业研究消费者行为是着眼于与消费者建立和发展长期的交换关系。为此，不仅需要了解消费者是如何获取产品与服务的，也需要了解消费者是如何消费产品，以及产品在使用完之后是被如何处置的。消费者的消费体验及其处置旧产品的方式和感受均会影响其下一轮购买，也就是说，会对企业和消费者之间的长期交换关系产生直接的作用。传统的对消费者行为的研究，一直重点关注产品、服务的获取，产品消费与处置方面则往往被忽视。随着对消费者行为研究的深入，人们越来越深刻地意识到，消费者行为是一个整体，是一个过程，获取或者购买只是这一过程的一个阶段。因此，研究消费者行为，既应调查、了解消费者在获取产品、服务之前的评价与选择活动，也应重视获取产品后其对产品的使用、处置等活动。只有这样，对消费者行为的理解才会趋于完整。

影响消费者行为的个体与心理因素包括需求与动机、知觉、学习与记忆、态度、个性、自我概念与生活方式。这些因素不仅影响和在某种程度上决定消费者的决策行为，而且它们会放大或抑制外部环境与营销刺激对消费者决策行为的影响。

影响消费者行为的环境因素主要有文化、社会阶层、社会群体、家庭等。

第二节　消费者行为的理论体系

消费者行为研究有着非常周密而严谨的理论体系。消费者行为研究假定消费者在各种内部因素（生理、心理）和外部因素（社会、媒介、相关群体等）的影响下，形成了自我形象和生活方式。这种生活方式使消费者产生相应的需要和欲望，并且经常以消费产品来获得满足。消费者一旦面临相应的情景，就会启动相应的决策程序，并做出消费选择。反过来，这种消费活动和体验又会对消费者的内部特征和外部环境产生影响，从而引发消费者自我形象和生活方式的改变。在这种相互影响的过程中，消费者行为变得更加丰富多彩。

消费者的购买动机和购买行为可以概括为 6W 和 6O，从而形成消费者行为研究的基本框架。

（1）市场需要什么（What）——有关产品（Objects）是什么。通过分析消费者希望购买什么，为什么需要这种商品而不是需要那种商品，研究企业应如何提供适销对路的产品来满足消费者的需求。

（2）为何购买（Why）——购买目的（Objectives）是什么。通过分析购买动机的形成（生理的、自然的、经济的、社会的、心理因素的共同作用），了解消费者的购买目的，采取相应的市场策略。

（3）购买者是谁（Who）——购买组织（Organizations）是什么。消费者进行消费活动的过程往往涉及许多不同的参与者。通过分析购买者是个人、家庭还是集团，购买的产品供谁使用，谁是购买的决策者、执行者和影响者，组合相应的产品、渠道，进行定价和促销。尤其是家庭购买或组织购买活动，通常包括发起者、信息收集者、影响者、决策者、购买者和使用者等不同角色，"买者不一定是用者"的情况十分常见。即使在完全独立自主的购买活动中，消费者行为依然不是完全个人化的。消费者在使用产品时会听到别人的评价，而这个做出评价的人可能因此对消费者的下一次购买产生比较大的影响，从而介入消费者的行为，成为消费者行为的参与者。

（4）如何购买（How）——购买组织的作业行为（Operations）是什么。分析购买者对购买方式的不同要求，有针对性地提供不同的营销服务。在消费者市场，应分析不同类型的消费者的特点，如经济型购买者对产品性能和价格的追求，冲动型购买者对产品情趣和外观的喜好，手头拮据的购买者要求分期付款，工作繁忙的购买者重视购买的便利性和送货上门等。

（5）何时购买（When）——购买时机（Occasions）是什么。分析购买者对特定产品的购买时间的要求，把握时机，适时推出产品，如分析自然季节和传统节假日对市场购买的影响程度等。

（6）何处购买（Where）——购买场合（Outlets）是什么。分析购买者对不同产品的购买地点的要求，如消费品种的方便品，顾客一般就近购买；而选购品则在商业区（地区中心或商业中心）购买，以便挑选对比；特殊品往往会直接到企业或专业商店购买等。

具体而言，消费者决策行为的主要研究内容如图 1-1 所示，包括以下几个部分：

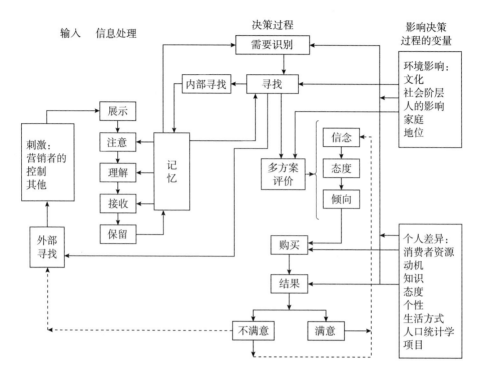

图 1-1　消费者决策模型

（1）外部因素与消费者行为之间的相互作用。主要从文化、亚文化、相关群体、家庭一级市场营销活动等方面进行研究。在不同的文化背景下，由于价值观的不同和生活方式的差异，消费者的消费模式（购买方式、购买习惯、使用习惯等）有着明显的差别，而相关群体和家庭则会对消费者的购买决策产生广泛的影响和作用。

（2）内部因素与消费者行为之间的相互作用。主要研究消费者的认知处理过程（如何认识产品或品牌、记忆中的知识与通过知觉系统得到的新信息如何共同起作用等）、情感变化过程（消费者对产品和品牌的情感的形成过程、情感对购买活动的影响、消费者参与的状态等）、态度改变过程（如何形成对产品或企业的总体态度、态度对最终购买行为的影响、如何改变消费者的态度等）。

（3）消费者的决策过程。研究消费者如何从认知产品开始，搜寻信息、评价选择项、做出购买决定以及产生不同的购买行为，特别是情境（也就是特定的环境因素）对消费者行为的具体影响。

（4）消费者行为的学习。除了认知学习外，还研究如何通过改变消费者行为产生之前之后的影响因素来达到改变消费者行为的目的。比如，通过观察自己的朋友因为购买了一件流行的衬衫而得到大家的赞赏，消费者自己也去购买同样的衬衫，或者在消费者购买之后给予一定的奖励（优惠券），以鼓励消费者下一次继续购买。

（5）消费者的需求和动机的产生、自我形象与生活方式的形成。

第三节　消费者需要、动机与态度

消费者行为产生的根本原因就是需要。需要是人有意识、有目的地反映客观现实的动力，消费者对商品经营活动中各种事物的需要，往往受其所特有的需要制约。虽然需要与刺激都是动机产生的条件，但需要是最基础的。因此，掌握消费者需要的形成及其发展规律，对研究消费者的购买行为和心理活动规律有着极其重要的意义。

一、消费者需要的特性和分类

（一）消费者需要的特性

消费者需要是指消费者对以商品和劳务形式存在的消费品的要求和欲望。消费者需要各不相同，并随着时代和社会的进步而不断发生变化。尽管如此，消费者需要仍有某些趋同性和规律性，这些共性体现在消费者需要的基本特征中。

1. 发展性

消费者需要不是一成不变的，随着社会经济发展和人民生活水平的不断提高，人们对商品和服务的需要不论是在数量上还是在质量上都在不断发展。总的趋势是由低级向高级发展，由简单向复杂发展。例如，随着生活水平的提高，人们对衣食住行的需要由吃饱穿暖发展为吃要营养、穿要漂亮、用要高档、住要宽敞。

2. 多样性

多样性是消费者需要最基本的特征。它首先表现在不同消费者之间多种需求的差异上。由于各个消费者的收入水平、文化程度、年龄、职业、性格、民族和生活习惯不同，他们对商品和服务的需求也是千差万别和丰富多彩的。每个消费者都按照自身的需要选择、购买和评价商品。

其次，消费者需要的多样性还表现在同一消费者对某一特定消费对象常常同时兼有多方面的要求，如既要求商品质量好，又要求外观新颖美观。这充分体现出消费需要在同一个体内部仍具有绝对的多样性。

总之，消费者需要的多样性，表现在不仅有生理方面的需要，还有心理方面的需要；不仅有物质方面的需要，还有精神方面的需要；不仅有低层次的需要，还有高层次的需要。人的生活是丰富多彩的，需要的商品必然也是多样的。

3. 层次性

人们的消费需要是有层次的，并总是由低层次向高层次逐渐延伸和发展。当低层次的、最基本的生活需要被满足后，就会产生高层次的社会需要和精神需要，这就是消费需要的层次性。

4. 伸缩性

伸缩性是指消费者对某种商品的需要，会因某些因素如支付能力、商品价格、储蓄利率等的影响而发生一定程度的变化。当客观条件限制需要的满足时，需要会被抑制、转化和降级，也可能停留在某一水平上。从消费者自主选择看，伸缩性还表现在消费者需要的层次高低、内容多寡和程度强弱等方面。

5. 周期性

人的消费是一个无止境的活动过程，在一些消费需要获得满足后，一定时间内不再产生需要，但随着时间的推移消费需要还会重新出现，并具有周期性。消费需要的周期性主要是由人的生理机制运行引起的并受到自然环境变化周期、商品变化周期和社会时代变化周期的影响。

6. 可诱导性

消费者的需要是可以被诱导、引导和调节的，即可以通过环境的改变或外部诱因的刺激、引导，使消费者需要发生变化和转移。消费者需要的可诱导性，为企业提供了巨大的市场潜力和市场机会。企业可以通过卓有成效的市场营销活动，使企业由被动地适应、迎合消费者需要，转变为积极地引导、激发和创造需要。

7. 互补性和互替性

消费者需要在某些商品方面具有互补性。例如，购买钢笔时可能会附带购买墨水等。经营互有联系的商品，不仅会给消费者带来便利，还能增加商品销售额。

此外，许多商品有互相替代的特点。例如，面包的销售量增加，可能会导致馒头和包子的销售量相对减少。这就要求企业及时把握消费需要变化趋势，有目的、有计划地根据消费需要变化规律供应商品，以便更好地满足消费者的需要。

（二）消费者需要的分类

人类消费需要是多方面的，纷繁复杂，可以从不同角度对消费需要进行分类。其中，最常用、最基本的分类方法是根据购买目的，把消费需要分为生产消费需要和生活消费需要两大类。生产消费需要是指生产者为满足生产过程中物化劳动和活动劳动消耗的需要，也可称为生产者需要；生活消费需要是指消费者为满足个人生活的各种物质产品和精神产品的需要，又称为消费者需要，消费者需要是最终的消费需要，是我们研究的重点。由于消费者需要的内容非常丰富，因此，可以从不同的角度对其进行分类。

1. 按照需要的对象不同，可以分为精神需要和物质需要

（1）精神需要是指消费者对于观念的对象或精神产品的需要。这主要是指认知、审美、交往、道德、创造等方面的需要。随着社会的进步和发展，人类的精神需要也在不断增添新的内容。

高级的物质需要和精神需要之间的区别是相对而言的，因为满足精神的需要必须依赖一定的物质条件，如发展智力的需要，可通过书籍、报刊、文化用品等予以满足；追求健美，可通过得体的服饰、化妆品、保健食品予以满足。

（2）物质需要是人类社会生存和发展的基础，也是人最基本、最重要的需要。物质需要是指消费者在物质生活和社会交往中对社会物质产品的需要和欲望，如对食品、饮料、服装、住房、首饰、家用电器、家具等的需要。随着社会生产的不断发展，人们物质消费水平的提高，物质需要又有了低级和高级之分。低级的物质需要指向维持生命所必需的基本对象；高级的物质需要是指人们对高级生活用品，如现代家用电器、高档服装、美容美发用品、健身器材等的需要。在生产力水平较低的社会条件下，人们购买物质产品在很大程度上是为了满足其生理性需要。但随着社会的发展和进步，人们越来越多地运用物质产品体现自己的个性、成就和地位。因此，物质需要不能简单地对应于前面所介绍的生理性需要，它实际上已经越来越多地渗透着社会需要的内容。

2. 按照需要的起源不同，可以分为自然需要（又称生理性需要）和社会需要（又称心理性需要）

（1）自然需要，是指个体为维持生命和延续后代而产生的需要，如进食、饮水、睡眠、运动、排泄、性活动等。这种需要是人作为生物有机体与生俱来的，是由消费者的生理特性决定的，因此又称生理性需要。自然需要是人类最原始、最基本的需要，是人和动物共有的，而且往往带有明显的周期性。比如，受生物钟的控制，人需要有规律的、周而复始的睡眠，需要日复一日地进食、排泄，否则，人就不能正常生活，甚至不能生存。人的生理需要和动物的生理需要有本质区别。人类在满足其生理需要的时候，并不像动物那样完全受本能驱使，

而是受到社会条件和社会规范的制约。

（2）社会需要，是指人们在社会生活中形成的、为维护社会的存在和发展而产生的需要，如求知、求美、社交等需要。社会需要是消费者在社会环境的影响下形成的，带有人类社会特点。这种需要是人作为社会成员在社会生活中形成的，是基于消费者的心理特性产生的，因而又称心理性需要。它往往被打上时代、阶级、文化的印记。人是社会性的动物，只有被群体和社会所接纳，才会产生安全感和归属感。社会需要得不到满足，虽然不直接危及人的生存，但会使人产生不舒服、不愉快的体验和情绪，从而影响人的身心健康。一些物质上很富有的人，因得不到友谊、爱，得不到别人的认同而产生孤独感、压抑感，恰恰从一个侧面反映出社会需要的满足在人的发展过程中的重要性。

3. 按照需要满足的对象不同，可以分为社会公共需要和个人需要

个人需要主要是指消费者个人有货币支付能力的生活消费需要；社会公共需要是指社会集体消费基金统筹安排的、用来满足公共需要（即社会集团消费需要）的部分。

在一定的社会制度下，社会成员的个人需要与社会需要，本质上是一致的。从经济上看，满足社会成员的个人需要，就是直接用于社会成员的个人消费，它反映着消费者的当前利益和直接的个人利益，而满足全体社会成员的社会需要，是用于全社会的公共消费，它代表着全体社会成员的共同利益和长远利益。满足社会需要是社会生存和发展的基本条件，也是社会成员个人需要得以满足和不断提高的前提。没有生产、教育、科学事业的发展，个人的物质文化生活水平就得不到迅速提高。所以满足社会的公共需要，归根结底是为了不断满足和提高社会成员的个人需要水平，虽然两者之间有时也存在着矛盾，但从总体上来说是一致的。

4. 按照需要的实现程度不同，可以分为现实需要和潜在需要

（1）现实需要是指消费者有货币支付能力且已经意识到的需要。对这一需要，只要激发消费者的购买动机就可以完成购买行为。

（2）潜在的需要是指在未来时期内，对商品或劳务可能产生的具有支付能力的需要。这种需要有两种表现形式：一种是商品或劳务在市场是现实的，但因消费者的购买力一时受到条件的限制而不能立即实现，使购买行为处于潜在状态；另一种是市场上现有商品或劳务并不符合消费者需要，为等待合适的商品或劳务，消费者持币待购，一旦条件具备，购买行为会随之发生。现实消费需要和潜在消费需要虽然是两种不同的需要状态，但两者之间是有联系的，能够相互转化。其转化首先取决于消费者的货币收入水平、商品价格水平和利息率水平等，其次取决于供应商品的结构、销售渠道、服务质量和商品信息等。同时，社会安

定、市场稳定也会促使一些现实消费需要转变为潜在需要。

5. 按照需要的商品性能不同，可以分为对商品使用价值、审美功能、时代特征、社会象征和良好服务的需要

（1）对商品使用价值的需要是消费者需要的基本内容。消费者对商品的需要，首先表现为要求商品具有特定的使用价值，包括对商品的基本功能、质量、外观、规格、品种、安全性能、便利程度、供应数量以及同类商品可供选择的余地等方面的要求。

（2）对商品审美功能的需要，体现了人类追求、向往美好事物的天性。消费者在重视商品使用价值的同时，也要求商品具有较高的审美价值，希望商品在工艺设计、造型式样、色彩、装潢、风格等方面具有符合审美情趣的特点。

（3）对商品体现时代特征的需要，反映了消费者需要的发展属性，体现出消费者不断感受社会环境的发展变化，调整自身的消费观念和消费方式，以顺应时代前进潮流的要求。这一需要在消费中表现为要求商品新颖、新潮、富于变化，能反映当代新鲜事物和思想，具有浓厚的时代气息。

（4）对商品社会象征性的需要，是消费者希望通过购买和拥有某种商品来显示自身的身份，提高自身的社会地位或知名度，或者借以传递和表达某种情感。它是消费者社交、尊重、自我实现等高层次的需要在商品性能上的体现。对商品社会象征性的需要，具体表现为要求商品具有高档、个性化等特征。

（5）对提供良好服务的需要，反映了消费者不仅购买商品，同时还购买服务的现代需求观念，是现代消费者主体意识和权益保护意识的体现。这一需要具体表现为消费者对良好的售前和售后服务、舒适的购物环境、良好的企业形象和产品信誉等方面的要求。良好的服务可以使消费者获得尊重、个人价值认定等多方面的心理满足。

6. 按照需要的层次不同，可以分为生理需要、安全需要、社交需要、尊重需要和自我实现需要

美国著名心理学家马斯洛于 1943 年在他的《人类动机论》一文中提出需要层次论。他根据人的需要的不同内容，把需要由低级到高级划分为五个层次，这五个层次形成宝塔式的级差体系。

（1）生理需要指人的生存需要，是人类最基本的需要，包括饮食、空气、阳光、睡眠、运动等方面的需要。马斯洛指出，如果所有的需要都得不到满足的话，那么有机体就会被生理需要所支配，其他需要就不存在了，或者退到隐蔽地位。从这个意义上讲，生理需要是人们行动最强大的动力。

（2）安全需要指保护人的生命免受侵害的需要，如对保险、保健、职业保障、社会环境安定等的需要。当一个人的生存需要获得一定程度的满足后，安全

需要就变得强烈起来。如果消费者不用再为食物发愁时，他会更多地考虑食物结构对健康的影响，担心食物中脂肪、糖分和热量过高，害怕食物中含有致癌物质；购买各种锁、防盗门，防止家中物品被盗；希望食品卫生、药物安全、担心假冒伪劣商品危害自己等。这时，他追求的是健康、安全方面的需要。

（3）社交需要是指人们在社会交往中的需要。人们生活在社会中，任何人都不能孤立地生活，每个人都希望自己能成为某一团体或组织有形或无形的成员，得到人们的重视和友谊，并为实现这个目标做出努力。在实际生活中，社交需要是各个阶层的顾客购买商品的主要动力，如为交际的需要去购买时装、化妆品，为获得他人的喜爱而去健身、美容等。

（4）尊重需要是指人们需要被尊重，希望个人的能力、成就等被别人承认的需要。人类具有自尊和荣誉感，总希望自己能获得成功，得到荣誉，受到人们的尊重和赞扬。尊重的需要包括自信的需要、完美的需要、知识的需要、地位的需要、受人尊重的需要。这些需要是在低层次的需要满足之后产生的，就是所谓"衣食足，知荣辱"。在这一层次需要支配下的顾客，最典型的行为是热衷于购买名牌商品、高档商品、珠宝装饰品等炫耀性的商品。

（5）自我实现需要是指个人的理想、抱负，最大限度地发挥出个人潜能的需要。这是建立在前四种需要基本得到满足的前提下的最高级的需要。许多人为了掌握知识和技能，以使自己能够更好地施展才华而支付学费、训练费等，都是为了满足自我实现的需要。

需要的层次由低级向高级推移，当人们的生理需要和安全需要得到满足之后，往往就会追求社交、尊重和自我实现的需要。每一层次不能截然分开，各种需要之间有着密切的联系，即使购买同一商品，顾客也可能是为了满足不同的层次需要，这完全取决于顾客本人的需要。

马斯洛把人类千差万别的需要归结为五个层次，并做了具体分析，强调了满足人的基本需要的重要性，这在一定程度上揭示了人类需要的发展规律，因此，这个理论成为西方世界的行为科学和管理科学的理论基础。但也应该看到，马斯洛理论存在着许多不完善、不充实的地方：他在分析人的需要时，脱离了社会因素对个体需要的制约，把人的需要仅仅看成是自然的禀赋，看作是一种机械的上升运动，忽视了社会经济、文化背景等对人们需要的影响，也忽视了人的主观能动性，忽视了需要的横向发展。尽管如此，马斯洛的理论对于我们研究消费者的需要心理仍有一定的借鉴价值。

关于消费者需要的各种分类对于企业研究消费者需要、制定市场营销战略与策略具有不同的意义。

二、消费者购买动机

购买动机是在消费需要的基础上产生的引发消费者购买行为的直接原因和动力。相对于消费者的需要而言，动机更为清晰显现，与消费行为的联系也更加直接、具体。动机把消费者的需要行为化，消费者通常按照自己的动机去选择具体的商品类型。因此，研究购买动机可以为把握消费者购买行为的内在规律提供更具体、更有效的依据。

（一）动机的含义和特征

1. 动机的含义

动机是一个人采取行动的内部驱动力。具体说，是指引起和维持个体活动并使之朝着一定的目标和方向进行的内在心理动力，是引起行为、保持行为，把行为指向一个特定目标的心理过程。在现代市场学中，把能够引起消费者购买某一商品或劳务的内在动力，称为购买动机。

动机是在需要的基础上产生的，需要是动机的直接源泉。例如，一个人肚子饿了就会有吃东西的需要，当这种需要促使他采取行动，成为其获取食物的驱动力时，动机便产生了。由此可见，动机是由个体需要引起的满足需要的行为力，是需要的具体表现。需要是购买动机产生的一种内部刺激，但有需要并非就一定会有购买动机。例如，某人肚子饿了，需要吃东西，但看到销售的食品不卫生，他就不会购买。也就是说，吃的需要并未激起他购买食物的动机。这表明，并不是所有的需要都能表现为动机，由需要转变为动机需要一定的条件。

首先，只有当需要的强度达到一定程度时，才能引起动机。人的需要是多方面的，甚至是无止境的，但受到客观条件的限制，人的需要不可能同时都获得满足，只有那些强烈的、占主导地位的需要，才能引发购买动机，促成现实的动机行为。

其次，需要产生后，还必须有能够满足需要的对象和可能，才能产生购买动机。例如，消费者具有某种需要，但满足这种需要的产品尚未研制出来，或者市场上买不到，这种需要的满足缺乏现实的基础，也就不可能产生购买动机。

除了个体的内部刺激外，消费者的购买动机还可以由外部刺激产生。例如，某人并不饿，但看到美味佳肴，也可能产生食欲。心理学把这种能够引起个体需要或动机的外部刺激称为诱因。诱因对于营销活动具有重要意义。它可以对消费者起到提示的作用，从而诱导消费者形成购买动机。例如，在商业活动中，广告宣传、商品展示和柜台接待等，都起到向消费者提供各种外界刺激的作用。一般地说，刺激越多，诱因越强，购买行为便越有可能发生。

当然，诱因毕竟只是消费者形成购买动机的外因，它终究还要通过消费者的内因——需要而起作用。然而，并不是所有消费者自身的需要都能被消费者自觉地意识到，在这种情况下，诱因的提示作用就变得十分重要。在某些情况下，适当而巧妙地利用诱因的刺激，可以创造消费者的需要，使之产生强烈的购买动机。

2. 动机的特征

与需要相比，消费者的动机较为直接具体，有着明确的目的性和指向性，但同时也具有更加复杂的特性，具体表现在以下方面：

（1）主导性。现实生活中，每个消费者都同时具有多种动机。这些复杂多样的动机之间以一定的方式相互联系，构成完整的动机体系。在这一体系中，各种动机所处的地位及所起的作用互不相同。有些动机表现得强烈、持久，在动机体系中处于支配性地位，属于主导性动机；有些动机表现得微弱而不稳定，在动机体系中处于依从性地位，属于非主导性动机。一般情况下，人们的行为是由主导性动机决定的。尤其当多种动机之间发生矛盾、冲突时，主导性动机往往对行为起支配作用。例如，吃要营养、穿要漂亮、用要高档，是多数消费者共有的购买动机。但受经济条件所限，上述购买动机无法同时实现时，讲究家庭陈设与个人服饰的消费者，宁可省吃俭用也会满足自身衣着漂亮、室内陈设优雅美观的需要；而注重知识层次的消费者，却往往把主要收入用在书籍购买、报纸杂志订阅和子女培养教育方面；有些讲究饮食营养、注重身体保健的家庭，也许会压缩其他开支，把大部分收入用于购买食品和营养保健品。这些都是由消费者的主导动机不同导致的消费行为方面的差异。

（2）可诱导性。动机产生的条件之一是外部刺激，外部刺激又有自然生成和人为创造之分。人为创造的刺激因素，可以引发人的动机，也可以改变人的动机。企业通过营销努力是可以改变消费者的动机的。例如，某消费者原来并不打算购买某种商品，但受广告宣传的影响，开始注意这种产品，向亲戚、朋友咨询，待全面了解了这种产品的质量、功效后，便产生了购买动机。可见，企业不仅应适应和满足消费者的需要，还应当诱导和调节消费者的需要，使之产生购买动机。

（3）内隐性。动机并不总是显露无遗的。消费者的真实动机经常处于内隐状态，难以从外部直接观察到。现实中，消费者经常由于各种原因而不愿意让他人知道自己的真实动机。例如，某消费者购买了一架钢琴，他也许会说是为孩子买的，但真正的动机可能是向别人显示他的生活优越，这就是动机的内隐性。在消费活动中，有时多种动机错综复杂，交织在一起，就连消费者本人也很难意识到或表达清楚。

早在20世纪40年代，美国心理学家关于速溶咖啡投放市场受到阻碍的调查结果就表明，家庭主妇之所以拒绝购买速溶咖啡，并不是如她们表面上所说的不喜欢速溶咖啡的味道，而是由于她们不愿被他人看作是懒惰、不称职的主妇。因为当时的流行观念认为，按照传统方式煮咖啡的主妇必定是勤俭、善于持家、懂得生活的。这种自陈动机（自我陈述动机）与内在的真实动机不相一致的现象，在现代消费活动中仍然比比皆是。

由于动机无法直接观察，只能靠对行为的推断予以确定，因此，它并不具有对行为的预示作用。同时，对行为背后动机的推断，难免具有主观色彩。正因如此，在对行为背后的动机进行推断时，必须谨慎、小心。以消费者购买名牌产品为例，消费者可能是出于显示身份、地位的需要，也可能是出于避免或减少购买风险的需要。对同一行为背后动机的不同解释，意味着完全不同的营销意义。所以，在制订和实施营销计划前，对购买动机的仔细研究和小心求证是非常重要的。

（4）实践性。动机是行为的动因，行为是动机的外在表现。无论多么隐蔽、复杂的动机，人们总是可以根据个体的行为追溯到真正的缘由。因为动机不是朦胧的意识，它已经与一定的作用对象建立起了某种心理上的联系，所以，动机一旦形成，必将导致行为的产生。在消费活动中，消费者不会无缘无故地购买或拒绝购买某种商品，这都是有原因、有目的的。因此，可以这样说，动机是消费活动的推动者，有动机，就有人的行为活动，消费者可能会采取不同的方法达到不同的目的，但都是在动机的驱使下进行的。

（5）多重性。消费者对产品或品牌的选择，很可能是由某种动机所支配和主宰的。然而，这并不意味着某一购买行为是由单一的动机所驱使。事实上，很多购买行为都隐含着多种动机。消费者购买某种名牌产品，既可能为了显示其地位和身份，也可能含有获得某一群体的认同、减少购买风险等多种动机。所以，企业在设计产品和制定营销策略时，既应该体现和考虑消费者购买该产品的主导动机，又应该兼顾非主导的动机。

（二）动机的动态性质

消费者购买动机的形成主要取决于两个因素：一是需要。心理学家认为，人的行为都有一定的动机，而动机又产生于人的各种需要。消费者的购买动机，就是消费者产生了对某种商品或服务的需要后形成的内在驱动力。所以，购买动机不仅建立在消费需要的基础上，也受消费需要的制约和支配。二是刺激（也叫诱因）。这是产生动机不可缺少的条件。刺激可以来自人的内部，也可以来自个体外部。刺激物可以是事物本身，也可以是事物的表象和概念，甚至是人的情感。例如，饥饿造成人体的不适，这是一种内部刺激，刺激物是事物本身；寒冬刺骨的东北风是来自外部的刺激，是事物的表象；看到别人穿得漂亮，受到刺激，刺激物是人的情感。

总之,需要是产生动机的基础,刺激则是产生动机的必要条件。一个起"推"的作用,一个起"拉"的作用。"推"与"拉"的作用相结合,就形成实际活动的动机。如果有"推"无"拉",或有"拉"无"推",需要或刺激只能保持原状,不可能形成动机。动机一旦形成,就要寻找行为的目标,产生具体的行动。当需要得到满足,原动机也就消失了。在新的需要和新的刺激下,又会产生新的动机。

动机对消费者直接购买行为的刺激,是曲折的、复杂多变的。动机的动态性质主要表现在动机的升华、动机的受阻、动机的更替和动机的冲突上。

1. 动机的升华

动机的升华指的是一个动机得到满足后,原来处于次要地位的动机上升为主导动机。一般来说,凡是成功地实现目标的个人,往往会确立新的更高的目标。这就是说,他会提高抱负的水平,对于实现目标变得更加自信。如果一个人的生理动机得到满足后,社会动机就会上升为主导动机。实验证明,高尚的社会动机比个人生理动机具有更大的推动力量,其所能产生的力量,有时甚至超过人的生物体本能,可以突破人的生理界限。

2. 动机的受阻

由于动机所指向的对象、目标具有一定的不确定性,加上环境的复杂多变,人们的动机往往难以实现或不能实现,这就是动机受阻。一般在下列三种情况下容易出现动机受阻的现象:

(1)目标不能确定。消费者因为没有充分掌握某种购物情况的资料,以致无法评估他的选择是否恰当,所以不能立即做出决定。

(2)目标不能比较。消费者得到的资料信息不明确、不完全,很少或根本没有参考的基础和依据。例如,所有的商品质量相同,使人无法在这些商品中进行选择。

(3)目标不能接受。消费者认为在所提供的选择资料中,没有一种是值得考虑接受的。例如,商店给消费者提供的商品,都是不适合消费者的或是其没有能力购买的商品。

人们的动机受阻后,常常会产生挫折感。一般有两种表现:①动机增强和积极适应。动机受阻后,由于需要得不到满足,内心的紧张感加剧,将促使人们更积极地去获取信息资料,创造满足需要的条件,想办法克服障碍。如果还不行,就选择一个可替代的目标。②采用防御的机制。例如,放弃目标、虚构出某些似是而非的理由以安慰自己、把自己的失败和无能归罪于他人、幻想已得到满足或压抑没有得到满足的需要等。例如,看到别人有车,就安慰自己过几年也会有车的。

3. 动机的更替

动机的更替是指在活动中，因出现更强烈的动机而改变了原有的动机。一个人的动机结构并不是一成不变的，这是因为人们的需要有不同的层次，一种需要满足了，又会产生新的需要，所以，人的各种动机的强度往往也随着时间和条件的变化而改变。例如，某人外出购物，其主导动机是买东西，当他走街串巷去了很多家商店，感到又渴又饿时，解渴充饥便成了主导动机，原有的购物动机也就退居次要地位。吃饱喝足后，原有的购物动机又恢复为主导动机。

个体由于某种原因不能达到预期目标时，他可能会改变主意，使自己的行为指向一个可替代的目标。例如，某个消费者买不到他想要的名牌运动鞋，就只买了一双普通的运动鞋，并让自己相信，这双运动鞋也是不错的。

4. 动机的冲突

人们生活的环境是复杂的，需要是多种多样的，在某些情况下，在同一时间内，往往会产生多种动机，而且这些动机可能还是交叉的、互相制约的。当消费者同时产生两个以上互相抵触的动机时，所产生的内心矛盾现象叫冲突，也叫动机斗争。这种动机冲突可分为三类：

（1）双趋式冲突，也叫正正冲突，指消费者有两个以上都想实现的目标而又不能都实现时所产生的动机斗争。此时，他必须在两种欲望之间慎重选择。例如，一位顾客买彩票中了 50 万元大奖，他既想买一套房子，又想买一辆车，但只能选择其中一种，这个顾客无论决定购买哪一种，都无痛苦可言，在两种愿望中，引诱力更大的愿望将会实现。也就是说，来自外界的因素可以帮助难以取舍的顾客做出决定，如营业员或顾客的指点、说服、暗示。

（2）双避式冲突，又叫负负冲突，是对两种"不需要"之间的选择，是当顾客遇到两种以上不愉快的目标，又必须选择其中一个时所发生的动机斗争。例如，家里的洗衣机经常出现故障，消费者可能既不想花钱买一台新的，又觉得请人来修理不甚合算，处于不知怎么办的境地，此时，消费者就面临回避冲突。

（3）趋避式冲突，也叫正负冲突，就是当顾客同时面临具有吸引力和具有排斥力的两种目标需要做出选择时所产生的动机斗争。比如，消费者想买一台双门无氟电冰箱，但其价格昂贵；单门有氟电冰箱价格虽低廉，但不够理想。这时，消费者便在质量和价格两者中徘徊，最后，或是选择满意的商品，或是选择低廉的价格，这是消费决策和购买过程中常见的冲突。

研究表明，顾客在做出重大决策之前，都会产生动机的正负冲突，越可能产生购买行为，负的力量就越大，使当事人顾虑重重，怀疑是否值得花这一大笔钱。因此，营业员对购买大件商品的顾客，在临近成交时，应适时给予鼓励，说明该商品是值得买的，从而使顾客的正负动机得到平衡。

（三）消费者购买动机的类型

消费者购买动机与消费者需要一样，也是复杂多样的，可以从不同角度对动机的类型做多种划分。从购买活动角度来看，消费者购买动机通常是具体而复杂多样的，与购买行为的联系也更为直接。因此，对于企业经营者来说，深入了解消费者各种各样的购买动机，对于把握消费者购买行为的内在规律，用以指导企业的营销实践，具有更加现实的意义。

1. 消费者的一般购买动机

所谓一般购买动机，是指在通常情况下，使消费者产生购买动机的基本动机，分为生理动机和心理动机。

（1）生理动机。人类为了维持和延续生命，都有饥渴、寒暖、行止、作息等生理本能。由人们生理本能的需要所引起的购买商品的动机为生理动机。具体表现有：

第一，维持生命的动机。人要维持生命，就必须进行一些最基本的消费。当消费者出于维持生命的需要，而产生对食品、衣物、家具等商品的购买动机，即为维持生命的动机。

第二，保护生命的动机。人不仅有维持生命的需要，还有保护生命及个人的财产免受各种危险和威胁的需要。因此，人们为了增强体质而购买体育锻炼用品或营养品、为了防病治病而购买药品、为了防止意外而购买生命财产保险，等等，引发这一类购买行为的动机，即属于保护生命的动机。

第三，延续生命的动机。人的生命是在世代更替中不断延续的，为延续生命，人们要恋爱结婚，生儿育女，并将子女抚育成人。凡由此类需要引起的购买商品的动机，即为延续生命的动机。

第四，发展生命的动机。人们不仅要求自身生命的存在，还要求生命的发展，使自己生活得更愉快和更充实。例如，为追求更高的物质享受而购买高档消费品，为增长知识而购买书刊等。这些购买行为的动机即为发展生命的动机。

生理动机一般表现为消费者购买商品的始发动机和基础动机。在生理动机驱动下的购买动机，具有经常性、重复性和习惯性的特点。以满足生理需要为主的商品，一般需求弹性比较小，多数属于日常生活不可缺少的必需品。

（2）心理动机。消费者除了生理本能的需要外，还有各种精神上的需要，如社交、审美、娱乐、事业发展的需要等。这类需要产生于消费者的认识、情感和意志等心理过程。由消费者的认识、情感和意志等心理过程引起的购买商品的动机，即为心理动机。它又分为三种：

第一，感情动机。感情动机包括情绪动机和情感动机。凡由好奇、快乐、感激等情绪引起的动机，均为情绪动机，如为感激别人而购买礼物及过年了买一件新衣服等。这类动机引起的购买行为具有冲动性、即景性和不稳定性。情感动机是人的道德感、集体感、美感等人类高级情感引起的动机，如为了欣赏而购买艺术品、为社交而购买礼品等。这类动机引起的购买行为往往表现出一定的稳定性和深刻性，可以反映购买者的精神面貌。

第二，理智动机。这是建立在人们对商品的客观认识基础之上，经过分析、比较等思维活动产生的动机。这种动机引发的购买行为具有客观性、周密性和控制性。在理智动机驱动下的购买行为，比较注重商品的质量是否可靠、性能是否优良、价格是否相宜、设计是否科学等，消费者一般经过深思熟虑才决定购买，不易受周围环境的影响。

第三，惠顾动机。这是消费者根据自己感情和理智上的经验，对特定的生产厂家、商标、商店、厂牌和商品，产生特殊的信任和偏好，从而产生习惯性和重复性购买行为的动机。这种动机的产生，是由于某一厂家产品质量上乘，知名度高、信誉可靠，或某一商店商品丰富、环境舒适、服务周到，屡经考验，从而树立了良好的形象所致。惠顾动机所引发的购买动机，多数属于一种潜意识支配下的购买动机，具有预先性和坚定性特点。在购买时，消费者往往已预先确定了具体的购买目标，而且这一目标轻易不会发生改变。

一般来说，具有惠顾动机的消费者，是企业最忠实的支持者，他们不仅自己经常光顾，还会对其他顾客产生影响，甚至在企业的服务工作出现失误时，也能予以谅解。因此一个企业能否广泛激起消费者的惠顾购买动机，是否拥有一批消费者，是其经营成败的关键。

2. 消费者购买的具体动机

消费者具有不同的性格、兴趣、爱好、经济条件和文化素养，其购买行为是受多种多样的购买动机驱动的。据统计，消费者的具体购买动机达600种以上，它们分属于政治、经济、文化、艺术、宗教、道德、生理、社会等各个方面。在购买行为中，消费者经常表现出来的购买动机主要有以下几种：

（1）求实购买动机。求实购买动机是消费者以商品的实际使用价值为主导倾向的购买动机。具有这种购买动机的消费者在购买商品时，特别重视商品的实际效用、功能、质量，讲究经济实惠、经久耐用，而不太注重商品的外观、造型、色彩或商标的名气、包装装潢等。这类消费者在选购商品时，大多数都比较认真、细致，受商品外观和广告的影响较少。这种购买动机在消费者的具体购买动机中最具有普遍性和代表性。目前，在我国，虽然人们的消费水平在逐渐提高，人们的消费习惯和消费方式有了一定程度的变化，但求实购买动机仍然普遍存在。其原因在于受经济条件的限制、受传统消费观念和消费习惯的影响，很多人仍然崇尚节俭、精打细算、讲究实用、鄙视奢侈，从而也就促进了求实购买动机的产生。当然，求实购买动机也受人们所购买商品的影响，消费者一般在购买基本生活用品时，要求实用性较高，因而求实购买动机占据着主导地位；而购买享受用品时，对实用性要求较低，则求实购买动机就表现不突出了。

（2）求廉购买动机。求廉购买动机是指消费者以商品价格低廉为主导倾向的购买动机。具有这种购买动机的消费者在购买商品时，特别注重"价廉"和"物美"，对价格变化格外敏感，为了购买到低价、降价、特价、折价的商品，他们宁肯多花体力和精力，多方了解有关商品的价格信息，并对商品之间的价格差异进行详细的比较、反复的衡量。这种购买动机多与消费者的经济条件有关，但也不是绝对的，高收入阶层也有节俭的人，他们也会保持这种购买动机。相对而言，求廉购买动机的消费者对商品质量、花色、款式、包装、品牌等不是十分挑剔，而对降价、折让等促销活动怀有较大兴趣。

（3）求速购买动机。求速购买动机是指消费者以商品购买和使用过程中的省时、便利为主导倾向的购买动机。受这一动机的驱使，人们把购买目标指向可以降低家务劳动强度的各种商品和服务，如洗衣机、冰箱、洗碗机、方便食品、家庭服务等，以求最大限度地减轻家务劳动负担。具有这种购买动机的消费者特别重视时间和效率，而对商品本身的外观、价格等则不太挑剔，他们讨厌烦琐的购货方式、过长的等候时间和过低的销货效率，希望能快速、方便地买到中意、满足需要的商品。同时，他们希望所购商品携带、使用、维修方便。在西方国家中，消费者普遍存在求速购买动机，快餐业、送货上门和电话订货服务业务以及自动售货机的兴起，正是基于消费者的这种购买动机。一般而言，成就感比较高、时间观念比较强的人，更倾向于持有求速购买动机。随着现代社会生活节奏的加快，消费者追求便利的动机日趋强烈。

（4）求新购买动机。求新购买动机是指消费者以商品的时尚、新颖和奇特为主导倾向的购买动机。具有这种购买动机的消费者往往富于幻想和联想，轻视传统观念，愿意接受新事物，因此，选购商品时容易受广告宣传和流行时尚的影响，特别重视商品的外观、功能等，而不注重商品的实用程度和价格高低，有时甚至会做出冲动式的购买决定。随着人们生活水平的提高，这种购买动机越来越具有普遍性，尤以青年人最为突出。他们受广告宣传和社会环境的影响，是时装、新式家具、新发型和各种新式商品的主要购买者。

（5）求名购买动机。求名购买动机是指消费者追求名牌商品或仰慕某种传统商品的名望，来显示或提高自己的身份或地位而形成的购买动机。具有这种购买动机的消费者在购买商品时，注重商品的社会声誉和象征意义，往往认为名牌商品选料上乘、工艺先进、精雕细琢，质量绝对有保证，堪称同类商品的精品，所以对名牌商品倍加信任。这类消费者一般经济条件较好，相信有说服力的商品信息，他们在购买过程中从不草率行事，要求商品必须是优质名牌产品，不计较价格，因为他们一贯奉行的原则是"一分钱一分货"。

当前，一些高收入群体、大中学生的求名购买动机比较明显。这类消费者对商品的商标、牌号特别重视，喜欢选购名牌产品。此外，这种动机在旅游观光者中也表现得比较突出。多数旅游观光者都喜欢在游览名胜古迹的同时，选购、品尝一些具有当地风格特点的知名土特产品和风味食品。形成求名购买动机的原因实际上相当复杂。购买名牌商品，除了有显示身份、地位和表现自我等作用以外，还隐含着减少购买风险、简化决策程序和节省购买时间等多方面考虑因素。

（6）求美购买动机。求美购买动机是消费者以商品的艺术价值和欣赏价值为主导倾向的购买动机。具有这种购买动机的消费者在选购商品时，特别注重商品的造型、款式、色彩和包装等外观因素以及消费时所体现出来的风格和个性，追求造型美、艺术美、装潢美，以便从中获得美的心理享受和满足，但经常忽视商品本身的实用性和价格。求美购买动机的核心是讲究赏心悦目，注重商品的美化作用和美化效果，它在受教育程度较高的群体以及从事文化、教育等工作的人群中是比较常见的。他们往往是工艺美术品和家庭高级陈设用品的主要购买者。随着商品经济的发展和人们生活方式的多样化，求美购买动机在消费者的购买行动中已普遍存在，越来越成为选购商品的决定因素之一。

（7）模仿购买动机。模仿购买动机是指消费者在购买商品时，自觉不自觉地模仿他人的购买或消费行为而形成的动机，也称为从众购买动机。模仿是一种非常普遍的社会心理，因此，模仿购买动机具有普遍性。社会不同时期的流行商品，往往就是由模仿购买动机推动形成的。具有这类购买动机的消费者有时完全不考虑个人的客观条件，只要是被模仿者喜好的、拥有的，一概全盘照搬，使购买行为带有很大的盲目性和不稳定性。具有模仿购买动机的消费者以年轻人居多，他们思想活跃、热情、易冲动，受环境因素影响较大，而各种大众传播媒介，常常成为年轻人产生模仿购买动机的催化剂。

（8）自我表现购买动机。这是一种以显示地位、身份和财富为主要特征的购买动机。具有这类购买动机的消费者在选购商品时，不太重视消费支出的使用价值，而是特别重视商品所代表的社会象征意义，喜欢购买名贵商品、稀有商品，以及价格惊人的特殊商品；选择特殊的消费方式，如入住豪华宾馆的总统套间、品尝珍奇美味的宴席、选择奢华昂贵的休闲方式等，以显示其超人的财富、特殊的身份地位，或不同凡响的品位，达到宣扬自我、炫耀自我的目的。

（9）癖好购买动机。癖好购买动机是指消费者以满足个人特殊爱好为主导倾向的购买动机。当人对某种事物的偏爱形成习惯后，即为癖好。癖好购买动机的形成往往与消费者的日常生活习惯和情趣、业余爱好、专业特长等密切相关。

例如，有的人喜欢摄影、摄像，有的人喜欢集邮，有的人喜欢种花、养鸟等，由此而形成对某类商品的特殊的偏爱和习惯性购买行为。这种购买动机往往伴随着浓厚的感情色彩，消费者在选择商品时常常以符合自己的需要为标准，他们具备较高的欣赏水平和挑选能力，通过购买自己偏爱的商品获得最大的心理满足。

（10）惠顾性购买动机。这是一种以表示信任而购买商品为主要特征的购买动机。它是指消费者对特定商店或特定商品品牌产生特殊信任偏好，从而在近似条件反射基础上习惯性地重复光顾某一商店，或反复地、习惯性地购买同一品牌、同一商标的产品的动机。具有这种购买动机的消费者，是企业最忠实的支持者，他们不仅自己经常光顾，还会对其他消费者产生影响。企业应当在自己的经营中努力培养消费者的惠顾动机，获得更多的固定购买者。

以上列举的仅仅是现实生活中常见的一些消费者购买动机。需要指出的是，消费者仅仅由一种动机引发购买行为的情况在现实生活中为数不多，其购买行为常常是由多种动机共同作用的结果。因此，不能孤立地研究和看待上述各种动机。

三、消费者态度与消费者行为

态度是人们对所处环境的某些方面的动机、情感、知觉和认识过程的持久体现。它是"对于给定事物喜欢或不喜欢的反应倾向"。态度是一种心理准备状态，是内部的行为反应倾向，而不是行为本身，但态度对消费者的购买行为具有指导性和动机性的影响，可能支配和决定消费者的购买行为。

（一）消费者态度的基本构成

消费者态度是指消费者对某一消费对象或观念所持有的正面或反面的认识上的评价、情感上的感受和行动上的倾向。基于这种倾向，消费者对某一消费对象（或观念）或某些消费对象（或观念）做出特定的意见和情绪反应。

将态度视作由三个成分组成是很有用的。这三个成分是认知成分（信念）、情感成分（感觉）、行为成分（反应倾向）。下面将对每一成分进行详细讨论。

1. 认知成分

认知成分是对事物具体或整体的信念，是消费者态度的基石。其表现为消费者对商品质量、价格、包装、服务与信誉等的印象、理解、观点和意见。

以消费者对某个公司产生好感为例，这种好感很可能建立在该公司的产品性能卓越、能够为消费者带来额外利益的基础上，也可能建立在消费者形成的该公司乐善好施、不断创新、造福社会的认识上。由此可见，态度总是与一定的认知成分相联系。认知是否正确、是否存在偏见或误解，将直接决定消费者态度的倾向或方向性。因此，保持公正准确的认知是消费者形成正确态度的前提。

2. 情感成分

情感成分是对事物具体或整体的情感或感觉，是消费者态度的动力。它表现为消费者对商品的质量、商标、信誉等喜好或厌恶、欣赏或反感的各种情绪反应。如果说认知是以消费者的理性为前提，那么情感则带有非理性倾向，它往往受到消费者的情绪及气质、性格等心理特征的影响。

比如，"我喜欢 A 保健食品"或"A 保健食品是一种糟糕的东西"反映的就是消费者对产品的情感性评价。这种整体评价也许是在缺乏关于产品的认知信息或没有形成关于产品的信念条件下发展起来的一种模糊的、大概的感觉，或者是对产品各属性表现进行一番评价后的结果。事实上，一个人可能在没有形成任何有关产品的认识的情况下便喜欢上该种产品。的确，我们对于某产品的最初反应（喜欢或不喜欢的感觉）可能不是建立在认知基础上的。这种最初的情感能影响我们后来对该产品的评价。

3. 行为成分

行为成分是对事物具体或整体的行为意向，是消费者态度的准备状态。这表现为消费者对商品、服务的反应倾向，其中包括表达态度的语言和非语言的行动表现。

比如，购买或不购买 A 保健食品，向朋友推荐该品牌或其他品牌等一系列决定，能反映出态度的行为成分。由于行为往往是针对整个事物的，因此它不像信念或情感那样具有具体的属性指向。当然，这也不是绝对的。例如，许多消费者在折扣商店或仓储型平价商店购买罐头食品，而在超级市场购买肉和新鲜蔬菜。因此，对于零售店而言，消费者针对其某些具体属性做出不同的反应仍是可能的。但是对于单个产品来说，我们就难以针对产品的具体属性做出不同的行为反应，我们只能对整个产品做出购买或不购买的决定。

一般而言，态度的三个组成成分倾向一致，即某个成分的变化将导致其他成分的相应变化，这种一致性的倾向成为营销的基础。但是，在特殊情境中，上述三种要素成分的作用方向亦有可能背离，呈反向作用，致使消费者的态度呈现矛盾状态。此外，我们必须记住，行为成分只是一种反应倾向，并不是实际的行为。反应倾向在许多情况下不一定通过购买显示出来，比如，乐于接受关于该品牌的新信息、赞扬购买了该品牌的人等均构成反应倾向。

(二) 消费者态度的一般特点

1. 态度的相对稳定性

消费者的态度是在长期的社会实践中逐渐积累形成的，因此，某种态度一旦形成，便相对稳定。例如，对某种品牌的偏爱、对某种老字号商店的信任等。态度的稳定性使消费者的购买行为具有一定的相对稳定性、习惯性，从而有助于某些购买决策的常规化、程序化。

2. 态度的对象性

态度是针对具体的观点和事物形成的,这种对象可以是具体的事物,也可以是某种状态,态度是主体对客体的一种反映。谈到态度自然要谈到态度的对象,比如,对某种产品的印象如何,自然涉及产品的质量、服务等一系列具体的条件,可以说没有对象的态度是不存在的。

3. 态度的调整性

态度的一个重要特点就是它可以调整。这一性能有助于消费者在心理上适应新的或困难的处境。在购买活动中最常见的是人们根据他人或社会的奖惩来调整或改变其态度。例如,一个消费者购买了他自认为很好的汽车,但如果他的朋友们纷纷表示不喜欢该汽车,那么他对该汽车很可能由喜欢转为不喜欢,发生态度的转变。

4. 态度的价值性

态度的价值性是指态度对象对人的意义大小。消费者对事物的态度主要反映了该事物对人的意义与价值,这种价值包括很多方面,如实用价值、理论价值、道德价值及社会价值等。事物对人价值的大小,一方面取决于事物本身;另一方面也受人的需要、兴趣、爱好、信念、理想等因素的制约。人们的价值观不同,对同一事物也可能形成不同的态度,价值观念对人们态度的形成起到一种基本的综合作用。

5. 态度的知识性

态度的知识性最常见于消费者对商品和服务的评价,如"联想计算机的质量好""北京饭店档次高"等。态度的知识性能对于指导消费者的购买行为十分重要。企业的营销就在于帮助消费者对企业产品及服务进行有益的体验,以使消费者确立对商品的积极态度。研究表明,态度的知识性能也会影响消费者购买商品的方式与途径,如购买大型或贵重商品时,大型的百货商店或知名的购物中心是消费者的首选,这是因为消费者对大型商场形成了经营管理正规、可信度高的认识。

6. 态度的社会性

态度虽然是人们的一种心理倾向,但它不是先天就有的,而是人们在社会实践活动中形成的。例如,消费者对一件商品的态度,或是基于他自身的条件得来的;或是基于广告宣传和其他消费者的看法、意见等形成的。这说明态度是为了适应环境而产生的,离开了社会实践活动,也就无所谓人的态度。

(三)消费者态度的功能

态度功能理论最早由心理学家丹尼尔·卡茨(Daniel Katz)提出,解释了态度是怎样促进社会行为的。根据这种实用性的方法，态度之所以存在是因为其对人们具有某种功能。也就是说，态度取决于人的动机。那些预期将来会遇到某种类似情况的人们更容易在这种预期中形成一定的态度。两个人可能会因为不同的原因而对某一个对象持有不同的态度。经过发展，一般将态度的功能区分如下：

1. 效用功能

态度的功利性指导消费者去获取渴望的利益。我们会仅仅根据产品让我们感受到的是舒适还是痛苦就对产品形成某些态度。如果某人爱吃奶酪汉堡包，那他对奶酪面包所持的就是肯定的态度。一位认为安全性和速效性是选择止痛剂最重要标准的消费者会直接去寻找满足这些标准的品牌的产品。反过来讲，态度的效用功能会引导消费者离开不太可能满足他们需要的品牌。当汽车广告以汽车的性能特点为宣传对象时，就反映了态度的效用功能。

2. 自我防御功能

这是指形成关于某些事物的态度，能够帮助个体回避或忘记那些严峻环境或难以正视的现实，从而保护个体的现有人格，并使其心理健康。在消费生活中，常常看到一些收入水平并不高的消费者也会购买一些高级美容品、抗衰老产品，或对这些产品形成非常积极的购买态度，实际上就是出于自我防御的目的，有意识或无意识地防御由于身体衰老或自感容貌平常而滋生的不安情感。

3. 价值表现功能

具有价值表现功能的那些态度表现了消费者的核心价值观或自我概念。这时，人们对产品的态度并不取决于产品客观的益处，而是取决于产品所代表的是哪一种类型的消费者（如宝马的购买者是什么样的人）。具有价值表现功能的态度对消费者生活方式的分析有着重要意义，后者关注消费者为了表明自己特定的社会身份，如何形成一系列的活动、兴趣和观念。

4. 知识或认识功能

这是指形成某种态度，更有利于对事物的认识和理解。事实上，态度可以大大提高模型预测购买意向的能力。行为意向模型可表示为：

$$B = B_i = Act（W_1）+SN（W_2） \tag{1-1}$$

式（1-1）中，B 为具体的行为；B_i 为消费者从事此行为的目的；Act 为消费者采取此行为的态度；SN 为其他是否希望此消费者采取此行为的主观规范。

W_1 和 W_2 为反映 Act 和 SN 对 B_i 的相对影响的权重，可以通过经验性的回归分析获得。此外，Act 可由式（1-2）估计：

$$Act = \sum b_i e_i(i = 1, 2, \cdots, n) \tag{1-2}$$

式（1-2）中，b_i 为消费者对履行某种行为将导致结果 i 的信念；e_i 为消费者对结果 i 的主观评价。

主观规范可以用式（1-3）估计：

$$SN = \sum (NB_j)(MC_j) \quad (j = 1, 2, \cdots, n) \tag{1-3}$$

式（1-3）中，NB_j 为个体或参照群体认为消费者不应当采取某种行动的信念；MC_j 为消费者接受参照群体的影响或服从于参照群体的规范的动机；n 为相关群体或个体的数目。

（四）消费者态度与行为的一致性

以前很多研究消费者行为的学者认为，消费者一般是先形成关于产品的某些信念或对产品形成某种态度，然后受信念和态度的影响，再决定是否购买该产品。现在很多人认为，购买行为并不必然受环境或情境的影响，如在朋友的压力下，或在促销活动的引诱下，会先有购买行为，然后再形成关于产品或服务的态度。总之，消费者态度与购买行为之间并不必然是一种指示和被指示的关系。

消费者的态度已经被广泛地研究，但营销人员更关心的是消费者的外在行为，特别是他们的购买行为。营销人员会通过调查消费者现在对商品或者服务的态度来预测其是否在未来仍会产生购买行为，然而并不是有积极的态度就会有购买行为，对产品的积极态度可能会通过不同的行为表现出来。比如，人们对购买劳力士手表或者别墅通常会有积极的态度，但是大多数人不会去购买这些商品，所以，预测积极态度下是否会发生某种具体行为是很困难的。比如，人们对劳力士表形成的积极态度可能会有以下几种：可能去读有关的广告或检验报告；可能去商店的柜台上去观看；可能只是幻想着拥有劳力士手表。可见，对产品的积极态度并非预示消费者要对这种产品做出可能的积极行动。

消费者态度一般要通过购买意向这一中间变量来影响消费者购买行为，态度与行为在很多情况下并不一致。主要原因如下：

（1）购买动机。一种积极的态度要有一种需要或动机才能转变成具体的实际行动。比如，消费者可能对某厂生产的计算机感兴趣，但他并不需要一台笔记本计算机，或者他已经拥有一台尽管自己不是很喜欢但仍可以接受的计算机。

（2）购买能力。将积极的信念和情感转化成对产品的实际拥有需要具备相应的购买能力。一个人可能买不起一台 A 牌的计算机，或者只能买一台比 A 牌便宜的计算机。

（3）其他种类产品的影响。我们上述的态度测量只是针对计算机这一类商品。实际上，购买或不购买的决定往往不是基于一类产品做出的，而是权衡不同类的产品做出的。因此，该消费者可能为了省钱去买新的滑冰鞋、照相机，或者只买了一台比 A 牌便宜的计算机。

（4）态度的强烈程度。如果所持的信念和情感并不强烈，或者当消费者在逛商店时获得了新的信息，他最初的态度可能会发生改变。

（5）相关成员的影响。我们在前面只涉及了消费者个人的态度，然而，许多购买决定受家庭其他成员的直接或间接影响。因此，该消费者可能为了更好地满足整个家庭的需要而购买另一台计算机。

（6）情境因素。我们往往脱离购买情境而考察消费者对事物的态度，但是许多物品却是消费者在特定的情境下购买的。当消费者预计在不远的将来会有更复杂、高级的设备出现时，他现在可能只想购买一台很便宜的计算机。合理行动理论就是部分建立在情境思考之上的。该理论认为，行为意向是建立在个体对特定行为的态度，对于行为是否恰当、是否合乎社会规范的信念和遵循这些规范性信念的动机的基础之上的。例如，某位消费者也许对在餐馆就餐前喝一杯饮料持肯定态度，但他是否真的点一杯饮料，要受他对在该环境下（与朋友聚餐或是工作宴请）点饮料是否合乎规范、是否恰当的认识，以及他是否有遵循这类社会规范的动机等因素的影响。

（7）测度上的问题。行为与态度之间的不一致，有时可能是由于对态度的测量存在偏误。比如，只测量了消费者对某种产品的态度，而没有测量消费者对同类其他竞争品的态度；只测量了家庭中某一成员的态度，而没有测量家庭其他成员的态度；或者离开了具体情境进行测量，而没有测量态度所涉及的其他方面。

要测量态度的所有方面是很困难的。消费者也许不愿意或没有能力说明他们对各种产品或品牌的情感或信念。因此，态度的各组成成分有时比我们所测量出的要更加一致。

第四节　消费者购买决策

决策是消费者购物活动中的关键环节，在消费者购买行为中居核心地位。消费者购物的过程，就是进行决策的过程，没有决策就没有消费者的购买行为。

一、购买决策的含义、参与者及内容

（一）购买决策的含义

消费者在购买过程中所进行的评价、选择、判断、决定等活动就是购买决策。正确的决策会促使消费者以较少的费用、精力，在短时间内买到质价相符、称心如意的商品,最大限度地满足自身的消费需求;反之,不科学的或错误的决策,不仅会造成时间、金钱的损失,还会给消费者带来心理上的挫败感,对以后的购买行为产生不利影响。

(二)购买决策的参与者

消费者消费虽然是以一个家庭为单位,但参与购买决策的通常并非一个家庭的全体成员,许多时候是一个家庭的某个成员或某几个成员,他们共同组成购买决策层,但他们各自扮演的角色是有区别的。人们在一项购买决策过程中可能扮演以下角色:

(1)发起者。首先想到或提议购买某种产品或服务的人。

(2)决定者。能够对买不买、买什么、买多少、何时买、何处买等问题做出全部或部分最后决定的人。

(3)影响者。其看法或意见对最终决策具有直接或间接影响的人。

(4)购买者。实际采购的人。

(5)使用者。直接消费或使用所购商品或服务的人。

了解每个购买者在购买决策中扮演的角色,并针对其角色地位与特性,采取有针对性的营销策略,就能较好地实现营销目标。比如购买一台空调,提出这一要求的是孩子;是否购买由夫妻共同决定。丈夫对空调的品牌做出决定,这样空调公司就可以对丈夫进行更多品牌方面的宣传,以引起丈夫对本企业生产的空调的注意和兴趣;至于妻子,在空调的造型、色调方面有较大的决定权,公司则可设计一些满足妻子需求、受妻子喜爱的产品。只有这样了解了购买决策过程中参与者的作用及特点,公司才能够制订出有效的生产计划和营销计划。

(三)购买决策的内容

消费者在实施购买前,需要对消费什么、何时消费和怎样消费等实质性内容做出决策。消费者购买决策的内容因人、因条件及所处环境的不同而不同,但所有消费者的购买决策都涉及以下八个方面的内容:

1. 购买原因(Why)

主要解决为什么要买的问题。消费者最直接的购买原因,当然是为了满足某种未满足的需要。通过前面的学习,我们知道消费者需要既有生理的,也有心理的;既有物质的,也有精神的。消费者的消费需求不同,其购买动机和原因也就不一样。比如,买衣服,是为了遮体御寒,还是为了社交需要;是因为换季打折,还是新装上市等。

2. 购买目标(What)

主要解决买什么商品的问题。当明确了购买原因之后,消费者还必须对购买目标做出决策。满足消费需要可以买多种产品,如居室取暖可能买空调,也可能买取暖器，取暖器又包括暖风机、电热油汀等，它们又有不同的功率。顾客还可以选择不同品牌、款式、颜色、包装、价格的产品。此时，消费者必须收集到有关的信息，反复权衡以上所述的各类因素，才能做出正确的产品购买决策。

3. 购买时间（When）

主要解决什么时候购买的问题。除了日常的经常性购买外，有些购买是有时间性的，大致有三种情况：一是季节性销售规律；二是节假日销售规律；三是职工发工资、奖金，农民在出售农产品以后。另外，消费者的消费观念也会影响其购买时间，如追求时尚、流行的消费者会在新产品上市时购买，而讲求实惠的消费者会在产品降价或换季打折时购买。

4. 购买地点（Where）

主要解决到哪里购买的问题。消费者在何处购买和消费品的类别有密切联系。有些商品，如一般日用品和食品，消费者往往选择离家较近的超市或小商店；有些商品，如家具、家用电器等，由于功能复杂、价格昂贵，消费者往往会去信誉高、服务好的大商场购买，舍近求远。

5. 购买方式（How）

主要解决怎样购买的问题。许多情况下，消费者在购买商品时要决定购买频次、付款方式等问题。消费者的购买方式因人、因产品不同而各有差异。比如，可以大宗购买，买一次用很长时间，或集中购买多种商品，也可以零星购买，现买现用；可以是亲自购买，也可以托人代买、邮购、电话订购、网上订购。付款方式可以是现金支付，也可以是信用卡支付；可以一次性付款，也可以分期付款；可以采取贷款方式，也可以是非贷款方式。消费者的购买方式趋于多样化，不同的购买方式会给消费者带来不同的好处，但其也需要付出不同的代价。例如，购买住房，购房者采用按揭方式可以大大减轻其一次性付款的压力，实现先消费后付款，但总体支付的房款比一次付清要高。

6. 购买者（Who）

主要解决谁去购买的问题。谁是购买行为的实施者，对商品销售影响很大。一是因为不同性别的消费者对商品的鉴别能力不一样。比如，女士在购买服装、食品等商品时，挑选能力比男士强，此类商品大多由女士购买；而对于家电等商品，男士的挑选能力强，通常由男士购买；重要的商品如住房则会全家一起挑选，一起决定。二是因为男女老少对商品和服务的要求不一样。比如，女士要求提供耐心细致的服务，而男士则更关注服务的快捷方便。企业只有对不同类型的商品进行具体分析，针对性地进行产品设计、广告宣传，才会收到较好的效果。

7. 购买数量（Amount）

主要解决购买多少的问题。比如，对于日常消费品，是根据实际用量购买，还是多买可以优惠。对于住房这种商品，消费者需要考虑买多大面积的，消费者既要考虑住得宽敞、舒适，又要考虑房价，甚至要考虑今后物业管理费的支出等诸多因素。

8. 购买价格（Price）

主要解决能接受的心理价位问题。价格是消费购买决策的重要影响因素。通常，消费者对商品有一个心理价位。若商品价格水平超过了消费者的心理价位，则消费者不易做出购买决策。消费者对不同的商品价格常会有不同的反应。比如，消费者基于自身的心理价格预期，当商品价格上升时，其往往因担心今后价格更高而追风抢购；商品价格下降时，其可能很快去购买，也可能希望价格更低时再去买。

二、消费者购买决策的类型

（一）按决策主体不同划分

1. 社会协商型决策

消费者通过个人接触、营销活动等社会化渠道收集信息，并进行协商，利用更多人的经验和智慧做出的购买决策。例如，通过听取亲朋好友和邻居的意见、销售人员的介绍和建议、厂商的广告宣传及其他顾客的推荐等获取信息，再做出购买决策。在这类决策中，厂商传递给消费者的信息及营销人员提供的建议均会对消费者的购买决策起到较大的作用。但厂商应恪守商业道德，不能提供错误或虚假信息，使消费者做出错误的决策。

2. 家庭集体型决策

家庭主要成员共同商议，凭借大家的经验和智慧做出的购买决策。例如，家庭购买大件耐用商品（家用电器等）、商品房和汽车等就需要家庭成员共同做出购买决策。这类决策需要花费较多的时间，收集多方信息，经过反复评价选择做出购买决策，因此决策比较慎重，失误较少。

3. 个人经验型决策

消费者利用个人的知识、经验和掌握的信息而做出的购买决策。例如，消费者对日常生活用品的购买，就是凭借自己的经验，直接做出购买决策。也有一些特殊情况，如抢购短缺商品时，来不及和他人商量，个人需要立刻做出购买决策。这种决策较易出现失误。

（二）按决策问题的性质不同划分

1. 战略性决策

消费者对家庭及家庭成员的未来、长远规划所做的购买决策，又称家庭宏观决策，如购房、购车、教育消费等。

2. 战术性决策

为实现战略性决策目标而采取的具体方式和方法，又称家庭微观决策。例如，消费者如果做出了购买商品房的决定，就会考虑购买方式、购买时间等问题。

（三）按处理问题的重复程度不同划分

1. 常规性购买决策

指消费者对经常或者例行的购买行为的决策，如对米、油、盐、肥皂等的购买。这种类型的决策具有简单性、重复性、可把握性特点。

2. 非常规性购买决策

偶然或首次、非重复性购买商品的决策，如对商品房、小汽车等的购买决策。

（四）按决策问题的风险性划分

1. 确定型决策

影响消费者决策的因素是确定的，是可以预料的，因而决策的结果也是确定的、可以预料的。

2. 风险型决策

存在多种不确定的，但在某种情况下又可以预测的因素影响消费者决策的结果，因而消费者要做出这种决策需要承担一定风险。例如，消费者投资股市就是一个风险决策。

3. 非确定型决策

存在两个以上不确定的因素影响消费者的决策行为，而且其结果也是不确定的。

三、影响消费者购买决策的因素

消费者的购买行为是人的社会化行为，它除了受消费者个性心理（主观因素）的影响，还受社会文化、家庭、相关群体及模仿与暗示等因素的制约。消费者的购买决策就是指消费者在明确的购买目的指导下，在可供选择的两个或两个以上的购买方案中，经过分析、评价，选择最佳购买方案的活动。作为消费者购买行为实现的前提，消费者购买决策也常常会受到以下各种因素的影响。

（一）消费者个人特征因素

1. 消费者的个性心理特征对消费者购买决策的影响

顾客的个性因素如气质、性格、能力、消费观念等诸多因素可能对购买决策产生较大的影响。正是由于消费者的个性存在很大差别，以致不同的消费者在面临同样的购买选择时会做出不同的选择。

2. 需求与动机对消费者购买决策的影响

需求与动机和购买行为的关系很清晰地反映出需求与动机对消费者的购买决策有着十分重要的影响。消费者购买的最终目的就是要满足需求。消费者的需求和购买动机不同，做出的购买决策也就不同。例如，冬天御寒要购置外衣，消费者可以买皮外衣，也可以买羽绒外衣，年龄较大的老年顾客可能选择买羽绒外衣，因为羽绒外衣重量较轻，老年人穿在身上不会有皮衣的负重感，而年轻人可能会选择皮衣，因为穿皮衣显得精神时尚。

（二）情境特征因素

情境可以从不同角度分类。德尔·霍金斯（Dell Hawkins）认为，消费过程发生在四种广泛的情境下：传播情境、购买情境、使用情境以及处置情境。广为接受的是将情境分为五种类型：物质环境、社会环境、时间观、购买任务和先前状态。物质环境包括装饰、音响、气味、灯光、气候以及可见的商品形态或刺激物周围的其他有形物质。社会环境是指消费者的行动通常受自己周围的人的影响。时间观涉及时间对消费者行为的影响。购买任务提供了消费活动发生的理由，可分为自用购买和送礼目的购买。先前状态是指非持久性的个人特征，如短暂的情绪状态或条件。对情境问题的研究结果被广泛用于营销实践。国外曾研究运用背景音乐影响超市购物者的行为，通过改善卖场环境、现场广告，设计店内行走路线等，取得了很好的效果。

（三）产品特征因素

消费者做出购买决策，很大程度上受到企业、商品与营销策略组合的影响。企业及产品的形象，以及企业采取的产品策略、价格策略、渠道策略、促销策略等，都能对消费者的购买决策产生极为重要的影响。

（四）暗示与模仿——心理机制的影响

1. 暗示

暗示是指采用某种含蓄、间接的方法对人的心理和行为施加影响的过程。有人比喻说，暗示不是从"正门"，而是从"后门"进入人的意识的，因而就回避了看守门——意识批判的作用。暗示作为一种特殊的客观存在的心理现象，自古以来就引起人们的注意。俄国著名学者别赫捷列夫认为，暗示是每一个人所固有的一种普遍的心理现象，是人类精神行为方面的正常特性。在我们的日常生活中，暗示到处可见。暗示既可以由人发出，也可以由环境发出，如"朝霞不出门，晚霞行千里"就可视为对大自然的暗示的总结。暗示有时是有意施加的，有时却是无意的。在课堂上，大家正在听讲，一个学生向窗外注视，别人也会受其影响而向窗外望去，这就是一种无意识的暗示。暗示分为他人暗示、自我暗示两种。

在购买行为中，顾客因受暗示而影响决策的行为颇为多见。例如，某种商品只要摆在紧俏商品的柜台，就往往会吸引很多人购买，而同样的商品若被放到一般商品的柜台，就无人问津了。再如，如果柜台前有人排队，就会有人跟着排队，这长长的队列就是一种暗示。暗示的方式有语言词语、手势、面部表情、动作式暗号等。广州某大酒店，开张伊始虽然只有30%~40%的住客率，却让90%的客房灯火通明，这就是行为暗示。有些商家经常打出"一次性处理"的招牌，以迎合顾客的求廉心理，这就是词语暗示。还有一些商店出售廉价商品时，往往冠以"出口转内销"之名招徕顾客，这就是信誉暗示。

心理学的研究发现，暗示越含蓄，其效果越好。若要使顾客的购买行为指向一定的商品，最好尽量少用直接要求的形式，而以含蓄委婉的方式，即采用暗示技术。这在广告设计或营业员接待顾客中都很重要。比如，驰名世界的"奔驰"牌小轿车的广告语是："如果有人发现奔驰牌汽车发生故障，被修理车拖走，我们将赠送你美金一万元。"这就是从反面暗示顾客，该公司生产的汽车质量绝对有保证。

暗示起作用的原因是心理上的"从众"作用。从众是指个人行为在群体压力下趋向于与其他多数成员的行为一致的现象。一方面，消费者如果缺乏有关商品的知识便难以做出正确的购买决策，这就迫使他们向其他人寻求有关商品的各种信息乃至购买的意见，导致对他人的依赖性增强。可见消费者的知识经验越缺乏则导致他的从众性越强；另一方面，群体越是一致，对消费者个体的影响越大；反之群体总是不一致，则从众现象的发生率会明显下降。有人站在大街上向高层楼房窗口张望而引起的从众行为示例如表1-1所示。

表1-1　从众行为示例

向上看的人数	从众行人占路人比例（%）
1	4
5	16
10	22
15	40

由表1-1可知，暗示的结果往往是被暗示者对暗示在某种程度上的顺从。暗示作用的极端性结果表现为盲从，所以暗示还往往引发抢购风潮，尤其在通货膨胀、物价急剧上涨的时期。

暗示在消费行为中的作用是明显的，儿童、妇女和顺从型消费者容易受暗示的影响。商业部门常常根据暗示的心理效应来设计广告，增强宣传的效果。营业员在接待顾客时，若能正确使用暗示，营销效果比直接劝说更好。当然也有一些不法商贩为了推销劣质商品，几个同谋者临场装模作样去排队"抢购"，以吸引不明真相而受暗示影响较大的消费者跟着去排队购买，产生盲从，这确实是消费者不得不加以注意的。

2. 模仿

模仿是指个人受非控制的社会刺激所产生的自觉或不自觉地模拟他人行为的一种行为。当社会和群体对被模仿的行为加以提倡和引导时，模仿就是自觉的。但是，在人们的日常生活中，更多情况下发生的模仿却是无意识的、不自觉的。模仿行为基于两个动机：①好奇的心理。人们在现实生活中对新鲜事物总是怀有浓厚的兴趣，如果有条件去尝试，就会得到心理的满足。尤其是儿童，他们的好奇心比成人更强，更容易产生模仿行为。比如，肯德基、麦当劳等西方快餐更受儿童的欢迎，除了这些快餐比较适合儿童的口味以外，儿童强烈的好奇心也是重要原因。再如，儿童玩具的消费，更多的就是模仿行为，如变形金刚、芭比娃娃、天线宝宝等的流行就很典型。②求同心理。尽管模仿的只是外在行为，但大多数模仿者却希望通过这种外在模仿，达到与榜样的内在认同。

模仿行为的发生总是在模仿对象出现以后，通常这种模仿对象在模仿者心目中具有榜样地位，他（她）的语言、风度、装束和行为往往对模仿者具有吸引力或感染力。比如，人们总喜欢模仿名人的装束。

当模仿具有社会性时，就引起了流行，如发型、服装、食品、生活日用品的流行就是大批消费者模仿所造成的。比如，食品先前是流行"绿色食品"，如今流行"黑色食品"；家庭大件用品，先是"旧三机"，后是"新三机"，如今又开始流行家庭计算机；至于服装，是最容易形成流行趋势的，我国一度出现过"喇叭裤热""筒裤热""西装热""牛仔裤热"，20世纪90年代中期大中城市又流行复古式的女学生套裙，前几年全国大街小巷都是唐装。这些流行和"热"无一不是消费者模仿的产物。厂商应该利用人们的模仿心理，推出新颖、健康的商品，丰富美化人们的物质精神生活，创造社会效益和经济效益。

四、消费者购买决策过程

消费者购买决策过程是消费者在特定心理驱动下，按照一定程序发生的心理和行为过程。具体而言，是指消费者在购买产品或服务过程中所经历的步骤。由于消费者所要购买的商品的种类和价格、个人的能力以及经济条件等不同，因此消费者的购买决策过程有时比较简单，有时较为复杂。一般认为，消费者购买决策过程通常包括认知需要、收集信息、评价方案、购买决策、购后行为等步骤，如图 1-2 所示。

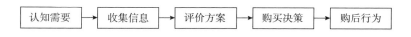

图 1-2　消费者购买决策过程

很明显，购买过程在开始购买前就开始了，并且购买后还要延续很长时间。营销人员需要关注整个购买过程，而不是只关注购买决定。

（一）认知需要

消费者的购买决策过程是从认知需要开始的。消费者对某一商品的购买需要来源于其自身生理的和心理的需求。若人的某种内在需求受到外部因素的刺激，当这种刺激达到一定程度时便成为一种驱使力量（即动机），促使人们做出购买某种满足其需要的商品。消费者的这种购买动机，可以是由内因引起的，如消费者饿了、渴了就会去买食品或饮料；也可以是由外部刺激引起的，如有时人们想买某种食品，不一定是由饥饿引起的，而是由于闻到了食品诱人的香味或看到别人吃而引起的食欲。此外，消费者还会因受到广告宣传、营销人员的影响而产生对某一商品的需要等。这些都是消费者对需要的认知。消费者对自身需要的正确认知，可以为决策限定范围、明确指向，因而其是有效决策的前提（见图 1-3）。

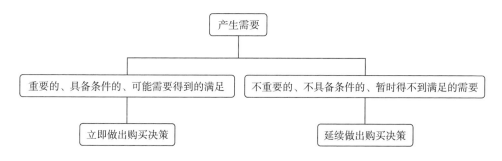

图 1-3　认知需要

企业要研究如何利用外在因素引起消费者的内在需要。营业人员应首先了解本企业经营商品的种类、特点以及与此有关的消费者现实或潜在的需要，并了解这些商品在不同时间里的需要程度，这种需要被哪些诱因所引起，这样就可以设计诱因。消费者购买动机产生的诱因是多方面的，可以是时间的、地点的、经营方式的、布局陈列的，也可以是产品本身的质量、价格、花色品种、规格、包装等。这些诱因可以单独使用，也可以综合使用。

（二）收集信息

当消费者认识到问题或需要可以通过购买某种商品来解决时，便会广泛地收集有关商品的信息，因此，消费者决策的第二步是收集信息。

1. 信息来源

消费者可以从内部、外部或内外部同时收集信息，如图1-4所示。

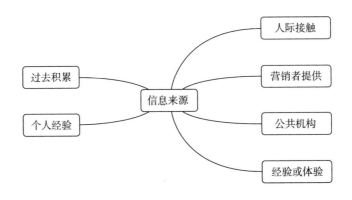

图1-4　购买决策的信息来源

内部信息收集就是消费者从记忆中提取信息，这是消费者对记忆中原有信息的回忆过程。通过这种方法提取的信息，很大程度上来自其以前购买商品的经验。例如，得了感冒的消费者会想起"白加黑"曾治愈过他具有类似症状的感冒，于是在没有做进一步信息收集的基础上，就近买了一盒"白加黑"。因此，对许多习惯性、重复性的常规型决策，消费者只要使用储藏在记忆中的、过去获得的经验和信息就足够了。

如果内部信息不足以支持消费者做出购买决策，消费者便会从外部各种渠道广泛收集所需信息。消费者的外部信息来源可以分为四类：①人际来源。人际来源主要包括家人、朋友、同学、同事、同龄人、邻居、熟人等。这方面来源的信息，对消费者的购买决策影响很大。②营销来源。营销来源主要包括广告、推销员、经销商、展示会等。这方面来源的信息量最大。③公共来源。公共来源包括大众传播媒体，如广播、电视、报刊，以及消费者组织、专家学者等。这方面来源的信息极具客观性和权威性。④经验来源。经验来源主要指消费者个人购买和使用商品的经验及对产品的认知等。这方面来源的信息，对消费者最后是否做出购买决策具有决定性。

每一信息来源对于消费者购买决策所起的作用是不一样的。其中，最有效的是人际来源，它对购买决策起认同或评价的作用；营销来源则起告知作用。

2. 影响消费者收集信息范围的因素

消费者收集信息的范围会受到以下几个方面因素的影响。

（1）消费者对购物风险的预期。消费者在购物时，都有一定的风险意识。一般来说，购买风险预期越大，消费者信息搜寻的范围越大。例如，买房购买决策是一项风险较大的决策，为了降低风险，购房者会广泛地收集有关商品房的信息，包括质量、价格、位置、交通、小区景观、周边环境、物业管理费用等。相反，风险小的购买决策，只需要做简单的信息收集工作，甚至只需内部信息就可以决定。此外，对于同一产品来说，由于消费者的个性不同，风险知觉也不同，因而会影响到他搜寻信息的范围与努力程度。

（2）消费者对产品或服务的认知。消费者对产品或服务了解得越多，他搜寻的信息范围就越小，效率就越高，搜寻时间也就越少。自信心强的消费者，信息搜寻的范围小，时间短；反之则反是。此外，与没有经验的消费者相比，有购买某种商品经验的消费者信息搜寻的范围较小、时间较短。

（3）消费者对产品或服务感兴趣的程度。一般来说，消费者对某商品越感兴趣，就越关注该商品，就会花费越多的时间去收集相关信息。例如，喜欢玩手机的消费者会很关心有关手机的信息，喜欢逛手机商场。

（4）情境因素。在特殊情况下，人们对信息的搜索是有限的。比如，求大于供时的商品抢购。

3. 消费者选择信息的过程

有时候，消费者可以搜寻到大量有关某产品或服务的信息，但不是任何情况下都是信息越多越好。而且，面对同样的情境，不同的消费者会有不同的理解，这是因为他们的个性、经验、需要等影响了他们对情境的知觉，并进而影响了他们对信息的选择。通常情况下，消费者对信息的选择一般要经过以下三个步骤：

（1）有选择性的注意。人们在日常生活中会接触大量的刺激，但不可能注意到所有刺激，其中大部分会被过滤掉。所以营销人员应该弄清楚哪些因素最能引起消费者的注意。研究发现，消费者最容易注意到以下三个方面的刺激：首先，消费者会比较注意与其当前需要有关的刺激；其次，消费者比较注意他们所期盼的刺激；最后，人们比较注意超出正常刺激规模的刺激，如服装、皮鞋等商品换季打折时，消费者会更多地关注打折幅度较大的商品和商店。

（2）有选择性地理解。在很多情况下人们是按"先入为主"的想法来解释信息的，总是按自己现有的思维模式来接收信息。因此，即使是消费者注意到的刺激，也并不一定会产生预期的作用，消费者会进行选择性理解。选择性理解是指人们趋向于将所获得的信息与自己的意愿结合起来。

（3）有选择性地记忆。人们不可能记住接触到的所有信息，往往会忘记大多数接触过的信息，而倾向于记住那些符合自己的需要、兴趣、态度的信息，这就是记忆的选择性。

（三）评价方案

消费者从内外部获得大量信息后，便会根据信息选择评价方案，这是消费者购买决策过程的第三阶段。在这个阶段，消费者会使用记忆中存储的和从外界信息源获得的信息，形成一套决策评价标准。这些标准帮助消费者进行评估和比较，并做出选择。

消费者的评价标准因产品不同而各异。比如，对照相机的评价标准，可能涉及照片清晰度、摄影速度、价格、携带方便与否等方面；而选择旅馆的标准，可能包括舒适、卫生、安全、便利、费用等。消费者的评价标准也会因消费者的价值观不同而有很大差异。比如，购买服装，有的消费者以价格低廉为基本尺度，有的人则追求新颖时尚。通常情况下，消费者可以根据以下几个原则来评价选择方案：

1. 理想品牌原则

每个消费者心目中都有一个针对某产品的理想品牌的印象，并将这种理想品牌印象同实际品牌进行比较，实际品牌越接近理想品牌就越容易被消费者所接受。

2. 多因素关联原则

消费者为商品的各种属性规定了一个最低可接受水平，只有商品的这些属性都达到消费者的规定水平时，该商品才可能被接受，而没有达到这一可接受水平的商品都不会被考虑。运用这一原则，可以排除某些不必要的信息干扰，减少处理信息的数量和规模。但是，这种决策选出的可接受的品牌可能不止一个，因此消费者还需借助另外的方法做进一步的筛选。

3. 单因素评价原则

该原则实质上是多因素关联原则的对立面，指消费者只用一个单一的评估标准来选择商品。也就是说，消费者以一种主要的属性去评价他所考虑的几个品牌的商品，并从中选出最符合他的需要的那种商品。

4. 排除原则

排除原则的核心在于逐步排除以减少备选方案。首先要排除达不到最低可接受水平的品牌的商品；其次制定不同的衡量标准，对剩下的品牌的商品进行排除，依此类推，直到剩下最后一个符合条件的品牌的商品为止。最后留下的这个品牌的商品所具有的独一无二的特征被称为"独特优势"或"关键属性"。

5. 排序原则

该原则的操作类似于编辑词典时所采用的词条排序法，因此又叫"词典编辑"法，即首先将产品的一些属性按照自己认为的重要程度，从高到低排出顺序，然后再按顺序依次选择最优品牌的商品。也就是说，消费者根据排序中第一重要的属性对各种备选品牌的商品进行比较，如果在这种比较过程中出现了两个以上的品牌，那么消费者还必须根据第二重要的属性甚至第三重要的属性、第四重要的属性等进行比较，直到剩下最后一个品牌为止。

（四）购买决策

消费者对各种方案进行比较评价之后，会选择一个最满意的方案，做出购买决策，实现购买行为。这一阶段是消费者购买决策过程的关键和中心环节。但是，购买决策并不等同于购买行为。在对100名声称年内要购买A牌家用电器的消费者进行追踪研究后发现，其中只有44名消费者实际购买了该种家用电器，而真正购买A牌家用电器的消费者只有30名。因此，只让消费者对某一品牌产生好感和购买意向是不够的，消费者是否将购买意向转化为购买行动，会受到以下几方面的影响。

1. 他人的态度

消费者的购买意图，会因他人的态度而增强或减弱。他人态度影响消费者购买意图的强度，取决于他人态度的强弱及他人与消费者的关系。一般来说，他人的态度越强、他人与消费者的关系越密切，他人态度对消费者购买意图的影响就越大。例如，丈夫想买一台大屏幕的彩色电视机，而妻子坚决反对，丈夫就极有可能改变或放弃购买意图。

2. 意外的情况

消费者购买意向的形成，总是与预期收入、预期价格和期望从产品中得到的好处等因素密切相关。但是当他欲采取购买行动时，若发生了一些意外的情况，如因失业而收入减少，因产品涨价而无力购买，或者有其他更需要购买的东西等，他将改变或放弃原有的购买意图。

此外，消费者改变、推迟或取消购买决策，在很大程度上还是由于受到了消费者对风险知觉的影响。当消费者意识到消费某种商品会给自己带来损失、危害，甚至是危险时，就会尽量减少或避免这些不愿接受的后果。当消费者对风险程度的认识达到一定高度时，就可能改变原来的购买意图，重新做出购买决策。

（五）购后行为

有些企业和销售人员很会吸引潜在消费者，但在消费者实施了购买行为后，他们就会失去兴趣，把精力转移到其他潜在消费者身上。实际上，消费者购买仅仅是企业与消费者之间关系建立的起点而非终点。在购买商品后，消费者通过使用和消费，以及家庭成员和亲友的评判，会对商品做出评价，并产生购买后的心理体验。消费者的评价与心理体验既可能影响自己的下次购买行为，也可能影响其他消费者的购买行为。

1. 购后评价

一般来说，消费者在使用商品后，会对商品的以下几个方面做出评价：

（1）对商品的质量和性能做出评价。消费者不仅会按照通过各种渠道获得的信息和一定的判断标准来评价商品的质量，也会从商品的价格、包装、功能和使用效果等方面综合评价商品的质量，这种综合评价的方式类似于平衡效应，商品的价格高，消费者就要求商品的质量高，否则，会做出质次价高的评价。

（2）对商品形象做出评价。消费者使用和消费某一商品后，会把商品的名称记在头脑中，形成记忆和印象，在一个消费群体中这种记忆和印象即构成了商品名称的知名度。这种知名度是影响消费者下一次选购商品的心理基础。

（3）对经营单位及服务质量做出评价。包括对经营单位、营销人员做出评价。这种评价主要体现在对营业环境和销售服务方面。

2. 购后心理体验

消费者通过使用和消费商品，对商品的质量、功能、味道、使用效果等会有深刻的体验，这种体验是消费者对品牌（商品）的第二体验，是在使用过程中产生的，是对产品的亲身认知。消费者的体验不同，就会产生不同的满意程度，从而影响其重复购买行为。当消费者产生满意的感受以后，会出现惠顾行为，即下次还会买此商品或到该店购买商品（重复购买）。相反，如果消费者有了不满意的体验，不仅消费者本人以后不会再购买此商品或到该店购买商品以免上当受骗，而且还会把自己的体验告诉亲友，告诫他们不要购买此商品或到该店购买商品，最终将损害企业和产品的信誉和形象。

什么因素决定消费者的购物满意度呢？答案要看消费者的产品期望与产品性能两者之间的关系。购买者对其购买活动的满意感（S）是其产品期望（E）和该产品性能（P）的函数。若 $E=P$，则消费者会满意；若 $E>P$，则消费者不满意；若 $E<P$，则消费者会非常满意。因此，企业在宣传自己的产品时，不要夸大其词，做虚假广告，人为地提高消费者对商品的期望值，从而造成"期望越大失望越大"的后果，而要实事求是，客观地宣传商品的特性，使消费者在购买后产生良好的心理体验，增加消费者的满意感。事实上，那些有保留地宣传自己产品优点的企业，反倒使消费者产生了高于期望的满意感，并树立了良好的产品形象和企业形象。

为什么使消费者满意很重要呢？因为企业的销售主要依靠两个基本群体——新顾客和老顾客。通常吸引新顾客比保住老顾客的花销大，最好的留住现有顾客的方法是使他们满意。满意的顾客会再次购买产品，会在其他人面前夸赞这些产品。买了让其满意的产品的顾客，不太注意其他同类产品或广告，并且会继续从这家公司买其他产品。许多营销者会尽力满足顾客的期望，他们比较重视让顾客满意。一个满意的顾客平均告诉 3 个人关于好产品的情况，而一个不满意的顾客会告诉 11 个人他的不幸，因此使顾客满意是非常重要的。一项研究证明，13% 不满意的消费者大约向 20 人抱怨企业或产品。显然比起好话来，坏话传得既快又远，并且会损害消费者对某个公司或产品的印象。

因此，一个公司常常衡量消费者的满意程度是明智的，不应等到顾客不满意时抱怨。大约 96% 购物不愉快的顾客从不向公司反馈他们遇上的问题，因此，公司应该建立一个系统，鼓励顾客提意见。通过这种方法，有助于公司了解自身情况。3M 公司宣布，公司约 66% 的新产品设计基于顾客抱怨的内容完成。光听还不够，公司必须对听到的抱怨做出建设性的反应。除了了解意见和对抱怨做出反应，营销者还可以利用其他方法减少消费者的不满，并帮助消费者产生购物满意感。例如，丰田公司写信或打电话给购买新车的消费者，祝贺他们选了一辆好车，并在广告中表现买了新车的消费者的喜悦（"我喜欢你为我做的，丰田！"）。

以上是消费者购买决策的一般过程，但由于消费者的购买行为是非常复杂、千差万别的，因此，并非消费者所有的购买决策都要经过以上几个阶段。一般来说，消费者对价格昂贵、大件消费品的购买需要经过购买决策全过程的 1~5 个阶段，而在购买自己较为熟悉的、常用的商品时，其购买决策过程往往会省略第二阶段的外部信息收集，根据自己掌握的内部信息即可做出购买决策。

第二章　消费热点中的消费者行为

第一节　绿色消费、保健食品消费中的购买行为

消费热点指某一消费品在一定时期内被消费者普遍追求进而成为占主导地位的消费客体的经济现象，通常以流通领域内市场上某类商品的有效需求的急剧扩大和持续增长为标志。

对于消费热点，蔡德容将其特点概括为以下五个方面①：

第一，成为消费热点的商品，应该是人们消费比较集中、需求量比较大的商品。对于这种消费品的需求，人们迫切需要得到满足，因而其有比较广阔的市场。

第二，成为消费热点的消费品的消费，以前还解决得不好，但当前或今后一个时期内人们迫切需要解决，从发展趋势看需求量比较大。

第三，成为消费热点的消费品，能够吸引较多的社会消费资金。消费热点必然成为广大消费者货币投向的热点，因此，必然能够从消费者手中吸收更多的资金，是吸收社会资金的热点。

第四，成为消费热点的消费品的生产，有比较充裕的资源和比较成熟的技术条件。就一个国家来说，其资源、技术等不能依靠从国外引进，而应该依靠或主要依靠本国生产和供给。

第五，消费热点一般是新出现的，它是随着消费水平的提高和消费序列的变化而产生的。

从以上消费热点的特点来看，我国当前的消费热点主要有住房消费、教育消

---

① 蔡德容. 关于消费热点和经济增长点的几个问题 [J]. 消费经济, 1998（3）: 26-27.

费、文化消费、信息消费、医疗保健消费和旅游休闲消费等。

消费热点的出现有助于提高人们的消费水平、推动企业发展、促进经济增长。研究消费热点可以准确掌握消费者心理及其行为的特点和变化规律，可以更好地指导企业的生产经营活动，满足人们需要，实现企业目标。现代市场营销观念认为，企业的各项活动应以消费者为核心，通过生产出适合消费者需要的产品和服务，满足消费者的长远需要来实现企业的长期利润，这是企业的宗旨。

研究消费热点有助于引导消费潮流。深刻了解不同消费热点对发展生产和满足人们需要具有的不同作用和效应，有助于政府宏观调控部门鼓励和促进符合经济发展水平的消费热点的发展，限制和制止不健康的、消极的，甚至有害的消费热点的发展，以利于广大群众建立文明健康的生活方式，促进社会精神文明的发展。

研究消费热点可以指导生产者调整和优化产业结构。生产者在预见到消费热点形成和发展时，应适时地扩大生产规模，适时增加产品种类，及时赶上消费热点；在消费热点降温时应转产新的热点产品，从而把生产与市场结合起来，使产业结构和产品结构不断优化和升级，有利于发展支柱产业，调整经济结构，促进市场经济的合理发展。

研究消费热点可以促进新的经济增长点的启动和发展，拉动国民经济增长。在市场经济条件下，消费需求直接拉动消费品的供给，促进消费品生产，消费需求增长速度以及生产此类商品的产业发展速度也必然加快，这不仅能直接促进这类商品生产的发展，也能够带动相关产业的发展，从而促进经济的增长。

一、绿色消费中的购买行为

1. 绿色消费产生的必然性

所谓绿色消费，是人们为了满足生理和社会或生态的需要，而消费符合环境保护标准的产品的方式。这里的产品除具有一般产品的特征外，还具有节约原料、能源；采用清洁生产；产品在使用过程中以及使用后不含危害人体健康和生态环境的因素；包装合理，使用后易于回收、复用和再生；具有节水、节能、降低噪声的功能，这就是绿色产品的含义。

绿色消费就是要在技术上尽量减少对环境的不利影响；在生产过程中考虑安全性；在消费中考虑降低对环境的负面影响。绿色产品消费是相对于传统消费而言的，为了实现绿色消费，企业将自身的目标和社会的需要结合起来，并不以耗费资源来满足消费者的物质需求为目的，而是强调环境与发展的协调，重视消费的可持续性和自身所要承担的社会责任，以最少的消耗来满足人们的需求，实现长期的、最优的提高生活质量的目标。

可以说，绿色消费的产生不是偶然的。自然资源和环境的耗费和破坏，迫使人们重视环境问题。20世纪50年代后期人们就已经认识到了消费对于自然资源的负面影响，同时提出了人类的生存环境问题，指出了物质的满足是建立在自然资源和环境的耗费和破坏的基础上的，但这些问题当时尚未引起大多数人足够的重视。科技的发展为人类带来了文明的生活方式，同时也带来了环境污染和破坏，因此，开发环保产品成为社会发展的唯一选择。例如，家电行业以禁用氟利昂、保护大气臭氧层为标志。目前已有许多国家颁布禁用氟利昂的法令，氟利昂冰箱逐步被淘汰。这种冰箱不仅维修没有保障，而且转让可能要缴纳环保税。环保不仅限于氟利昂的禁用，噪音也是一大环境污染因素。直到20世纪80年代末环境破坏导致全球变暖、灾难频发，人们才开始真正重视起环境问题。

消费者的心理和价值观念逐渐改变，由单纯的物质价值观向要求良好的生存环境和健康生活方式的绿色价值观转变，促进了绿色消费需求的产生。广大消费者在实际的社会实践中深刻认识到工业文明的发展所带来的对人类生活质量和身心健康的消极影响，如果任其发展，不对环境加以保护，最终将会导致人类灭亡。正是由于绿色观念的形成和对绿色价值观念的认可，人们开始追求具有环保性的绿色产品，从而使绿色需求成为市场消费的一种潮流，并为社会和企业所关注。自20世纪70年代开始，全球掀起了一场空前壮阔的绿色革命。它从经济到政治，从观念到行为，对整个世界和人类生活产生了巨大的冲击和影响，人们开始关心消费的环境代价，呼唤既无污染又有益于健康的绿色商品。绿色营销问题已经被提上议事日程。1992年，在巴西的里约热内卢举行的联合国环境与发展大会通过了《21世纪议程》，标志着世界已进入保护环境、崇尚自然、促进可持续发展的"绿色时代"。人们越来越关注环境价值，这直接影响着全球经济的发展战略、人类的生产模式和消费模式。

2. 绿色消费的行为特征

绿色消费的发展，将促使人们消费观念、消费方式、消费结构的变化。随着环境立法的推行，环境产品及服务的生产和消费迅速发展，各国都把环保视为朝阳产业，置于优先发展的重要地位。对企业来说，面对绿色消费浪潮的冲击，应全力开展"绿色营销"活动。据不完全统计，20世纪末，环保技术和产品全球市场已突破3000亿美元。

人们的生活观念随着环保运动的发展而变化，崇尚自然、追求健康将成为市场商品结构升级的重要内容和趋势。当下，国际市场绿色产品层出不穷。从生态玩具到生态时装，从绿色汽车到生态住宅，可谓无所不包，无所不有。未来，市场上谁拥有环保产品，谁就拥有市场，企业之间的竞争将围绕环保而进行。就绿色消费行为而言，具有很明显的特征：

（1）注重安全和健康的购买欲望。消费者注重商品的安全性、优质性和对身体的长期影响。在绿色产品空缺的情况下，消费者通常会抵制消费，而对于绿色消费活动则总是会积极配合。消费者的购买欲望主要来自：有利于自身的安全和健康；考虑子孙后代的生存；追求时尚和文明；追求自尊和自我价值实现等。

（2）消费中会考虑替代品。出于保护资源、有益环境和履行社会责任的原因，绿色消费行为表现为：首先，可能购买二手产品，延长产品的使用周期，提高资源的使用效率；其次，通过借用或租赁的方式，达到资源共享，以缓解满足需求与耗费资源的矛盾；最后，有意识地减少对产品的使用，例如，习惯于开快车的人会降低开车的速度，这样可以降低油耗，同时减少尾气的排放，抑制对环境造成的污染。

（3）购买决策理性化。绿色消费是一种文明化的、高层次的消费，消费者不仅注重消费品、消费环境的安全性，而且消费观念越来越理性化，是一种高级理性行为。消费者在绿色消费过程中会改变消费品牌的选择，进行以产品寿命为基础的购买，会选择成批购买，减少对包装的使用。

3. 影响绿色消费行为的因素

绿色消费是一种高层次的、文明化消费，绿色消费模式的建立，是在社会生产率和社会生活质量发展到高水平时才能够实现的。绿色产品的消费一方面取决于消费者对绿色产品的购买能力，另一方面取决于其他一些非收入因素，如受教育程度、环境污染程度和消费者自身的环境意识等。

第一，消费者的生活水平（主要是收入水平）。人们的绿色消费需要不一定表现为对绿色产品的市场需求，绿色消费需求是具有绿色消费欲望，且具有对绿色产品和服务的支付能力的消费需求。消费者的收入水平越高，需求档次越高，越不满足于对一般产品的购买和使用，而更强调购买和使用产品的安全性、社会发展的可持续性。同时，绿色产品的开发和运用所付出的成本要高于一般产品。按照国际上通常的做法，政府允许绿色产品的价格比同类产品价格高出一定的比例，如 20%～50%。德国霍恩海姆大学农业经济专家哈曼博士的研究结果表明，绿色食品的价格比一般食品的价格高 50%～200%。日本绿色产品的价格要比一般产品的价格高 20%以上。正因如此，绿色产品的目标市场一般是具有一定购买能力、具有一定文化素质的消费群体。所以，影响绿色消费行为的主要因素是人们的收入水平和受教育程度。收入越高，环保"绿色"意识也越强，在高收入层和低收入层的比较中，这一特征非常明显。

第二，消费者受教育程度。消费者的受教育程度在以下三个方面影响着绿色消费：首先，受教育程度决定着消费者对绿色产品和绿色消费重要性的认识；其次，受教育程度决定着消费者对自身健康、社会问题的关注程度；最后，受教育程度决定着消费者对生活质量的关注程度。受教育程度相对较低的消费者对绿色商品的需求和对绿色营销的接受程度不高。

第三，环境问题的严重程度。绿色消费因环境污染、资源浪费问题而产生，当环境问题威胁人类社会的生存和发展时，人们开始意识到绿色消费的重要性。越是生态环境恶化、资源短缺、劣质产品或有害商品多等环境问题严重的国家或地区，其消费者的绿色消费意识越强烈，越需要绿色产品和服务的消费。中国消费者当前面临着一个很重要的问题就是购买的商品的安全性有待提高，城市居民面临的这一问题更为严重。随着环境问题的加剧和公众环保意识的加强，绿色消费已成为 21 世纪的一种趋势。

第四，企业绿色营销活动的开展状况。在绿色市场营销观念指导下的企业绿色营销战略的制定与实施情况，包括目标市场的确定、企业开发绿色产品的状况、绿色产品的价格水平、绿色产品的质量和分销策略等都决定着绿色消费需求的规模和发展速度，决定着绿色消费的水平和结构。因此，拉动绿色消费，刺激绿色消费需求，需要企业、社会广泛开展绿色营销活动并制定与实施整体发展战略。

目前我国绿色消费处于起步阶段，消费者对绿色商品已有一定的理解，但要完全接受绿色商品，形成大规模的绿色消费，尚需要进一步宣传和教育，同时绿色需求的实现仍然受到价格的限制。但是，可以预见，随着全民族文化素质的提高，绿色消费将由潜在的市场变成现实的市场，越来越多的消费者乐于使用既无污染又有益于身心健康的绿色产品。人们开始关注生态环境，保护地球生态平衡，为自身创造一个清洁卫生的生存环境已经成为世界性的新潮流。

二、保健食品消费中的购买行为

1. 市场流行的主要保健食品

保健品是对各种有益于身体健康的食品、药品和器械的总称。广义的保健品包括保健食品、保健药品、保健器具和保健器械等。其中的保健食品按照 2005 年颁布的《保健食品注册管理办法（试行）》的界定，指声称具有特定保健功能或者以补充维生素、矿物质为目的的食品，即适宜于特定人群食用，具有调节机体功能，不以治疗疾病为目的，并且对人体不产生任何急性、亚急性或者慢性危害的食品。此定义包含三个要素：

第一，它不能脱离食品，是食品的一个种类。

第二，它必须具有一般食品无法比拟的功效作用。这些功效包括：增强免疫力、对辐射危害有辅助保护功能、改善睡眠、增加骨密度、缓解体力疲劳、对化学性肝损伤有辅助保护功能、提高缺氧耐受力；缓解视疲劳、祛痤疮、祛黄褐斑、改善皮肤水分、改善皮肤油分；辅助降血脂、辅助降血糖、辅助降血压、对胃黏膜有辅助保护功能、抗氧化、辅助改善记忆、促进排铅、清咽、促进泌乳、减肥、改善生长发育、改善营养性贫血、调节肠道菌群、促进消化、通便。

第三，它不是药品，不是为治疗疾病而生产的产品。

可以说，保健食品是介于食品和药品之间的一种特殊的食品。目前，我国的保健食品从功能上看主要有健康益智产品、减肥产品、补血补肾产品、营养素补充剂等。

保健食品从消费对象看主要有以下类型：

第一类，有中国特色的功能产品。这一类是中国传统食疗与新技术结合的产品，具有身体调节作用并且是天然产品。目前，55%的保健食品均与中国传统食疗有关。

第二类，保健套餐。保健套餐已成为一种流行的保健消费食品。例如，"中老年套餐""学生套餐""白领套餐"等。

第三类，功能因子明确的第三代产品。第三代保健食品融合了更多的高科技成分，所含功能因子在食品中有稳定的形态，且功能因子多数是从国外引进的。第三代保健食品除了功能因子稳定外，普遍具有高纯度、纯天然、原料未受污染、高技术等优点，其必将成为保健食品发展的主流。

第四类，老年人及孕妇、哺乳期女性用的产品。有延年益智防病作用的保健食品最受老年人欢迎。21世纪20年代初期，中国老年人口已逾3亿，所以该类保健食品的市场潜力不容忽视。具有促进排铅、促进泌乳作用的保健食品受到孕妇及哺乳期女性的欢迎。

第五类，儿童保健食品。目前，已有一批企业涉足儿童保健食品，如汤臣倍健生产的多种维生素片是一种保健食品，它含有12种维生素，主要是用于发育期的儿童，特别适用于饮食不均衡、挑食、偏食的儿童，一经上市便备受欢迎。

第六类，其他保健食品。例如，常见病预防和辅助治疗产品、休闲食品等。

随着亚健康人群的增加和人口老龄化，保健食品市场呈现蓬勃发展的态势。诸如预防心脑血管疾病、动脉硬化、糖尿病、骨质疏松、癌症、肝硬化、贫血的保健食品备受青睐。同时，益智、延衰、促进生长发育的保健食品，成为21世纪保健食品市场的畅销货。

2. 我国居民保健食品需求增长的原因

拥有健康是人类永不停歇的追求，保健食品是维持身体健康的有效物质条件。随着国内人民生活水平的不断提高，人们对健康及保健的要求也不断提高，尤其对一些能够强身健体的食品的需求变得尤为迫切。因此，保健食品的市场发展迅速。有关市场调查数据显示,我国城市居民在保健食品方面的支出,每年都以超过30%的速度递增。无论是在北京、上海、广州等一线城市,还是杭州、成都等新一线城市,保健食品的消费比例都很高。保健食品消费增加的主要原因如下:

(1)随着经济的发展,消费者更加关注身体健康。经济收入越高,对保健食品的需求也越高。尤其是高收入阶层,其消费重点已从一般的吃、穿、住、行、用,转向医疗保健、教育、娱乐、旅游等。女性经济地位的提高也促进了保健食品需求的增加。女性对于保健食品的需求高于男性,爱美是女性的天性,美容食品、减肥食品以及补钙食品受到女性消费者的青睐。经济发达地区保健食品的消费量相对较高,人们在日常消费之外,更注重生活质量和自身健康的保障。一线城市的保健食品消费比例要高于二线城市,且消费比例与收入基本呈递增关系。

(2)医疗保健知识的广泛传播、企业营销策略的丰富和产品种类的增多吸引了更多的人选择合适的保健食品。

(3)我国人民有进补的传统习惯。我国有食疗的传统,我国人民经过几千年的实践,积累了大量的经验。中医中药作为传统的医药卫生与养生文化,至今仍是我国保健食品开发的重要理论基础和有效的物质来源。保健食品的出现是对我国传统医学和饮食(药膳和食疗)文化的一种继承和发展,也是开发利用我国新的食品和药物资源的尝试,是人类文明与科学进步的标志,符合人们的健康需求及我国一贯倡导的预防为主的方针和原则,是社会发展的必然结果,对提高人们生活、健康水平尤为必要。

(4)我国人民的身体状况决定了对保健食品的需要。保健食品的兴起,绝非偶然。世界卫生组织的一项调查显示,进入21世纪后,世界人口中近10%的成年人处于亚健康状态,尤其是城市脑力劳动者更需要"保健"。随着科学技术的发展、环境污染的加剧,人们越来越喜欢纯天然、无污染、不添加化学合成物的食品。同时,生活水平的提高也使人们对生活有了更高的追求,更加重视健康,重视祛病防病和延缓衰老等。在这种背景下,运用高科技手段并以无污染的纯天然动植物为原料的保健食品应运而生,而且飞速发展。

(5)现代社会生活节奏较快,竞争日趋激烈,人们精神负担加重,补充保健食品有助于提高工作效率和生活质量。

(6)医疗费用的高昂使消费者更加关注自我保健。从2012年开始,我国保健食品市场规模连年增长,2021年中国保健食品行业市场规模达3808.2亿元,同比增长2.59%(见图2-1)。

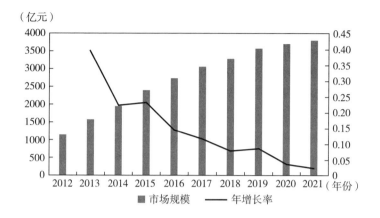

图 2-1 2012~2021 年中国保健食品行业市场规模统计

（7）老年人口的增加，提升了对保健食品的需要。随着老年人口的增加，各种慢性病患病率也随之上升，人们对保健食品的需求更加强烈。同时，子女孝敬父母的行为也增加了保健食品的消费。

3. 我国居民保健食品购买行为特征

保健食品不同于一般的食品，在消费区域、消费动机、消费心理以及消费的季节性等方面与一般商品有很大差别。

就消费区域而言，一线城市的保健食品消费比例要高于二线城市，且消费比例与收入基本呈递增关系，这与目前保健食品市场价格偏高以及消费者的保健意识有关。

就消费动机而言，保健食品的消费主要有以下三种动机：自己服用、馈赠亲友、给家人服用。除了自己服用之外，其他两种方式均是为"传递或表达感情"。而一、二线城市的消费者购买保健食品的动机又有些差异，一线城市自己服用的比例很高，二线城市则更注重于感情联络。

购买保健食品的消费心理主要为关心功效、价格、服用方便及口味等。购买者对保健食品大多缺少了解，其最关心的是产品所描述的功效是否属实。

从消费季节看，冬季为旺季，冬令进补是中国人的传统，冬季是保健食品的销售旺季，夏季则是淡季。但也有部分消费者长年服用保健食品，这表明保健食品消费的季节性已经开始淡化。

对消费者而言，"专家咨询"对消费者的购买欲有较强的刺激，说明消费者对保健食品的购买更依赖于专家的观点。

购买保健食品的地点多为超市和药店，这是保健食品比较集中的地方。

第二节　教育、文化消费中的购买行为

一、教育消费的购买行为

1. 教育消费的必然性

我国著名经济学家尹世杰教授曾指出："文化教育是第一消费力。"教育消费是满足人们教育需要的消费，是现代社会人们必需的一种特殊消费活动。教育消费能够增进人们的知识和技能、保障身体健康以及形成和改变人们的思想意识。21世纪是知识经济的社会，知识经济是以知识和信息为基础、以科学技术为依托的、崭新的经济形态。知识经济社会实际上就是人力资本竞争的社会。知识并非生而有之，它依赖于教育。由此，在我国居民消费中教育消费主潮逐渐涌起，教育消费热是大趋势，教育消费成为新的消费热点。

从消费者本身来看，教育消费有助于国民素质提高和消费质量的改善。这里可以从宏观和微观两方面分析。从宏观上看，教育消费有利于国民素质的提高，有利于社会经济现代化建设。素质是一个综合性的概念，包括健康素质、文化科学素质、职业技术素质等，素质的提高，归根结底是靠教育。国民素质跟不上，再完美的现代制度和管理方法、再先进的工艺技术也是无用的，经济的高速稳定发展同样离不开高素质的国民。从微观上看，消费者自身素质的提高，能更好地适应现代化生产的客观需要，其就业的空间会更加广阔，自我价值也才能够实现。知识经济的管理者应该受过更好教育、更年轻、更善于沟通、更具有独立能力、更加雄心勃勃。知识经济下的员工经济上更富裕，科学文化水平更高，他们在公司中大多从事脑力劳动。由于知识经济社会的知识不断更新，任何职员要跟上时代的发展，参加工作后也必须不断地学习，所以他们的科学文化水平会更高。更重要的是，现代化的科学技术不断进入人们的消费领域，如各种电子技术、生物工程技术，使人们的消费对象、消费内容和消费方式发生了巨大变化，不具备一定的文化知识，就无法享受现代科学技术带来的好处，这就要求人们必须注重教育消费、接受新知识、掌握新技术。可见，要从根本上提高消费者的知识、智力水平，必须投资教育。

从管理组织的变化来看，管理组织从工作型向学习型转变。经济的持续增长以人力资本存量增长为主要增长方式，教育投资是实现人力资本存量形成的途径。当下，知识经济迅速发展、知识量急剧增长，员工只有不断学习、不断探索、不断更新知识，才能适应企业发展的需要。管理方式从刚性到柔性的转变，也离不开学习和接受教育。柔性管理的实质是一种以人为中心的管理，它是在尊重个人尊严与人格独立性的前提下，在提高员工对企业的向心力与归属感的基础上所实行的分权化管理。刚性管理靠的是制度，柔性管理靠的是学习。在新的经济形势下，技术和人的智力劳动已经成为企业生存和发展的有效因素，如果不重视知识，不尊重科学、人才，就难以在竞争中取胜。

从教育消费热形成的宏观背景看，经济学家把刺激教育消费作为刺激内需的重要手段，甚至把教育消费作为新的经济增长点。与其他消费市场不同，目前我国的教育市场处于供不应求的"卖方市场"状态，还有较大的市场发展潜力。

2. 教育消费的购买行为特点

关于教育消费行为与一般商品消费行为的差异，目前业界仍存在分歧。目前，对教育商品的消费行为是普遍存在的，而且已成为消费中的热点消费。因此，研究教育消费的购买行为就显得尤为重要。

（1）教育消费是家庭消费的重点。无论是中学教育支出，还是大学教育支出，以及与此有关的支出，往往是一个家庭主要的消费支出。

（2）接受教育的消费者是不完全的消费者。一方面，大多数学生本身没有固定的经济来源，其购买商品的货币支付能力主要来自家庭，购买商品与服务的行为有些由家长执行；另一方面，教育商品的消费者们大多数是在校学生，他们在教育商品消费过程中所展现的消费行为是不完全的消费行为，其暂时还不能完整行使消费者的权利。

（3）教育消费属于理性购买行为。教育消费是一项长期的消费活动，教育具有巨大的效用。对消费者来说，教育是一种长期投资，是消费者对未来就业、利益回报的一种投入。对教育商品的购买是从长计议的理性化购买行为，而不是短期的冲动性购买。

（4）教育消费的规模与质量既受消费者收入水平、教育的效用影响，又与消费者自身的综合素质和能力、教育体制直接相关。消费者自身的素质尤其重要，良好的教育并不是仅靠金钱就能实现的。

发展教育是一项长期国策，是一项系统工程。发展教育，促进教育消费热点的形成，就要重视教育，将教育视为强国强民的根本战略。因此，国家要加大对教育的投入力度，通过宣传引导，帮助人们树立适应市场经济发展的教育观、消费观，从而自觉增加教育消费支出。同时，为教育消费创造良好的环境，动员一切社会力量，为教育消费热的兴起提供一个良好的外部环境，促进教育消费持续、健康发展。当然，要加强教育消费中的收费管理，依法制止教育消费中的不合理收费现象。

二、文化消费的购买行为

1. 文化消费的内涵

文化消费指为满足人们精神生活需要而消费各种文化产品和文化服务，是对精神文化类产品及精神文化性服务的占有、欣赏、享受和使用。显然这里的文化指的是狭义的文化而不是广义的文化。广义的文化是人类在社会发展过程中所创造的物质财富和精神财富的总和，狭义的文化是指社会意识形态。从消费行为学的角度看，文化消费是指人们为满足自身的精神需要而对于有关的物质和文化产品的消费行为。

消费文化是消费领域中人们创造的物质财富和精神财富的总和，是人们各种合理消费实践活动的升华和结晶。消费文化包括优美的自然环境、人文环境、人们精心创造的实物生活资料和精神文化产品，以及富有创造性的有利于人的身心健康的消费行为。当然，也有人认为，消费文化是消费者的消费价值判断、指导思想与行为准则，以及反映在物质产品上的文化层次和文化趋向。消费文化是人们在消费实践中形成的反映消费特点的观念形态，受消费者心理、价值取向、行为准则和习惯偏好等的影响和制约，是消费者在消费活动中追求的一种情调和氛围。它贯穿于消费者物质和文化消费的全过程，既包括消费品文化，如茶文化、酒文化、饮食文化、衣着服饰文化等，又包括消费服务文化，如体育文化、休闲文化、娱乐文化等。

文化消费与消费文化是有区别的：文化消费是为满足精神文化需要发生的消费行为，它横跨在文化与消费两大领域，成为连接文化与消费的纽带。而消费文化是内含在物质层、制度层的价值观念通过消费活动表现出来的文化特征。文化消费是具体的，而消费文化则是笼统的，更多的是观念上的并具有消费哲学的意味。

2. 文化消费的购买行为特点

文化消费的内容涉及文化教育、绘画、雕塑、书法、影视、戏剧及手工艺品、中医保健、文物、音像休闲娱乐等。消费者通过健康愉快、生动活泼、丰富多彩的娱乐活动、文化活动和体育活动，可以获得高级精神享受，提高自身的整体素质。文化消费离不开文化产业的发展，文化产业是指从事精神文化产品或服务的创作、生产、演出、传播流通的行业部门机构和团体，具体包括教育事业、出版事业、博物馆、图书馆事业、广播电视事业、旅游事业、文化艺术事业、文化信息产业和文化娱乐业等。具体来说，文化消费具有以下特点：

（1）文化消费是高层次的消费需求。文化消费是以满足人的精神文化需要为主导的消费，精神文化需要本身就是以经济发展到一定程度为前提的高层次需要。从社会发展史角度看，文化消费的发展程度与物质消费程度呈正比。

（2）文化消费具有抽象性和广泛性。文化消费与人的世界观、价值观及思想道德品质联系紧密，文化产品的提供和消费有时不可分。文化消费的对象具有广泛性，不仅包括绘画、书法、音乐戏剧、烹饪、保健、文物、出版、娱乐，还涉及健身、体育表演等。有价值的文化产品不仅能使人们获得娱乐和美的享受，还可以使人们受到教育和启发，有利于消费者科学文化素质的提高。

（3）文化消费具有多样性。由于文化消费主体的素质和文化修养、价值观不同，因此文化消费表现为不同的类型。有大众化的文化消费，也有高品位的文化消费；有自娱型的文化消费，也有专业型的文化消费；有基于生存需要的文化消费，也有基于发展需要的文化消费；有消遣型和娱乐型文化消费，也有享受型、社交型、发展型和智力型的文化消费。

（4）文化消费具有可引导性。文化作为一种社会现象，文化产品的消费受传统习惯、社会风气、经济发展水平、文化市场的发展与建设等因素的影响较大。正因如此，文化消费才具有可引导性。我国开展的"三下乡"活动，即"文化、科技、卫生"下到乡村，引导农民爱科技、学技术，走健康、文明的文化消费道路且已收到良好效果。

第三节　休闲消费、假日消费的购买行为

一、休闲消费的行为

1. 休闲消费产生的基础

《现代汉语词典》中对"休"的解释是歇息，"闲"是没有事做。休闲消费是以养息为目的，在闲暇时间内进行的一种消费活动，它强调的是"休"或"养"。休闲消费大致可以分为旅游消费，即游览名山大川、观赏古迹及文化遗产、购买旅游周边消费品；健身健美消费，即购买各种健身器材、进行各种体育锻炼等的消费支出。休闲消费的一个重要特点是不属于人们维持生存而进行的最基本、最必需的日常消费。

休闲消费必须具备的条件：闲暇时间和有一定的支付能力。所谓"闲暇时间"，按照马克思的解释就是指"不被生产劳动吸收而用于娱乐和休息，从而为劳动者的自由活动和发展开辟天地的余暇时间；闲暇时间是劳动者用于消费产品

和用于自由活动的时间"①。由于下列条件的变化,休闲消费必然占据主要地位:

(1)随着物质财富极大地丰富,人们开始转向追求精神文化的消费。将更多的时间和钱财用于休闲,诸如购书、接受各种技能的培训、完善自我的再教育(或终生教育)、健身美容、旅游、欣赏。

(2)传统的工作和休闲的概念已经模糊。首先,工作时空界限被打破;其次,休闲在社会中成为一种资源,有利于事业的发展,是一种延伸工作。托夫勒(1987)指出:"大批工人早已从事每周平均只有 3~4 天有报酬的劳动,他们用半年或一年的时间接受教育,或者娱乐消遣。一旦我们认识到,大部分时间是用来生产自己所需要的用品和劳务,即产销结合时,旧的工作和空闲时间的区别和界限就消失了。"传统的先生产、后生活的概念必将发生根本性的变革,同时随着买方市场的到来,人们也逐步认识到"生活"和"消费"对发展经济具有同样重要的意义。

(3)国家越富有,休闲时间就越多。人的寿命的延长使人最后的 20~25 年基本处于休闲的状态中,随着国家经济实力的增强、社会保障制度的不断完善,人们晚年用于休闲消费的支出将不断增多。青少年也是一个庞大的休闲消费群体,在美国,接受初中级教育的学生每年有 180 天的假期,在日本有 120 天的假期,我国虽相对较少,约 80 天,但假期的休闲消费仍是巨大的。随着休息时间的延长,人们在消费时间上更宽松,在消费形式方面的选择余地更大,在假期进行各种形式的休闲消费已经被广大消费者所认同。

休闲消费对消费者自身的脑力和体力的发展以及社会经济、文化的发展,具有重要的作用。

第一,有利于劳动者的全面发展。合理进行休闲消费、个性化消费,能拓宽消费者的视野,促进人的身心健康和全面发展。

第二,有利于提高劳动力素质。利用闲暇时间,锻炼自身的专长,或者学习文化知识,或者观光旅游,了解各地风土人情,既丰富了消费者的知识内容,使其学到了新知识、新技能,又增长了其社会实践经验,锻炼了身体,是能全面提高劳动者素质的消费形式。

第三,有利于扩大劳务产品需求。扩大消费需求,是扩大内需的一个重要方面,而休闲消费,越来越成为人们消费的重要内容。发展休闲消费,有利于培育消费热点,刺激新的消费需求,并促进消费结构的升级和优化,从而促进产业结构的升级和优化,使消费需求与经济增长之间形成良性循环。

---

① 北京大学经济系《资本论》研究组.《剩余价值理论》释义(第三册)[M].济南:山东人民出版社,1993:281.

第四，有利于两个文明协调发展。发展休闲消费，能更好地满足人们精神需要。休闲消费的特点在于精神上的愉悦，不仅享受物质文明的丰硕成果，而且享受精神文明的丰硕成果；不仅有利于发扬社会主义物质文明，而且有利于发扬社会主义精神文明。

2. 休闲消费行为特点

未来学家约翰·托夫勒在《第四次浪潮》中提出：农业社会是第一次浪潮，工业社会是第二次浪潮，后工业社会是第三次浪潮，信息革命是第四次浪潮，娱乐和旅游业是第五次浪潮。娱乐、旅游都是休闲消费的重要内容。下面以旅游业为例，探讨休闲消费的行为特点。

旅游业是无烟工业，是基于旅游资源和设施提供旅行游览服务的行业，旅游是人类社会的一项活动，它可以陶冶人的身心、丰富见闻、增添乐趣。拓展旅游消费市场，既能满足人们的精神享受，又是扩大消费需求的有效措施之一。

（1）旅游消费是一种较综合性的消费活动。旅游涉及吃、穿、用、住、行等方方面面，表现为综合性、配套性。这要求旅游营销也必须做到配套、完整。旅游消费的实现除要具有一定经济基础外，还要有国家相关的政策、法令以及旅游景点的开发来保障。

（2）旅游动机是一种比较广泛的社会动机。日本学者田中喜一将旅游的动机归为四类：心情动机，包括思乡心、交游心、信仰心等；身体动机，包括治疗、保养、运动；精神动机，包括知识需要、见闻需要、快乐需要；经济动机，包括购物目的、商业目的。旅游动机的形成受社会生活条件和文化教育程度的影响。从年龄看，年轻人的旅游动机源自求新猎奇和求知欲望；中年人的旅游动机大都源自专业爱好和舒适享受需要。文化教育程度较高的人乐于探险，文化教育程度较低者喜欢较熟悉的旅游景点。旅游活动是一种高消费活动，家庭收入状况、身体状况都会影响旅游消费。

（3）旅游消费行为离不开政策的支持和硬件的开发。旅游消费的实现，除一定的经济条件外，还需要国家的政策、法令以及社会安定、旅游景点开发等配套条件实施到位。

（4）旅游者一般呈现较为矛盾的心理特征，表现为"所谓解放感和紧张感两种完全相反的心理状态的同时高涨"（前田勇，1979）。依据前田勇的解释，一方面人们脱离日常生活外出旅游，意味着接受新的体验会产生紧张感，紧张感会让其感觉到疲劳并对新奇的事物特别感兴趣；另一方面暂时脱离日常生活，在某种意义上说是从束缚中解脱出来，会产生解放感，表现为旅游的乐趣会消除其生理上、精神上的疲劳。

美国一位旅游专家指出，对待任何一个游客，都必须满足其两种要求：一是生活方面的，即食宿、交通、游览项目；二是心理和社会的要求，使游客感到愉悦。有关部门应加大对旅游市场的保护和开发力度，目前的重点是要提高各个环节的服务质量，拓展旅游市场空间。

二、假日消费的行为特点

1. 假日消费带动了假日经济

随着社会经济发展水平的不断提高，人们的消费观念、生活方式不断变化，假日休闲和旅游在个人生活支出中所占比例越来越大，在整个社会经济发展中发挥着越来越重要的作用。"假"是指按照规定或批准暂时不工作或不学习的时间；"日"是地球自转一周的时间，即一昼夜。"经济"在经济学上是指社会生产和再生产的活动。从字面上看，"假日经济"可以解释为人们在法定时间内所从事的带动社会再生产过程的规模较大的消费活动。目前被普遍接受的一种对假日经济的解释认为，假日经济是指人们利用假日旅游、集中购物等消费带动供给，促进市场经济发展的一种综合性、多维度的可持续发展的经济模式。

假日经济这个词由来已久，首次出现是在1999年国庆节后不久。1999年国务院重新修订了《全国年节及纪念日放假办法》，将属于全体公民的全年的节假日由7天变成了10天，所以在1999年国庆节法定假日加上周末一共放了5天假，由此引发了一场始料未及的假日消费热潮。假日期间，全国各地的商场、超市人潮涌动，酒店餐馆家家爆满，旅行社更是忙得不亦乐乎。

总的来看，假日经济的产生，主要基于三种现实情况：

第一，人们收入水平有了较大的提高，有了假日消费的经济能力。我国的消费从"温饱型"逐渐向"享受型"和"发展型"转变，这是假日经济出现的最主要原因。

第二，人们的闲暇时间增加，具有了假日消费的时间条件。目前，全体公民假日共11天，加上每周的周末公休，休息时间占全年的32%左右，人们有更多的时间自主进行消费。

第三，商品和服务产品的种类越来越多，刺激了假日消费。假日消费是一种综合性的消费，市场商品的极大丰富，尤其是服务产品的增多，极大地吸引了有购买力，却无明确购买指向的消费者。

消费需求的发展变化、消费观念的转变、购买能力的增强、闲暇时间的充裕必然带来假日消费的蓬勃发展。

2. 我国假日消费的主要特征

（1）计划性购买比较突出。人们消费购物往往都有一个计划，而节假日就是他们实现这个计划的时间点。平日人们忙着工作，没有宽裕的时间大量购物，只能将其安排在假日，所以在假日，特别是节假日的消费比平时多。一般居民在节假日都有重要的购买计划，这种计划性购买行为非常明显地体现在商场的产品销售结构中，电器、服装、家庭耐用品的销量往往在假日猛增。

（2）"量入为出"的消费观念依然根深蒂固。消费观念的变化往往与经济实力和预期的收入水平相关。就大多数人来说，目前仍持有传统的"量入为出"的消费观。社会消费水平的提高，依赖于社会人均收入水平的提高，而它的基础是社会整体经济发展水平的提高。在人均收入水平尚有较大提高空间的情况下，大多数人满足于"小富即安、温饱知足"，坚持"量入而出""节俭在前、聚财预后"的观念，"用明天的钱圆今天的梦"的人还不多，而且消费也主要集中在购房、买车及子女教育方面，极少有贷款用于假日消费的。

（3）对价格的重视程度下降。随着生活水平的逐步提高，人们对商品的质量、款式、品牌知名度、安全性等提出了更高的要求，而对价格的重视程度相对减弱。受假日喜庆气氛的感染，加上商家执行多种促销方式，在假日消费过程中，消费者将关注点放在了价格以外的方面，如果购物场所能使消费者在整个购物过程中得到满意的购物体验，消费者会忽略货币成本。相对来说，学历高、收入高的人对商品自身（如质量、款式、品牌知名度、安全性等）的重视程度高于价格，他们的消费往往指向较高档次的商品和服务项目。以北京为例，春节期间各大商场销量最佳的商品，一般是大型家电、电子产品、珠宝金饰等。

（4）大众式消费为主。假日经济刺激消费者增加消费，无疑给商家带来了机遇和新的效益增长点。但我们也必须清醒地认识到，假日经济在我国虽已存在一段时间，但大多数工薪阶层的消费水平并未达到高消费层面，假日的消费预算也较为有限，现阶段的假日消费还只是大众式消费，消费者对高档商品的需求还相对较少。

（5）假日消费主要表现为集中消费。假日消费使商品销售的淡旺季更加分明。某些商品在假日旺销，与非节假日的清冷形成对比。商场普遍反映，节假日生意确实好，但节假日一过，生意比以往更为清冷。从我国假日消费情况看，延时消费变为即时消费，只是消费时间和区域发生了改变。换言之，消费者是利用假日准备下周或下月的食品和日用品，或添置大型家用。从各种商品的销量来看，春节、"五一"等节假日过后，销售增长幅度就迅速回落。

（6）假日消费的从众心理明显。如果将假日经济发展分为萌芽—发展—成熟—衰落—消失五个阶段，那么目前我国的假日经济尚处于发展阶段，消费者的消费活动还不成熟，其中最突出的表现就是价值观趋同和从众心理明显。消费者的从众心理是假日生活中出现"网红单品"或"网红打卡地"的重要原因。别人去消费，自己也要消费，但可能消费完才发现其实所买的东西的价值并不大。

(7) 假日消费的购物活动已经成为人们假日休闲娱乐的一种形式。在节假日，全家人会一起逛商场，购买过程已经与休闲、娱乐融为一体，成为人们假日消费的一种新模式。一般出来逛商场类似于就近旅游，一逛可能就是一天，而且逛哪个商场在前一天都已计划好，买完该买的，吃完想吃的，逛累了，玩够了，这一次购物过程才算全部结束。

第三章 网络消费者行为概述

第一节 电子商务与网络消费

一、电子商务及其发展现状

（一）电子商务的内涵

关于电子商务（Electronic Commerce）的定义有各种各样的描述。经济合作与发展组织（OECD）将电子商务定义为：发生在开放网络上的包括企业之间、企业和消费者之间的商业交易，通常指"包括组织与个人基于文本、声音、可视化图像等在内的数字化数据传输与处理方面的商业活动"。我国电子商务专家，西安交通大学的李琪教授对电子商务给出以下定义：在技术、经济高度发达的现代社会里，掌握信息技术和商务规则的人，系统地运用电子工具，高效率、低成本地从事以商品交换为中心的各种经济事务活动。可见，电子商务是经济和信息技术发展并相互作用的必然产物。自20世纪90年代产生以来，它对现代经济活动及商业企业经营方式产生了重大影响。

WTO的一份专题报告认为，电子商务对现代经济活动的影响主要表现为：第一，通过缩短供应链上生产厂商和最终用户之间的距离，改变了传统市场的结构，减少了交易成本，同时也促进了竞争。第二，通过降低通信成本来压缩纵向组织结构，并迫使公司为了提高效率而进行结构重组。第三，通过改变市场准入条件，使中小厂商进入原先被大厂商占有的市场，从而影响市场的集中程度。第四，通过电子交易成本的降低，同时刺激电子商务的发展和消费者对网络的需求，从而推动国家信息基础设施的建设。第五，用免征税收等鼓励政策，使信息服务和其他服务活动进一步多元化，并促成国内和国际市场新的竞争形式，使消费者享有比传统消费方式更多的商品品种和更高的服务质量。

目前，学者将电子商务分为狭义的电子商务和广义的电子商务。狭义的电子商务一般指商品和服务的调研查询、采购、宣传、展示、推销、订货与出货、储存、运输及报关、结算和纳税等一系列商务活动，均通过 Internet、Intranet（内部网）和 Extranet（外部网）等网络来实现，没有任何传统商务形式的参与，是电子商务最纯粹、最核心和最高级的形式。广义的电子商务是指所有利用电子信息技术手段进行的商务活动。从电子商务的应用来看，目前大致可分成三个层次：一是电子商情，即在网上做广告或者提供商业信息。这是广泛的低层次的电子商务。二是网上撮合，有了明确的买卖双方，撮合的过程实际就是电子商情的扩展。网上撮合的结果是网上签约，这就会牵涉法律认证和法律效力的问题。三是电子交易，这是电子商务的最高层次，它的核心就是电子支付和电子结算。

电子商务与传统商务相比具有明显的优势和特点，如高效率、低成本、方便性、无时空限定等。

（二）电子商务的应用模式

目前，电子商务应用主要有以下几种模式：B2B、B2C、C2C、B2G、C2G 等。

1. B2B 模式

企业与企业之间通过 Internet 或狭义的网站建立起来的业务关系模式，传统经济中的原材料采购、市场销售等都可在此模式下完成，因此，其市场前景很好，是目前最具潜力的业务模式。

2. B2C 模式

企业与消费者之间的业务模式，多应用于网上产品销售。厂商直接面对消费者，"虚拟商店"是这种网站的最好形容，如亚马逊网站、淘宝网就采用了这种模式。

3. C2C 模式

消费者之间的业务模式，在此种模式中，交易双方要依托各独立网站（第三方网站）建立他们的交易关系，一般交易的双方多是个体。第三方网站主要是为消费者提供拍卖和转让的平台，如闲鱼、eBay 等。

4. B2G 模式

指企业通过政府网站开展缴纳税金、查阅政策等网上活动。

5. C2G 模式

指消费者在政府网站的咨询活动。

消费性电子商务主要采用 B2C、C2C 模式。在这些模式下，消费者可以通过在线方式进行购物等活动。

（三）电子商务的发展现状

电子商务从 20 世纪 90 年代中期开始，在世界范围内迅速发展。中国互联网络信息中心（CNNIC）《第 48 次中国互联网络发展状况统计报告》数据显示，截至 2021 年 6 月，我国网民规模达 10.11 亿，较 2020 年 12 月增长 2175 万，互联网普及率达 71.6%。十亿用户接入互联网，形成了全球最为庞大、生机勃勃的数字社会。

二、网络消费的内涵

（一）网络消费的概念

随着电子商务的发展，互联网络对消费者的心理和行为产生了重大影响，从而引起了人们对网络消费、网络营销等问题的研究，但关于网络消费的概念，目前尚未有明确的界定，仅有少数学者进行了概念性的描述。何明升在其 2002 年所著的《网络消费：理论模型与行为分析》一书中，给出了网络消费的定义：

网络消费是人们借助互联网络而实现其自身需要满足的过程。这个概念存在三方面的含义：

第一，网络消费是借助于互联网络实现的。

第二，网络消费以满足消费者需要为目的。

第三，网络消费是一个动态过程。

按照以上界定，结合国内其他学者的普遍认识，我们可给出网络消费以下定义：从广义上说，网络消费是人们借助互联网络而实现其自身需要满足的过程，是包括网络教育、在线影视、网络游戏在内的所有网络消费形式的总和。从狭义上说，网络消费指消费者通过互联网络购买商品的行为和过程；消费者和商家凭借互联网进行产品或服务的购买与销售，是传统商品交易的电子化和网络化。网络消费也可称为"网络购物"或"网上购物"等，包括 B2C 和 C2C 两种形式。本书主要从狭义的角度探讨消费者的网上消费行为。

（二）网络消费的特征

学术界一致的看法是：网络消费不同于传统消费，有其自身的"新经济"特征。网络消费与传统消费的本质区别在于：网络消费的主体，即网络消费者能够以一种全新的方式在虚拟社区环境中自由地选择、购买自己所需要的信息、商品及其他服务，不再受制于各种现实市场空间等外部因素。

1. 网络消费的无边际性

网络消费区别于传统消费的特点之一是在交易空间和购买环境上的不同。具体来说，网络消费通常是在由互联网技术所构成的虚拟购物空间或消费网页中进行的，消费者的购物行为不再被距离所限制。通过在线方式，消费者可以在任何国家和地区，甚至传统意义上不存在的商店购物，网络消费是一种没有边界限制的购物行为。另外，消费者的购物行为不再被时间所限制，网络商店 24 小时营业的全时域特征为人们提供了更为自由的消费空间。

2. 网络消费的个人性

网络交往的高度随意性与隐匿性决定了网络主体可以"随心所欲"地进行消费活动。从一定意义上说，网络消费使人变得更自由、更富有个性和智慧。有关专家认为，网络经济将表现出"有区别的生产"和"有个性的消费"的新经济特征，个人化、个体化和个人市场这些观念逐渐深入人心。当然，对网民而言，能够不被强迫自由自在地消费，那将是一件相当愉悦和幸福的事，并且能提高其信息消费能力。

3. 网络消费的直接性

从现代经济学的角度来看，网络消费相对于传统消费似乎对消费者更为有利。哈格尔三世和阿姆斯特朗对微观经济学中典型的供求曲线进行分析后认为，网络消费中市场价格将更靠近供应曲线，即经济活动中的剩余价值将更多地转移到消费者手中。数字化网络所产生的知识经济合力，缩短了生产和消费之间的距离，省却了各种中间环节，使网上消费变得更加直接，更容易使买卖的双方在一种近乎面对面的、休闲的气氛中达成交换的目的。

4. 网络消费的便捷性

网络消费的便利和快捷是每一个网络消费者共同的体会，也是网上交易最诱人之处。如果你想在网上购物，只需到相应网站的网页上进行简单的讨价还价，再按下鼠标，就可以做成一桩买卖，而且往往还能享受到送货上门的服务。

三、电子商务与网络消费的关系

在人类历史上，每一次划时代的重大技术进步，都会带来生活工具质的飞跃，并促使消费方式的演进。由互联网所引发的工具革命，基本消除了跨时空沟通的"时滞"障碍，引起人类沟通方式的变化，从而将人类的消费形态推进到网络消费的新阶段。计算机专家巴雷特（1990）将互联网所提供的工具归纳为四种类型：①远程登录。通过文件传输协议在计算机之间传送文件，使用户之间相互沟通。②电子邮件。利用这种工具，互联网支持系统中的用户之间可以进行快速的、非正式的信息交换。③网络新闻。用户把新闻直接提交给某一特定的新闻组，供互联网用户浏览，新闻组根据不同的主题而定，并且有成千上万个。④互联网中继交流。即"聊天"，利用这种工具交流的人会越来越多。

可见，互联网所提供的最基本的工具就是"在线沟通"，直接导致人类沟通方式的革命，产生了一系列与传统方式大相径庭的网络沟通方式和消费方式。

第一，电子邮件（E-mail）。电子邮件改变了人类长期以来形成的以信件、电报等传统沟通方式沟通的习惯，也导致电话这一具有实时信息交流优势的沟通手段不再独领风骚，电子邮件成为大众较受欢迎的通信方式。电子邮件之所以广受欢迎，是因为它有许多独特的优点：传递迅速、可达范围广、功能强大、使用便利、价格便宜等。

第二，电子商场（E-shop）。电子商场改变了消费者与企业、消费者与商场的互动关系。网络开启了一对一消费的新纪元。在消费过程中，消费者始终居于主导地位，对消费者而言，消费过程具有非强迫性、循序渐进性，消费具有低成本、人性化的特点，符合消费者心理需要。

第三，电子货币（E-cash）。电子货币是指用电子手段代替金融界和市场上流动的部分传统货币的一种货币形式。电子货币从发展的角度看可以分为两个阶段：信用卡阶段和数字货币阶段。前者是基于银行的电子货币，后者是基于网络的电子货币。金融界著名的戴维斯先生（2010）认为，电子货币将逐渐普及并取代传统纸币成为货币市场上唯一的支付方式。

第四，电子报刊（E-newspaper）。以互联网为代表的电子娱乐媒体已成为继报纸、电台和电视三大传统媒体之后的第四大媒体，它在集中传统媒体所有优点的同时，还表现出独特的优势，如交互性和实时性强、个性化高、信息量大等。

电子商务的出现，促使人们的消费观念、消费方式发生了变化。一方面，消费行为与媒体、网络的联系日益紧密，多样化的信息渠道给消费者提供了更多的消费选择机会，在电子商务环境下，消费者面对的是网络系统，可以避免嘈杂的环境和各种影响与诱惑，可以理性地规范自己的消费行为。同时，商品选择的范围也不受地域和其他条件的约束，消费者可以最大限度地满足自身的消费选择心理。另一方面，电子商务对消费者购买行为的影响，改变了消费者购买行为特征。消费者的购买行为是在特定的情境下完成的。在传统的零售商业情况下，消费者购买决策的做出是和销售现场的环境密切相关的。销售人员的态度和劝说、销售现场的氛围及销售刺激会对消费者的购买行为产生影响，消费者经常在销售现场就做出了购买与否的决定，消费行为存在一定程度的冲动性。然而，在互联网上，购物网站难以达到销售现场的刺激效果，也没有推销员的说服，购买商品的压力没有了，消费者不必考虑销售人员的感受及情绪，购买行为更趋理性。消费者习惯于在网站与网站之间频繁地转换、浏览，比较和选择的空间增大了，导致顾客轻易放弃购买或轻易转向其他商家购买。在传统商业模式下，由于信息不对称，即生产经营者总是拥有比消费者更为专业、更为丰富的产品知识，这导致消费者在进行购买选择时，通常会较多地依赖生产经营者传递的信息。传统的大众媒体（如电视、广播、报纸、杂志等）都是单向信息传播，强制性地在一定区域内发布广告信息，受众只能被动地接受，商家不能及时、准确地获得消费者反馈的信息。而网络具有无比广泛的传播时空、非强迫性和全天候传播等特点，消费者可以随时随地随意主动阅读广告、访问企业站点等，广告内容直观、生动、丰富，更新快；消费者还可以通过友情链接或搜索引擎访问竞争者的网站，对他们的产品信息、产品网页进行对比分析，较系统全面地了解商品。消费者之间可以通过网上的虚拟社区，交流思想、传递信息。消费者对商品从无知过渡到有知，从知之甚少到耳熟能详。消费者的购买行为有从"非专家型购买"向"专家型购买"转变的趋势。在消费者的购买行为从理性到感性，从非专家型购买向专家型购买转变的过程中，交易风险减小了，消费者对自己的购买行为更有信心，消费者更强调商品的性价比，对商品品牌的忠诚度也随之降低。

因此，电子商务环境下消费行为的发展趋势表现为：第一，消费行为与网络的联系日益紧密；第二，消费多元化、个性化的发展趋势更加显著；第三，网络消费行为使消费者权利的行使日益主动；第四，心理引导消费行为日趋成熟；第五，绿色消费、精神感受更为强烈；第六，高品质的服务消费更趋高涨。

第二节　网络消费者及其行为特征

一、网络消费者及其特征

（一）网络消费者概念

关于网络消费者，至今没有明确的定义。结合对网络消费的理解，我们可以对其给出以下定义：以网络为工具，通过互联网在电子商务市场中进行消费和购物活动的消费者人群。网络消费者不同于网民。网民的定义一般有两种：一是中国互联网络信息中心（CNNIC）的定义，即"平均每周使用互联网至少1小时"的人群；二是世界互联网项目（WIP）的定义，即"你现在是否使用互联网"。无论哪一种定义，网民的概念都比网络消费者的概念更宽泛。网络消费者一定是网民，但网民不一定是网络消费者。因为网民的网络行为多种多样，如网上休闲娱乐、网上学习、网上炒股等，而不限定于网上购物这一单一行为。

（二）网络消费者主体特征

网络消费者主体特征就是消费者所具有的影响其网上购物行为的相关特征。经过文献整理发现，国内外研究经常考察的网络消费者主体特征包括网络消费者人文统计特征、网络消费者个性心理特征、消费者网络经验和消费者购物导向等。

1. 网络消费者人文统计特征

根据创新扩散理论，早期的创新产品使用者具有收入高、年轻、受教育程度高等特征，许多调查数据与实证结论均支持以上观点。网络消费者人文统计变量主要包括年龄、性别、受教育程度和收入，它们能够影响消费者对网上购物有用性、便利性、享乐性的感知。哈佛曼（Haffman）研究表明，网络购物者往往是男性、白人、受过高等教育、收入较高、在计算机或相关领域工作。我国 30~39 岁网民占比为 20.3%，在所有年龄段群体中占比最高；40~49 岁、20~29 岁网民占比分别为 18.7% 和 17.4%，在所有年龄段群体中的占比分别位列第二、第三。

一般来说，受教育程度和经济收入水平具有正相关的关系。消费者的受教育程度越高，越容易接受新事物，也就越容易接受网络购物的观念和方式，网络购物的频率就越高。同时，收入水平的提高为网络消费提供了坚实的物质基础。

2. 网络消费者个性心理特征

个性指一个人稳定的心理特征，在很大程度上影响着消费者的行为。网络时代消费者在选择产品和服务时，已不单纯追求产品本身的功能和质量，在某种程度上，他们更在乎的是产品和服务能否体现自己的个性，符合自己个人的特殊需求。他们要求每一件产品和服务都能够按照其个人爱好和需要定制生产，要求用最低的价格买到优质的产品和服务，要求服务的快捷，更喜欢进行品牌消费。自我概念是个体对自身一切的知觉、了解和感受的总和。一般认为，消费者将选择那些与自我概念相一致的产品或服务，回避与自我概念相抵触的产品和服务。网络消费者购买商品，不仅是为了获得产品的基本功能和效用，而且要获得产品的象征价值。比如，购买"宝马"的消费者已经不再将汽车看作一种单纯的交通工具，而是要向别人传达关于自我概念的信息，如显示自己的身份、地位等。

3. 消费者网络经验

网购作为一种新型的购物方式，消费者需要具备一定的网络知识和技能，如检索信息、了解零售网站的信息、使用计算机与购买程序等。消费者的网络经验越多，掌握的网络购物技能及信息资源也越多，从而越有可能在网上购物。Miyazaki 和 Fernandez（2001）指出，尽管风险是阻碍消费者网络购物的重要原因，但是大多数的风险感知源自消费者对这种全新远程购物方式的不熟悉。因此，单纯的网络经验、技能可以降低对风险的感知，从而提高购物意向与实际购买。

4. 消费者购物导向

消费者购物导向是个体购物的总体倾向。消费者购物导向可以分为：便利、体验、娱乐、价格。不同的购物导向使消费者对网络购物的偏好不同。便利是网络购物的最大优势，消费者可以在任何时间、任何地方搜寻并购买自己需要的产品，避免了在实体商店购物的一系列麻烦。因此对于便利导向的消费者而言，网络购物的效用比较大，消费者也越倾向于网络购物。然而，网络购物也存在着无法接触商品、缺乏娱乐性等缺陷。在网络购物中，消费者无法真正触摸到、感觉到及使用产品，从而会影响体验向导型消费者对网络购物的参与，其更倾向于传统的购物方式。此外，网络购物环境下，商品的展示、买卖双方的交互及交易过程都是通过计算机与网络完成的，它无法满足消费者购物时人际互动、社会交往等方面的需求，因此网络购物对娱乐导向型消费者的吸引力比较低。最后，价格导向型消费者对网络渠道没有明显的偏好，网络渠道只有比传统渠道具备更低的价格优势，才可引起此类消费者对网络购物的积极参与。

（三）网络消费者心理特征

营销变革的根本原因在于消费者。随着市场由卖方垄断向买方垄断转化，消费者主导的时代已经来临。面对更为丰富的商品选择，消费者心理与以往相比呈现出新的特点和发展趋势，这些特点和趋势在电子商务中表现得更为突出。

1. 追求文化品位的消费心理

消费动机的形成受制于一定的文化和社会传统，具有不同文化背景的人会选择不同的生活方式与产品。美国著名未来学家约翰·奈斯比特和帕特里夏·阿伯迪妮在《2000 年大趋势》中认为，人们将来用的是瑞典的伊基（IKEA）家具，吃的是美国的麦当劳、汉堡包和日本的寿司，喝的是意大利卡布奇诺咖啡，穿的是意大利的贝纳通，听的是英国和美国的摇滚乐，开的是韩国的现代牌汽车。尽管这些描写或许一时还不能被所有的人理解和接受，但无疑在互联网时代，文化的全球性和地方性并存，文化的多样性带来消费品位的强烈融合，人们的消费观念受到强烈的冲击，尤其是青年人对以文化为导向的产品有着强烈的购买动机，而电子商务恰恰能满足这一需求。

2. 追求个性化的消费心理

消费品市场发展到今天，产品无论在数量上还是在质量上都极为丰富，消费者能够以个人心理愿望为基础挑选和购买商品或服务。现代消费者往往富于想象力、渴望变化、喜欢创新、有强烈的好奇心，对个性化消费提出了更高的要求。他们购物已不再单单关注商品的实用价值，更要求与众不同，充分体现个体的自身价值，这已成为他们消费的首要标准。可见，个性化消费已成为现代消费的主流。

3. 追求自主、独立的消费心理

在社会分工细分化和专业化的趋势下，消费者的购物风险感随选择的增多而上升，而且他们易对传统的单项的"填鸭式""病毒式"营销感到厌倦和不信任。在对大件耐用消费品的购买上表现得尤其突出，消费者往往主动通过各种可能的途径获取与商品有关的信息并进行分析比较。他们从中可以获取心理上的平衡以减少风险感，提升对产品的信任度和心理满意度。

4. 追求表现自我的消费心理

网上购物是出自个人消费意向的积极的行动，消费者会花费较多的时间到网上的虚拟商店浏览、比较和选择商品。独特的购物环境和与传统交易过程截然不同的购买方式会引起消费者个人情感的变化。这样，消费者完全可以按照自己的意愿向商家提出挑战，以自我为中心，根据自己的想法行事，在消费中充分表现自我。

5. 追求方便、快捷的消费心理

对于惜时如金的现代人来说，购物即时、便利显得更为重要。传统的商品选择过程短则几分钟，长则几小时，再加上路往返，消耗了消费者大量的时间、精力，而网上购物则弥补了这些缺陷。

6. 追求躲避干扰的消费心理

现代消费者更加注重精神的愉悦、个性的实现等高层次的需要满足，希望在购物中能随便看、随便选，保持心理状态的轻松自由，最大限度地得到自尊心理的满足。但在店铺式购物过程中商家提供的销售服务却常常对消费者构成干扰，有时过于热情的服务甚至吓跑了消费者。

7. 追求物美价廉的消费心理

虽然营销人员倾向于以差异营销来降低消费者对价格的敏感度，但价格始终是消费者最敏感的因素。网上商店相对传统商店来说，能使消费者更为直接和直观地了解商品，能够精心挑选和货比三家。针对消费者的这种心理，中国电商网（www.cndsw.com.cn）率先在全国开通了"特价热卖"栏目，汇总了知名网站如新浪、8848、网猎、酷必得等30多个热卖网站的信息。消费者只要进入电商网的"特价热卖"专栏，就可以轻松获得各个热销产品的信息以及价格，进而通过链接快速进入消费者认为适合自己的网站，完成购物活动。这种网上购物满足了消费者追求物美价廉的心理。

8. 追求时尚商品的消费心理

现代社会新生事物不断涌现，消费心理受这种趋势带动，稳定性降低，在心理转换速度上与社会同步，在消费行为上表现为需要及时了解和购买到最新商品，产品生命周期不断缩短。产品生命周期的不断缩短反过来又会促使消费者的心理转换速度进一步加快。传统购物方式已不能满足这种心理需求。

（四）网络消费者行为表现

在以上主体特征及心理特征的共同作用下，网络消费者在网购时所表现出来的行为具体有以下几方面特点：

1. 注重自我

由于目前网络用户多以年轻、高学历用户为主，他们拥有自己独立的见解和想法，所以他们的具体要求越来越独特，个性化越来越明显。因此，从事网络营销的企业应想办法满足其独特的需求，尊重用户的意见和建议，而不是用大众化的标准来寻找大批的消费者。

2. 头脑冷静，擅长理性分析

网络消费者以大城市、高学历的年轻人为主，不容易受舆论左右，对各种产品宣传有较强的分析判断能力，因此企业应该加强信息的组织和管理，加强企业自身文化建设，以诚信待人。

3. 喜好新鲜事物，有强烈的求知欲

网络消费者爱好广泛，对各领域都有浓厚的兴趣，对未知的领域报以永不疲倦的好奇心。

4. 好胜，但缺乏耐心

网络消费者以年轻人为主，比较缺乏耐心，他们搜索信息时更注重搜索所花费的时间，如果某个站点的连接、传输速度比较慢，他们一般会马上离开这个站点。

以上这些特点，对于企业制定和实施网络营销决策非常重要。营销商要想吸引顾客，保持竞争力，就必须对本地区、本国乃至全世界的网络用户情况进行分析，了解他们的特点，制定相应的对策。

（五）网络消费者类型

网络消费者可以分为简单型、冲浪型、接入型、议价型、定期型和运动型六种类型。

1. 简单型消费者

简单型消费者需要的是方便直接地网上购物。他们每月只花几个小时上网，但他们进行网上交易的时间占了全部上网时间的一半。时间对他们来说相当宝贵，上网的目的就是快捷地购物，他们有明确的购物目标。零售商们必须为这一类型的消费者提供真正的便利，让他们觉得在这一网站上购买商品将会节约更多的时间。要满足这类人的需求，首先要保证订货、付款系统的方便、安全，最好设有购买建议页面，如通过网上互动为顾客出主意，或者提供一个易于搜索的产品数据库，便于他们进行购物选择。另外，网页的设计力求精简，避免过多的图像影响数据传输速度。

2. 冲浪型消费者

冲浪型的消费者占网民的8%，而他们在网上花费的时间却占了全部网民上网时间的32%，并且他们访问的网页数量是其他网民的4倍。很多冲浪者在网上

漫步仅仅是为了寻找乐趣。冲浪型网民对常更新内容、具有创新设计特征的网站很感兴趣。互联网包罗万象，无所不有，是一个绝好的"娱乐媒体"，在这里可以玩游戏，竞赛，访问很"酷"的站点，听音乐，看电影，了解烹饪、健身、美容知识等。

3. 接入型消费者

接入型消费者是刚触网的新手，占全部网民的36%，他们很少购物，而喜欢网上聊天和发送免费问候卡。那些名牌企业应特别关注这群人，因为网络新手们更愿意相信生活中知名度较高的品牌。另外，这些消费者由于上网经验不足，一般对网页中的常见问题解答、名词解释、站点结构图等链接内容感兴趣。

4. 议价型消费者

议价型消费者占全部网民的8%，他们有购买便宜商品的本能，eBay网站一半以上的顾客都属于这一类型，他们喜欢讨价还价，并有强烈的愿望在交易中获胜。因此，网页上"Free"这类字样犹如现实生活中的"大减价""清仓甩卖"等字样，对他们具有较强的吸引力。

5. 定期型和运动型消费者

定期型的网络消费者通常被网站的内容所吸引，常常访问新闻和商务网站。运动型的网民喜欢访问运动和娱乐网站。

二、网络消费者行为特征

网络消费建立在先进的信息技术平台上，它的活动空间不是传统的有形实体产品交换空间，而是电子空间（Electronic Space）。电子商务模式下，消费者行为相对于传统的购物行为，表现出下列几个特点：

（一）选择范围扩大

在传统的营销环境下，消费者在有限的空间内（如一个城市）选择有限的商品，而在电子商务环境下，网络系统强大的信息处理能力，为消费者挑选商品提供了空前的选择余地。对个体消费者来说，他们可以"货比三家"，不受干扰地、大范围地选择品质最好、价格最便宜且满足自身需要的产品和服务，而不会因为信息不对称、地理环境条件所限、商家的热情劝说购买一些自己不喜欢或不需要的商品。

（二）直接参与生产和流通循环，消费主动性增强

在传统的营销环境下，消费者所选择的产品和服务是企业已经设计好的，产品和服务通过各种销售渠道最终被顾客所选择。在这种模式下，消费者无法表达自己的意愿和要求。同时，由于技术、资金各方面的限制，企业无法满足顾客多方面的需求。现代消费者往往比较自主，独立性很强，随着互联网技术的发展，

他们已经不习惯被动式的单向沟通，而善于和乐于主动选择信息并且进行双向沟通，"地毯式"和"渗透式"的营销宣传对他们未必奏效。为了减少购买的知觉风险，消费者会主动获取各种与商品有关的信息并进行比较，综合考虑各种因素后才会做出消费决策。在电子商务模式下，消费者和生产者直接构成了商业的流通循环，消费者经常作为营销过程中一个积极主动的因素去参与企业产品的生产经营过程，与企业间形成双向互动。在这一过程中，消费者将充分发挥自己的想象力和创造力，积极主动地参与商品设计、制作和加工，通过创造性消费来展示自己独特的个性，体现自身价值。这样，厂家生产出来的产品不仅能够满足消费者物质方面的需求，还能满足他们在心理、审美乃至自我实现方面的需求。例如，IBM 的"Alphaworks"就是让消费者直接参与产品设计生产出来的，即生产满足消费者需求的特定产品。

（三）对购买方便性的需求增强

随着现代化生活节奏的加快，人们越来越珍惜闲暇时间，越来越多的消费者购物以方便性、快捷性为目标，追求时间和劳动成本的最小化。消费者希望以最少的时间和最低的成本，最方便地购买到他们需要的产品和服务。在传统的购买方式下，人们选择商品往往要花费大量的时间和精力，给消费者带来了很大的不便。而在网络经济环境下，消费者不受时间和空间的限制，可以在任何时间、任何地点足不出户选择和购买满足自己需要的商品和服务，既方便又简单。相对于传统的店面购物模式，网络购物模式下消费者选择更加自由。

（四）追求个性化消费

在网络环境下，消费者在购物过程中有效避免了环境的嘈杂和各种影响的诱惑。网络系统强大的信息处理能力，使得消费者在选择产品时有了巨大的选择余地和范围，不受地域和其他条件的制约。在购买活动中，消费者的购物理性大大增强，使需求呈现出多样化的特点，个性化随之显现出来。当然，经济的不断发展、人们收入水平的提高，也促进了消费的个性化。传统零售业满足消费者的个性化需求要付出较高的成本，而通过先进的网络技术，上网用户的一举一动几乎都能被记录下来，可以使企业更好地了解他的顾客群，并且为消费者提供完全个性化的定制服务。所以，网络环境下产品或服务的推销将日趋个性化，盲目的促销将会大大减少，个性化消费成为消费的主流。

（五）消费行为的信息化

在网络消费时代，B2C 电子商务的迅速发展，很大程度上改变了消费者的信息搜集方式。他们由以往被动的信息接收者转变为积极主动的信息搜寻者。尽可能多地获取、占有信息，成为消费者行为的重要组成部分。信息占有之所以受到消费者的高度关注，是因为拥有充分的信息可以使他们在购物时有更多的选择权，购买决策也更加科学准确。借助于网络，消费者可以更加便捷、快速、低成本地获取所需信息。

（六）隐秘性

在传统商店购物时，消费者需要直接与服务员接触，有时商店里还会有其他顾客，会有人群带来的压力。但是网上购物不需要直接与其他人接触，对于某些购买私密性较强的商品和希望自助的消费者提供了一个非常友好的购物环境。随着网络上商品信息的不断完善，使消费者可以轻松获得有关商品的各种信息而不需要其他人的服务。

（七）全球性

随着全球信息技术和物流系统的完善，网络经济将会真正走向全球化，网站的访问者可能来自世界各地，所以企业要想取得竞争优势，要建立多语种的网站。

第三节　网络消费者购买行为的影响因素

一、市场营销因素

所谓市场营销因素，是指网络营销商针对目标消费者设计运用的各种市场策略和手段，是直接影响网络消费者购买需要及行为的关键因素。与消费者购买行为直接相关的营销因素有产品、价格、广告、支付方式及服务，等等。本节我们将详细分析网络广告、支付方式及网上服务对网络消费者购买行为的影响。

（一）网络广告的发展对网络消费者购买行为的影响

网络广告是指企业运用专业的广告横幅、文本链接、多媒体的方法，在互联网刊登或发布广告，并通过网络传递给互联网用户的一种高科技广告运作方式。

网络广告之所以能够对网络消费者的购买行为起到直接的推动作用，关键原因在于：

（1）新型网络广告成本低、覆盖率高，大批中小型企业借助这种针对性极强的促销方式成功地完成了对产品及其网站的推广，为网络消费者提供了更多更好的选择。

（2）新型网络广告对网络消费者有着更强的针对性。消费者可根据自己的兴趣和需要有选择地浏览信息，进而产生购买行为。

（二）网上支付安全性对网络消费者购买行为的影响

影响消费者进行网络购物的一个非常重要的因素是网络购买的安全性。当消费者通过网络消费时，一般需要先付款后送货，这与传统购物一手交钱一手交货的现场购买方式有显著的差别，这种时空上的分离常常会使消费者有失去控制的离心感。因此，要想促进消费者的网络购买行为，必须设法降低网上购物给消费者带来的这种失控感，保障网上购物各个环节的安全，树立消费者对网上购物的信心。

目前，为消除消费者对网络购物的安全顾虑，网络营销商通常会采用以下几种支付方式：

1. 采用货到付款的方式

货到付款能极大地降低消费者的购物风险，对增强消费者的网上购物信心的确有一定的帮助。但如此一来，网络购物的整个流程就变成：消费者从网上选择商品—订购—商家送货上门—客户付款。网络销售业务已经不是纯粹意义上的网络销售，网站只是给消费者提供了一个选择商品的平台，作用类似于广告，背离了网络销售的初衷。

2. 采用第三方支付方式

所谓第三方支付，是指在电子商务企业与银行之间建立一个中立的支付平台，为网上购物提供资金划拨渠道和服务。电子支付公司的产生，主要突破了电子商务的支付瓶颈。业内专家认为，银行之所以缺席该行业，是因为逐一给中小商户开设网关接口的成本过高。而电子支付企业就像通道，一端联系着电子商务企业，一端连接着十几家银行的端口。这样一来，普通网民直接在支付平台上输入银行卡号和密码就能完成支付。之后，支付平台再与商户清算。第三方支付平台在一定程度上解决了此前困扰网络购物的诚信问题。

（三）网络营销商服务水平对网络消费者购买行为的影响

网络营销服务的本质就是确保顾客满意，这是检验网络营销服务质量的唯一标准。市场营销从原来的交易营销演变为关系营销，市场营销的目标也随之转变为在达成交易的同时维系与顾客的关系，更好地为顾客提供全方位的服务。根据顾客与企业关系的建立与发展，可以将营销分为销售前、销售中和销售后三个阶段。相应地，网络营销产品服务也可划分为网上售前服务、网上售中服务和网上售后服务。

1. 网上售前服务

从交易双方的需要可以看出，网络营销的售前服务主要是向目标消费者提供信息服务。网络营销商提供售前服务的方式主要有两种：一种是通过自己的网站宣传和介绍产品，这种方式要求营销商的网站必须具有一定的知名度，否则很难吸引目标消费者的注意；另一种方式是通过网上虚拟市场提供商品信息。

值得注意的是，网络营销商除了应向目标消费者提供产品信息外，还应提供与产品相关的信息，包括产品性能介绍以及和同类产品的比较信息。为进一步方便顾客购买，还可以介绍如何购买产品、产品使用说明等方面的信息。总之，提供的信息要让准备购买产品的顾客没有顾虑，并确保顾客在购买后可以放心使用。

2. 网上售中服务

网上售中服务主要是指销售过程中的服务。这类服务是指产品的买卖关系已经确定，等待产品送到指定地点过程中的服务，如查询订单执行情况、产品运输情况等。

传统的营销商通常将30%～40%的资源用于向顾客提供销售执行情况的查询服务，这些服务不但浪费时间，而且非常琐碎，难以让顾客满意。特别是一些跨地区的销售，满足顾客要求的难度也就更大。网上销售的一个特点是突破传统市场对地理位置的依赖和分割，因此网上销售的售中服务更为重要。这就要求网络营销商在提供网上订货服务的同时，还要提供订单执行情况查询服务，方便顾客及时了解订单执行情况，同时减少由网上直销带来的顾客对售中服务人员的需要。

总之，网络销售时空分离的特性，进一步增强了消费者对营销商服务的依赖性，营销商服务也成为消费者在决定是否采用网络购物方式时重点考虑的因素。不断提升自己的服务能力与服务质量，并在此基础上提升消费者的信任度、满意度和忠诚度，已成为目前网络营销商的共识。

二、外界环境因素

人的社会属性决定了每个消费者都生活在一定的社会环境中，并与其他社会成员、群体和组织发生直接或间接的联系。因此，消费者的购买行为不可避免地受到外界宏观环境因素的影响和制约。影响网络消费者购买行为的环境因素主要包括政治法律环境、经济人口环境、社会文化环境、技术环境、物流配送环境等。

专家指出，网络营销的发展需要特殊的环境：一是成熟的市场机制及信用服务体系，网上直接销售实现了购买和交易的信息过程，这是与其实物流程相分离的。这个信息过程包含着大量反映交易双方信用能力的信息及市场机制下的商业规则信息，而其实物流程则是以产品质量、便捷高效的运输服务体系为保证，因而现实经济体系仍是实现网上直接销售的基础。二是拥有完善的网络基础和众多的网民、较快的网速及低廉的上网费用作为网上消费的物质保证。三是追求创新的社会文化环境。目前我国国内的市场环境有待进一步完善，在一定程度上制约着网络消费者的消费行为。

（一）政治法律环境

1. 政治制度

一般而言，政治制度是一个国家或地区的政权组织形式及其相关的制度，它对消费者的消费观念、消费方式、消费内容、消费行为等具有重大的影响作用。

在一定的政治制度下，国家通过制定法律、政策来规范消费行为与市场经营行为。因此，政治制度必然对消费者的消费购买行为产生重要的影响与制约。

在现代文明的政治制度环境中，人们生活、消费有较大的自由度。我国支持并鼓励广大人民群众正常的、科学的、合理的、健康的消费方式与消费行为，反对、限制、禁止某些不合理、不健康、违反社会道德标准与社会公众利益的消费方式与消费行为。在我国，印刷、制作、出版、销售黄色淫秽书刊和视听产品属违法行为。此外，国家也不允许生产销售侵犯知识产权的商品，如盗版书籍、光盘、影碟、音像产品（录音带、录像带等）、计算机软件等。

网络营销作为商品销售的渠道之一，同样要受到国家政治制度的影响与制约，并进而影响网络消费者的购买行为。

2. 国家政策与法规

国家政策与法规对消费者的影响表现在国家以强制的方式对消费者的消费行为进行规范。

《中华人民共和国电子签名法》的实施、第三方支付的崛起、外资加大对我国电子商务市场的投入等，使我国的电子商务市场火爆起来，网上购物成为较受消费者欢迎的消费方式。

但与此同时，互联网购物暴露出来的问题也在大幅度增多。其中，电子商务的安全、产品质量、售后服务是消费者最担心的问题，在很大程度上影响了网络消费者的消费信心。

法学专家认为，法律法规的保障与基础设施的完备是中国电子商务发展的基础。但目前我国电子商务的法律还有待完善，仅有《中华人民共和国电子签名法》《电子认证服务管理办法》《网上交易平台服务自律规范》等有关电子商务的法律法规。网络购物作为电子商务的一个领域，其交易除了涉及交易双方之外，还涉及交易平台服务商、电信服务商、认证机构、银行等，要界定各交易参与者在交易中的地位及相应的权利义务比较难。我国现行的法律法规对于 B2C各方的权利、义务、责任的划分比较明晰，但对 C2C 还有待完善，仍需政府加大法规、制度和行业规范的建设力度。总之，只有大力加强法律法规建设，完善网络购物环境，才能保障网络市场规范运行，增强消费者对网络购物的信心。

（二）经济人口环境

众所周知，市场是由具有购买欲望同时又有支付能力的人构成的，人口的多少、购买力水平的高低直接影响市场的潜在容量。现从影响网络消费者消费需要及购买行为的角度，对经济及人口因素做如下分析：

1. 我国网民的结构特点及发展趋势

网民结构的变化，对网络购物的促进作用是显而易见的。

（1）女性网民比例的上升将直接促进网络购物的发展。随着现代女性工作生活方式的改变，网络购物成为女性购物的新渠道和新趋势。网络商店因为展示空间广阔、互动性强、渠道成本低廉，在商品种类和性价比方面具有传统商店不可比拟的优势，且还能提供生动、实用的生活资讯，满足了繁忙的都市女性的消费需要。因此，网络购物更适合职场女性等都市人群，其成为各大购物网站追逐的目标。

女性已成为网上购物的主力军。

（2）网民结构的整体发展趋势将进一步推动网络营销的发展。从调查结果来看，网民正逐渐向收入更高、年龄更大、素质更高的方向发展，这同时意味着网民现实购买力的提升，对于网络购物的发展将起到积极的促进作用。

2. 消费者收入因素

市场容量的大小，归根结底取决于消费者购买力的大小，而消费者的需要能否得到满足，主要取决于其收入的大小。

消费者的经济收入水平既存在差异，又处于不断变化之中。个人的收入水平很大程度上影响着消费者的消费行为。若消费者的收入水平较低，则会限制其消费商品的数量、质量和消费活动的范围，促使其形成节俭、求实、求廉的消费心理，生活中以精打细算的消费方式为主；若消费者的收入水平较高，则其消费能力、购买能力强，购买商品的数量、质量、品种、档次均较高，消费范围也更宽，促使其形成求新、求美、求奇、好胜攀比等消费心理，生活中以讲求生活质量、跟上时代潮流的消费方式为主。

现阶段，网民低收入者仍然占据主体，这就决定了当前网络销售仍应以物美价廉的低价位商品为主，促销也应继续采取打折、买赠等方式，突出体现网络营销的独特优势，吸引更多的网民尝试网络购买。

（三）社会文化环境

1. 文化对消费行为的影响

文化是一种社会现象，同时又是一种历史现象，具有历史的连续性。文化对人的影响几乎每时每刻都在发生，人类的任何行为往往都具有鲜明的文化色彩。文化又是人类欲望和行为的决定因素，消费行为本身就是一种文化行为。文化对人们的购买活动具有重要的影响。人们所处的社会文化环境不同，购买行为就会存在差异。

人类的文化烙印是后天形成的。人类从有生命开始起就生活在家庭、社会中，接受各方面的文化教育、熏陶，其行为不可避免地具有一定的文化色彩。文化对人的影响常常是无形的、潜移默化的。有许多影响我们往往感觉不到或者没有特别意识到，而思想行为却反映出文化的影响。要使人们接受与原有文化观念相异的新观念，需要一定的时间。

在传统的消费活动中，消费者需要与真实的人和商品打交道，所谓"眼见为实"，交易也依赖传统的信用工具和信用体系。而网络经济的发展必然要求"熟人经济"向"陌生人经济"过渡，或者说"直接经济"向"间接经济"过渡。这一转变要求人们的价值观念、购物方式也发生变化，但是消费者在传统经济中形成的交易习惯、行为规范、价值观念短期内仍将对其消费心理与消费行为产生影响。正如查克·马丁所指出的："ATM 刚问世时，有人说，不会有人用的，人们宁愿跟'真正的人'打交道。现在，消费者却花钱使用这样的机器。但是，这需要时间和习惯的改变，一旦人们意识到它的好处之后，使用 ATM 的习惯就渐渐融入了人们的日常生活之中。"

2. 网络文化对网络消费者行为的影响

(1) 网络文化的发展为人们提供了多彩多姿的生活方式。在互联网上，消费者不再只是被动的信息接收者，他们可以参与自己感兴趣的生产或生活过程，成为生产者和创造者；消费者可以通过远程网络选择最优的教育和医疗服务，可以通过虚拟社区，感受交友、娱乐、购物的乐趣。这些都改变着人们世世代代延续下来的传统生活方式。互联网不仅创造了全新的经济，也创造了全新的生活方式。

(2) 网络文化的发展为人们提供了多种多样的行为方式。网络文化的发展，为网民提供了真正的自由空间，人们的行为方式也随之发生变化。人们可以将信息传递给他人，也可以用各种方式下载自己感兴趣的内容；人们可以在网上购物、投资、求职、征婚，充分享受网络带来的方便与快捷，避免了现实生活中的往来奔波。互联网的发展，打破了传统行为模式的束缚，为人们提供了多种多样的行为方式。

(3) 网络文化催生博客营销。博客营销，简单来说，就是利用博客这种网络应用形式开展网络营销。博客是指网络日志（网络日记），英文单词为 BLOG（Wed Log 的混成词），是在 Email、BBS（Bulletin Board System，意为"电子布告栏系统"或"电子公告牌系统"）、ICQ（I Seek You，是一个网上寻友名单程序）之后出现的第四种网络交流工具。博客的内容通常是公开的，自己可以发表网络日记，也可以阅读别人的网络日记，因此可以被视为个人思想、观点、知识等在互联网上的共享，具有知识性、自主性、共享性等基本特征。

博客大致可以分成两种形态：一种是个人创作，另一种是将个人认为有趣的有价值的内容推荐给读者。博客因其张贴内容的差异可分为政治博客、记者博客、新闻博客等。对于整个商业社会及企业而言，博客的意义远非个人话语权利的自由释放那样简单，它所发挥的信息传播、话题引导等作用，正在深刻改变商业运行规则。

在博客网站上，有价值的内容一经发布，便会吸引大量的潜在客户浏览，从而达到直接向潜在客户传递营销信息的目的。用这种方式开展网络营销，是博客营销的基本形式，也是博客营销最直接的价值表现。

可以说，博客营销的不断深入及应用范围的不断扩张，开辟了一个全新的营销平台。这个营销平台强调的是互动、身份识别、精准，而它的核心内容就是与传统意义上"广泛传播"相对应的"小众传播"，即所谓的精准营销。通过博客，营销的本质回归到口口相传的口碑式营销上来，强调互动传播，强调小众传播影响大众传播，让传播的效应从数字上的成功（点击率）转移到传播的质量上来。

（四）技术环境

当前世界科技发展迅猛，呈现出新的趋势和特点。IT技术更是一日千里，不仅将社会、企业、消费者连接在一起，而且也大大推进了网络营销的发展，使其从概念性的营销工具真正变成为一种提升企业竞争力的模式。

新技术的应用丰富了网络购物的功能以及网络购物的商品列表。在网络购物发展初期，商家推荐产品只能依靠文字及简单的图片，网络消费者无法形成对商品的直观认识，从而限制了消费者网络购物的种类。

随着现代视频技术的不断发展，虚拟现实技术、三维浏览技术、浮动广告技术等先进技术被广泛应用，大大提升了网络购物的直观性和可体验性，从而也使网络购物的商品列表丰富起来。商品种类的丰富，直接推动了网络购物市场规模的持续增长。

（五）物流配送环境

网络营销可以用下面的等式来表示：网络营销＝网上信息传递＋网上交易＋网上支付＋物流配送。

没有现代化的物流运作模式支持，没有一个高效的、合理的、畅通的物流系统，网络营销所具有的便捷优势就难以充分体现。

随着网络营销规模的扩大与发展，网络营销商对物流的需求越来越高。党的二十大报告强调，坚持加快建设网络强国，数字中国，指出要深入推动数字经济和物流运输的高效融合，并为信息技术和信息产业做了清晰明确的发展规划和战略目标。

进入 21 世纪以来，我国物流业规模快速增长，物流服务水平显著提高，发展的环境和条件不断改善，为进一步加快发展网络营销奠定了坚实基础。具体表现如下：

第一，我国物流业规模快速增长。2008 年，全国社会物流总额达 89.9 万亿元，比 2000 年增长 4.2 倍，年均增长 23%；物流业实现增加值 2.0 万亿元，比 2000 年增长 1.9 倍，年均增长 14%。2008 年，物流业增加值占全部服务业增加值的比重为 16.5%，占 GDP 的比重为 6.6%。

第二，我国物流业发展水平显著提高。一些制造企业、商贸企业开始采用现代物流管理理念、方法和技术，实施流程再造和服务外包；传统运输、仓储、货代企业实行功能整合和服务延伸，加快向现代物流企业转型；一批新型的物流企业迅速成长，形成了多种所有制、多种服务模式、多层次的物流企业群体。全社会物流总费用与 GDP 的比率，由 2000 年的 19.4% 下降到 2008 年的 18.3%，物流费用成本呈下降趋势，促进了经济运行质量的提高。

第三，我国物流基础设施逐步完善。交通设施规模迅速扩大，为物流业发展提供了良好的条件。截至 2008 年底，全国铁路营业里程 8.0 万千米，高速公路通车里程 6.03 万千米，港口泊位 3.64 万个，其中沿海万吨级以上泊位 1167 个，拥有民用机场 160 个。物流园区建设稳步推进，仓储、配送设施现代化水平不断提高，形成了一批区域性物流中心。物流技术设备加快更新换代，物流信息化建设有了突破性进展。

第四，我国物流业发展环境明显好转，智慧物流发展居于世界前列。智慧物流是指通过智能硬件、物联网、大数据等智慧化技术与手段，提高物流系统分析决策和智能执行的能力，提升整个物流系统的智能化、自动化水平。智慧物流是物流业转型升级的必由之路。我国物流在"粗放型物流—系统化物流—电子可视化物流—智能物流—智慧物流"的发展过程中，得到了国家相关部门的大力支持。2016 年，国家发展和改革委员会出台《"互联网+"高效物流实施意见》，提出构建物流信息互联共享体系、提升仓储配送智能化水平、发展高效便捷物流新模式、营造开放共赢的物流发展环境四项主要任务。2017 年，国家工业和信息化部颁布的《促进新一代人工智能产业发展三年行动计划（2018—2020 年）》要求提升高速分拣机、多层穿梭车、高密度存储穿梭板等物流装备的智能化水平，实现精准、柔性、高效的物料配送和无人化智能仓储，到 2020 年开发 10 个以上智能物流与仓储装备。2019 年，国家发展和改革委员会联合多部门颁布的《关于推动物流高质量发展促进形成强大国内市场的意见》鼓励物流和供应链企业在依法合规的前提下开发面向加工制造企业的物流大数据、云计算产品，提高数据服务能力，协助制造企业及时感知市场变化，增强制造企业对市场需求的捕捉能力、响应能力和敏捷调整能力；鼓励和引导有条件的乡村建设智慧物流配送中心；鼓励各地为布局建设和推广应用智能快（邮）件箱提供场地等方面的便利。通过不断的努力，我国智慧物流已具备良好的发展基础，并呈现优越的发展前景。我国智慧物流产业链如图3-1所示。

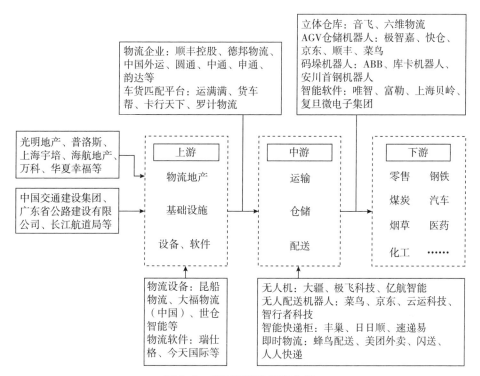

图3-1 我国智慧物流产业链

在这样的物流环境下，我国电子商务和网络营销取得了举世瞩目的成绩。目前，电子商务已成为世界经济的一个重要组成部分。电子商务的快速发展已经成为我国经济发展的一大亮点。截至2019年，我国电子商务市场规模已经超过30万亿元，占到全球电子商务市场份额的1/3以上。

三、个人特征对网络消费者行为的影响

（一）不同网络文化阶段下网络消费者行为特征分析
文化可以被定义为某个人群共同具有的关于价值、信仰、偏好和品位等的一套整体观念，它对消费者购买行为具有最广泛和最深远的影响。不同的国家和民族有着不同的文化，具有不同文化背景的消费者将形成各自不同的价值观、信仰、审美观念、生活方式等，从而也就导致了千差万别的消费行为。

互联网的出现和发展，不仅是科技上的革命性突破，其意义还在于对当代人类文化产生了重大而深远的影响，形成了独具特色的网络族群（net-society）和网络文化（net-culture）。

由于访问互联网需要具备计算机、网络以及其他一些相关的基础知识和相应的条件，使互联网用户与一般人群在统计特征上形成了较大的差别。从统计资料中可以看出，互联网用户中大部分是男性而且以年轻人为主，大多数人都接受过大学（包括大专）以上的高等教育，平均收入水平要略高于总人口水平，从事的职业以信息技术、科研、教育、咨询服务等为主。这些互联网用户借助于网络进行交流和沟通，逐渐地形成了普遍认同的网络文化，比如网络礼节（net-iquette）、对开放和自由的信仰以及对创新和独特的事物的偏好等。在互联网中还存在着诸多的亚网络族群和相应的亚网络文化，比如那些出于共同的兴趣或爱好（网络游戏、音乐等）而形成的新闻组（newsgroup）、虚拟社区（virtual community）、聊天室（chat room）等，这些亚网络族群中的成员往往具有相同的网络价值观并且遵循相同的网络行为准则。

论及文化的主题，当然离不开历史的内容，因此了解互联网的发展简史，有助于更好地把握网络文化的精髓及其对网络消费者购买行为的影响。互联网的发展大致经历了如下过程：

1. 开创阶段

这一时期的用户主要是一些科研工作者，在他们的努力和推动下，互联网发展成为一种共享科研资源和方便学术交流的优秀工具。这些人被称为互联网发展历史中的先驱者，大多数都是计算机科学家和工程学家，他们在建立互联网络并推动其科研应用的同时，形成了一些约定俗成的规则和开放自由的信仰，这些规则和信仰就是网络文化的雏形，其影响一直延续到现在。

2. 商业化阶段

"商业性互联网交易协会"（Commercial Internet Exchange Association）的成立标志着互联网商业性应用的开始，商业化应用的成功使互联网展现出巨大的潜力，并得到了历史性的飞跃发展，摆脱了仅限于研究和学术领域时发展缓慢的境况。这一阶段的互联网用户可以被称为早期追随者，集中于信息技术领域的从业人员和公司，他们承续了先驱者所创立的传统并加以发展，其从事的工作主要是互联网商业应用的研究开发，这一阶段的网络商业行为以企业与企业间（B2B）的交易为主。

3. 大众化阶段

这一阶段的早期主要是一些尝新者，这部分用户接受过良好的教育，能够率先感受到网络化的发展趋势，并且具有打破传统消费观念的冒险精神，对他们来说上网或网络购物是将自己与其他人区别开来的一种手段或方式，因此这一时期的发展更多的是一种虚荣效应（虚荣效应是一种连带外部负效应，是指拥有只有某些人才能享用的或独一无二的商品的欲望）的体现。随着电子商务的深入发展，各种相关技术逐渐趋于成熟，应用变得更方便，越来越多的消费者打消原来的疑虑，认可和接受电子商务环境下的消费观念和消费方式，这部分消费者属于潮流或趋势的接受者。更进一步，网络和电子商务将触及生活的方方面面，成为生活中必不可少的一部分，这时人们的生活形态和生活方式已经发生了根本性的变化，绝大部分消费者都会认为网络消费观念是理所当然的，并且网络购物也将构成消费者购物活动的绝大部分，网络和电子商务才算完成了大众化的普及过程。

在这一阶段，网络消费者将出现指数级的增长，网络空间（cyberspace）中开始出现多种文化相互冲突碰撞的现象，但在相互影响之下逐渐融合为一个意义更广泛的网络文化。当然，在这统一的网络文化之下多元化仍将并存。与此同时，企业与消费者间（B2C）的交易额将迅速上升，最终将占据网上交易额中的大部分。

网络文化虽然只存在于虚拟的网络空间中，但必然会影响到网络消费者的实际消费行为。例如，在电子商务发展的初期，网络消费者中的大部分是信息技术领域的从业人员，因而网络文化更多地表现出一种对信息的崇尚，体现在购买行为上就是计算机和相关产品以及通信类产品占了相当大的比例。随着电子商务向纵深发展，网络消费者的结构变得较为复杂，网络文化开始表现出多样性的特征，影响到消费行为也趋向于多样化，所购买的商品中信息技术类产品的比例逐渐下降，而其他种类产品的比例则逐渐上升，商品组合开始出现多元化的趋势。

为了更清楚地说明问题，表3-1对以上分析进行了总结。

表3-1　互联网发展阶段对比

发展阶段	开创阶段	商业化阶段		大众化阶段	
用户特征	先驱者	早期追随者	追求新奇刺激	潮流接受者	普及型消费者
网络文化	排斥商业行为	引入商业因素	追求新奇刺激	文化冲突碰撞	多元文化并存
行为表现	科研学术应用	商业应用研发	网络冲浪交友	网络购物娱乐	多样化发展
产品组合	自由共享软件	信息技术产品	新颖奇特商品	实体产品为主	服务娱乐为主

（二）个人因素的影响

网络消费者的行为或购买决策不仅会受到网络文化的影响，而且也会受其个人特征的影响，性别、年龄、受教育程度、经济收入等方面都会对网络消费者的购物行为或购买决策产生一定的作用。

1. 性别

在传统实体市场中，男性与女性的购物行为存在较大的不同，这种不同也同样出现在网络市场中。比如，男性网络消费者在购物时理性成分居多，往往在深思熟虑后才做出购买决策，而女性网络消费者购物时的感性成分比较多，往往在浏览到自己喜欢的商品时就会将其放入购物车中。另外，男性网络消费者的自主性较强，他们往往自己去寻找商品价格、质量、性能等方面的信息，然后自己做出判断；而女性网络消费者的依赖性较强，她们做出购物决策时往往比较在意其他人的意见和评价。

2. 年龄

互联网用户主要是年轻人，他们思想活跃、好奇、冲动、乐于表现自己，既追逐流行时尚，又喜欢展现独特的个性，这些特征在消费行为上表现为时尚性消费和个性化消费，因此，网络市场中时尚性和个性化的商品较受消费者的欢迎。

3. 受教育程度和经济收入的影响

因为受教育程度与经济收入水平具有正相关关系，因此将这两种因素对网络消费者行为的影响放在一起讨论。统计数据表明，互联网用户大多数都接受过高等教育，平均收入水平略高于总人口的平均收入水平，那么网络消费者的受教育程度和经济收入是如何影响其消费行为的呢？网络消费者的受教育程度越高，在了解和掌握互联网知识方面的困难就越低，也就越容易接受网络购物的观念和方式，越是受过良好的教育，网络购物的频率就越高。另外，绿地在线（Greenfield Online）公司的研究发现，网络消费者的收入越高，在网上购买商品的次数也就越多。在网络时代，互联网络所连接的消费者群无论是在收入、受教育程度上，还是在消费品位、购物标准上与一般的消费者都有明显的不同，他们的人本化（个性化）需要更明显。对网络使用者的特征进行分析，将有助于现阶段进行网上销售的企业界定潜在顾客的特性，选定目标市场，采用与之相适应的营销战略与营销管理模式，以满足目标市场特定顾客群的异质性需要，形成并巩固企业的顾客网络。

（三）网络消费者的购物导向

传统理论认为，购物导向在消费者的渠道偏好中起着非常重要的作用，它指个体购物行为的总体倾向。李等人（1999）认为消费者购物导向可以分为四种：便利型，重视购物的便利性；体验型，重视产品购物前的试用与体验；娱乐型，重视购物的乐趣与社会交往；价格型，消费者对价格非常敏感。不同的购物导向对网络购物的偏好有所不同。互联网作为一种购物渠道，便利是其最大的优势。消费者可以轻易地在任何时间、任何地点搜寻并购买自己所需要的产品，避免了实体商店购物的一系列麻烦。因此对于便利导向的消费者而言，网络购物提供的效用比较大，比较容易使用，也越倾向于网络购物。然而，网络渠道也存在无法接触产品、缺乏娱乐性等缺陷。在网络上，消费者无法真正地触摸到、感觉到及试用产品，对体验导向消费者而言，网络购物变得十分地不方便和不确定，从而更倾向于传统的购物方式。此外，网络购物环境下，商品的展示、买卖双方的交互及交易过程都是通过冰冷的互联网与计算机完成的，它无法满足消费者购物时的人际互动、社会交往等方面的需要，因此网络购物对娱乐导向型消费者的吸引力比较低。最后，价格导向消费者对网络渠道没有明显的偏好，但是网络购物所带来的消费便利能节约除了货币成本以外的其他成本，对任何消费者都存在足够的吸引力。

四、个人认识、使用、评价网络的情况对网络消费者行为的影响

影响消费者网络购物的另一个重要因素是消费者的计算机、网络经验。李等人（1999）指出，网络购物为一种新兴的购物方式，消费者需要具备一定的网络知识与技能，如检索信息、了解零售网站的信息、使用计算机与购买程序等。随着消费者网络经验的增加，掌握的网络购物技能及信息资源也随之增加，从而越有可能在网络上购物。Miyazaki 和 Fernandez（2001）指出，尽管风险是阻碍消费者网络购物的重要原因，但是大多数的风险感知源自消费者对这种全新远程购物方式的不熟悉，因此，单纯的网络经验、技能可以降低对风险的感知，从而提高购物意向与实际购买。

（一）网络消费者的网络经验

测量消费者网络经验的指标可以细化为：计算机使用年限、网络使用年限、平均每周使用网络时间等。通过研究消费者网上购物行为发现，感知网络购物容易、感知网络购物有用、消费者网络经验、价格和体验购物导向是影响消费者网络购物决策的五个关键因素。根据这些结论，网上零售商首先应当针对收入较高、网络经验丰富的消费者制定营销策略；其次进行资源整合，提高消费者对网络购物有用及容易的感知；最后提供尽可能详尽的图片说明，或者通过某些技术模拟试用产品，又或者提供以往购买者的评价等，以便于消费者对产品质量等方面做出评价，满足其体验的要求。

1. 网络的可靠性和安全性

目前人们普遍认为影响网上购物的主要因素是网络的可靠性和安全性。网上购物支付主要是使用银行信用卡支付或进行手机支付。由于网络容易受到黑客和病毒的攻击，所以一部分消费者对于网上支付，特别是需要绑定银行卡的网上支付，仍然表现得较为谨慎。

2. 网站进入的可行性和网页打开的速度

进入网站的可行性、网页打开的速度等对消费者的网上购买行为影响很大。如果消费者无法顺利进入企业网站，谈何购物；网页打开的快慢同样会影响消费者访问网站的次数。这些因素或多或少地影响着消费者的网上购买行为。虽然目前宽带技术的运用已经大大提高了上网的速度，但这一问题依然不容忽视。

3. 企业形象

企业形象是企业通过外部特征和经营实力表现出来的被消费者和公众所认同的企业总体形象。企业的知名度、信誉度不仅是传统营销模式下企业的资产，在网络营销环境中同样如此，它对消费者的购买行为同样产生重要影响。一般而言，消费者比较倾向于购买传统名牌企业的产品，主要是因为消费者认为这些企业的信誉较好。

4. 网站设计

网站设计的艺术性也是吸引用户浏览网页的因素之一。

（二）使用互联网的熟练程度

网络消费者对互联网的熟悉或使用熟练程度同样也会影响其网络购物行为。为了便于分析，此处仅利用网络消费者的每周上网时间进行分析。当消费者刚刚接触网络时，对互联网的认识还不充分，操作应用也不熟练，这时的消费者对互联网充满好奇，其行为主要是通过实验和学习力求掌握更多的互联网知识，但由于对互联网还存在恐惧心理，因此网络购物行为发生的概率较低。随着消费者每周上网时间的增加，其对互联网越来越熟悉，操作应用也越来越熟练，对互联网的恐惧自然会逐渐降低，这时的消费者开始进行各种各样的网络购物活动。随后网络消费者的行为就开始出现分化：一部分消费者由于刚开始时的新奇感逐渐消失，会逐渐削减每周上网的时间直至某一固定水平，只在必要时才会上网，并且形成了一定的浏览网站（网络商店）和消费的习惯，这里把这部分消费者称为喜新厌旧者；另一部分消费者仍在互联网上花费大量的时间，他们把网络空间看作现实社会的替代品，在互联网上学习、交流、消费购物、娱乐等，因为他们认为可以在网络上找到更多的乐趣，这里把这部分消费者称为网络黏滞者。

（三）网络零售商店气氛设计的影响

商店气氛通常是指商店用来树立形象和招徕顾客的物质特征。商店在门面外观、店内布局、商品陈列等方面的不同会营造出不同的气氛，并且会直接影响消费者的心理感受或情绪，从而导致消费者的行为出现较大变化。在电子商务市场中，网络零售商店由于没有传统零售商店那样的实体依托，因此很多经营者会忽视商店气氛营造的问题，但实际上这一问题对网络零售商店依然重要，只不过是换了一种新的形式表现出来。比如，传统商店中的销售人员可以为消费者提供参考意见和其他的信息或服务，在网络商店中这一功能就转化为"帮助菜单"（help-menu）和"常见问题"（FAQ）列表，如果某一网络商店的网站上没有这两项基本要件，就会使该网络商店给人留下不重视顾客的印象。

1. 商店界面设计的影响

传统实体商店可以通过门面装潢来展示自己与众不同的形象，从而吸引消费者。对于网络零售商店来说，由于没有实体建筑物的依托，与网络空间一样，它的存在其实只是一种虚拟的想象中的概念，其在现实中表现为网络消费者计算机终端上所显示的万维网页，网页是网络零售商店与网络消费者相互交换信息和进行各种交互活动的媒介，因此称为网络零售商店的界面。由此可见，网络零售商店界面设计的好坏会影响网络消费者对该商店形成的第一印象，很难想象一个界面设计混乱的电子商务网站会吸引网络消费者进入浏览、购物。通常，网络零售商店界面设计的优良与否将会使网络消费者产生如下几种行为：

（1）立刻离开：当消费者访问某个网络零售商店时，若网站界面设计与消费者的审美严重不符，或者网页设计过于复杂导致网页出现严重的传输延迟现象时，消费者会毫不犹豫地离开。

（2）浏览：网站的界面设计引起了消费者一定的兴趣，但消费者仅仅在网络商店中浏览商品而没有发生购买行为，或者消费者浏览后产生了延迟的购买行为，即消费者在浏览其他网站后又回到该网络商店购买商品的行为。

（3）浏览并购买：消费者在浏览网络商店商品的过程中，网站的界面设计刺激消费者产生了某种需要并进行了购买。

由此可见，成功的网络零售商店的界面设计应当能够促使网络消费者产生后两种行为，网络零售商店的优势就在于完全可以利用现有的信息技术达到这一目的。例如，网络零售商店可以通过虚拟现实建模语言（VRML）设计一个三维图形界面，以模拟实际的购物环境，使消费者有身临其境的感觉；还可以使用数据库技术记录消费者的年龄、性别、爱好、购买偏好等个人资料信息，针对这些不同的信息为消费者提供不同的交互式购物界面，消费者也可以利用网站提供的软件程序定制自己所喜爱的界面风格，极强的针对性和互动性提高了交易达成的概率，而这些在传统的零售商店中是不可能实现的。

2. 商品陈列的影响

传统型商店可以通过不同的商品陈列方式达到展示商品和吸引消费者购买的目的，但是在虚拟的网络空间中没有店堂和货架的概念，取而代之的则是网页、商品分类目录和店内商品搜索引擎，所列出的也不再是商品实体，而是有关该商品的介绍说明和图片等，这必然会影响网络消费者的购买行为。

在网络零售商店中，商品实体和商品的说明介绍以及其他相关资料是分离的，消费者无法像在传统商店中通过与商品实体的直接接触来了解商品的质量和适用性，比如在传统的服装商店中，消费者可以通过抚摸来了解服装的质地，通过试穿确定衣服是否合身等。网络零售商店对单个商品的介绍只能依赖于文字说明和图片信息，这些资料是否详细将会极大地影响网络消费者的购买决策，一个文字说明太少而且图片模糊不清的商品介绍是很难激起消费者的购买欲望的。

3. 信息技术的新功能影响

网络零售商店可以利用信息技术来凸显其优势，如提供店内商品搜索引擎，甚至允许第三方购物代理对本店商品进行搜索和比较，这些新功能亦会使网络消费者的行为出现变化。一般来说，消费者是"认知吝啬"的，即消费者会尽量降低认知的努力程度，因为在认知过程中，信息搜寻、评价比较以及决策思考都需要花费时间和精力，也就是说，消费者的认知过程是有机会成本的，这一机会成本的高低因个人条件的不同而不同，消费者购物的总成本是商品价格和其机会成本的总和。在传统实体市场中，由于消费者认知的机会成本非常高，因此消费者往往是选择符合自己需要和偏好的商品；在电子商务市场中，通过使用网络商店自有的搜索引擎或第三方比较购物代理等一些智能化的工具，极大地节省了购物所花费的时间和精力，网络消费者认知的机会成本显著降低，从而能够做出更符合自己需要和偏好的购物决策，提高了购物决策的质量和效率。例如，在消费者搜寻信息阶段，比较购物代理会根据用户注册的个人信息推送符合其偏好的产品，使消费者可以直接对选择品牌组进行评价和比较，而不必经历对全部品牌组、知晓品牌组和考虑品牌组的搜寻过程。

（四）网络购物的环节影响分析

1. 购物网站浏览

党的二十大报告指出，加快发展数字经济，促进数字经济和实体经济深度融合，打造具有国际竞争力的数字产业集群。2022 年，我国数字经济持续保持较快发展，信息传输、软件和信息技术服务业增加值增长 9.1%；全国网上零售额 137853 亿元，比上年增长 4.0%，为保持国民经济稳定增长做出积极贡献。截至 2022 年 12 月，我国网民规模为 10.67 亿，较 2021 年 12 月新增网民 3549 万，互联网普及率达 75.6%，较 2021 年 12 月提升 2.6 个百分点。我国网民男女比例为 51.4：48.6，与整体人口中男女比例基本一致。我国网络支付用户规模达 9.11 亿，较 2021 年 12 月增长 781 万，占网民整体的 85.4%。我国网络购物用户规模达 8.45 亿，较 2021 年 12 月增长 319 万，占网民整体的 79.2%。截至 2022 年 12

月，我国网络直播用户规模达 7.51 亿，较 2021 年 12 月增长 4728 万，占网民整体的 70.3%。其中，电商直播用户规模为 5.15 亿，较 2021 年 12 月增长 5105 万，占网民整体的 48.2%。① 网站作为重要的信息来源。浏览次数多的人极有可能转成网络购物的体验者。

对购物网站的认知途径主要有下面三种方式：广告、网上搜索和朋友等介绍。广告以网站广告和网站链接的方式最多，此外，还有传统媒体广告等方式；网上搜索已经成为网民认知购物网站的重要工具，有 1/3 的用户曾经使用搜索引擎来查找购物网站；朋友等熟人的推荐介绍也是被访者认知购物网站的重要途径。

浏览购物网站的主要目的有寻找特定的商品和查询价格，网站吸引用户登录的因素有商品种类齐全、查询方便、商品价格低以及商品信息量大等。因此购物网站欲增加其吸引力，可以从增加特色商品的种类等方面入手。此外，网站设计的艺术性也是吸引用户浏览的因素之一。

2. 网络购物特征

调查显示，在浏览过购物网站的被访者中，男性（52.0%）略多于女性；年龄绝大多数在 45 岁以下（83.1%），其中年龄为 18~24 岁的占 46.6%；受教育程度多为大专及以上（75.0%），以大学本科（包含同等学力）为最多（40.8%）；未婚（包括离异/丧偶等）占到 64.5%，学生约占 30%。从另一个方面看，有浏览购物网站经历的女性占所有女性网民的比例要高于男性；年龄为 18~35 岁年龄段的被访者浏览过购物网站的比例高于其他年龄段，总体上年龄越大，有过网络购物经历的比例就越低；受教育程度为大专/大本的浏览过购物网站的比例较高，而为初中及以下/博士的比例却较低；未婚和已婚的浏览过购物网站的比例差不多，但其中鳏/寡/分居/离婚的比例却高达 90%；学生浏览过购物网站的比例约占 1/3，最高的为企事业管理人员；调查结果显示，收入越高浏览过购物网站的比例也较高，其中个人月收入为 3000~6000 元，家庭月收入为 4000~7000 元的比例最高。

与全体网民的结构相比较，高学历的特征最为明显，大学本科及以上所占比例 52.4%，远高于全体网民的 30.8%，未婚的比例也高于全体网民。这说明不论是浏览购物网站，还是进行网络购物，目前大部分还是相对较高学历人群的常用服务，网络购物并没有普及到每个普通网民。因此，网络购物的发展不仅仅依赖于网民数量的增加，而网民中特定人群更深度地开发同样具有较大潜力。

---

① 中国互联网络信息中心（CNNIC）. 第 51 次中国互联网络发展状况统计报告. 2023-01

3. 网络购物行为特征

（1）购买频率。不低于每月一次的约为50%，说明有购买经验的网民其购买频率相当高。因为当网民有了网络购物的体验之后，会不自觉地演变成一种习惯，而养成网络购物习惯正是购物网站所期望的。

（2）客单价。目前有购买经验的网民其购买频率相当高，不低于每月一次的约为50%。客单价多在500元以下，占88%，但在101~500元之间的有40%。这与网民购买的商品种类主要是图书和音像制品，从价格上来看也是相吻合的。

从不同购买频率的被访者其客单价分布来看，它们无明显差异，购买频率较高的被访者其客单价在101~500元之间的比例要稍高。这说明目前无论是经常性的网上购物网民还是偶尔性的网上购物者在购买物品种类上具有相近性。

（3）付款方式。在被访者中超过70%的人选择网上支付的方式进行付款，这与CNNIC的调查报告中的调查数据是极其一致的，网上支付比例升高说明我国的电子支付状况得到较大改善。

（4）未来购物意愿。截至2022年12月，我国非网民规模为3.44亿，较2021年12月减少3722万。从地区来看，我国非网民仍以农村地区为主，农村地区非网民占比为55.2%，高于全国农村人口比例19.9个百分点。从年龄来看，60岁及以上老年群体是非网民的主要群体。我国60岁及以上非网民群体占非网民总体的比例为37.4%，较全国60岁及以上人口比例高出17.6个百分点。非网民群体无法接入网络，在出行、消费、就医、办事等日常生活中遇到不便，无法充分享受智能化服务带来的便利。数据显示，非网民认为不上网带来的各类生活不便中，无法现金支付占非网民的19.0%。在被问及未来是否会网络购物时，有过网络购物经历的被访者选择"会的"比例超过了90%，而没有网络购物经验的网民也有超过60%打算尝试，明确表示"不会的"比例均低于10%。有购物经历的网民未来购买意愿要强于无购买经历的网民，说明尝试过网上购物的网民对网上购物的优点具有更强的认同感，会更习惯网上购物的消费方式，这往往容易让购物网民形成网上购物的习惯。因此，如何让网民迈出尝试网络购物的第一步很重要，这势必会产生跟进购物效果。这也正是目前购物网站需要解决的首要问题之一，毕竟没有购物经历的网民仍有市场拓展空间，他们拥有巨大的市场潜力。

（5）价格期望。在问及"当网上商品价格比商城价格低多少会选择网络购物"时，绝大多数的选择均在30%以下，其中无购物经验者选择不考虑价格因素的比例要高于有购物经验的网民，对有些网民来说价格并不是影响其是否进行网络购物的关键因素。

五、心理因素对网络消费者行为的影响

（一）网络消费者心理活动过程

1. 心理活动的认知过程

网络消费者的心理活动，首先是从对商品的认知开始的。这一过程构成了消费者购买商品的认识阶段和知觉阶段，是网络消费者产生购买行为的重要基础。网络消费者认知商品的过程，就是消费者感知商品各种属性并加以联系和综合的过程，主要是通过消费者的感觉、知觉、记忆、思维等心理活动来完成的。

（1）感觉。感觉是对刺激物的反应，可定义为"个人通过选择、组织并解释输入信息来获得对世界有意义的描述之过程"。人们对相同的事物、同样的情境，往往会产生不同的感觉，主要是因为三种感觉过程在起作用：

第一，选择性注意。人们在日常生活中会接触到大量刺激，如网页上铺天盖地的广告信息，会使人应接不暇。据统计，人们平均每天要接触1500多条广告，但绝大部分会被过滤掉。网络消费者所注意的都是与当前需要有关的刺激、所企盼的刺激和超出正常刺激规模的刺激。这一注意特点要求网络购物网站或电子商务企业采用能引起网络消费者注意的广告内容或形式。

第二，选择性曲解。网络消费者并不一定接受注意到的刺激。人们多把所获取的信息与自己的意愿结合起来，按自己现有的思维模式决定接受与否。以先入为主的思路来解释信息的情况比较多。

第三，选择性记忆。对于接触过的信息，人们一般只会记住那些符合自己态度和信念的信息，而其他则可能被遗忘。

（2）知觉。网络消费者通过一定的途径，获得有关网络商品的各种信息，并经过神经系统，将有关信息从感觉器官传递到脑部，产生对商品个别的、孤立的和表面的心理印象，然后对感觉到的商品信息进行综合整理，在头脑中构成对商品的整体反映。这就是知觉过程，比对商品的印象和感觉又深入了一步。感知是网络消费者对商品的外部特征和外部联系的直接反映，是认知的初级阶段。通过这一阶段，网络消费者进一步认识商品，形成记忆思维、想象等一系列复杂的心理过程，在此基础上对商品产生情感信任，采取购买行动。网络消费者从表象向思维过渡，进入认知的高级阶段，从而把握商品的一般特征和内在联系，全面地认识商品，进而影响网络消费者的购买决策。

（3）学习。学习是指经验所引起的个人行为的改变。人类行为大多来源于学习。学习是由于驱使力、刺激、诱因、反应和强化等相互作用而产生的。在网络营销信息的传播过程中，网络消费者由于需要，通过学习获取有关消费信息，改变对某些商品的印象和态度，从而产生购买行为，这是主动学习的类型。而对

一些价格低廉、属于经常性购买的商品和服务，网络消费者的关心度较低，则不通过学习就采取购买行动，然后改变印象。当网络消费者对商品的选择产生不满，则会形成行为改变—印象改变—学习的模式。

另外，人们通过实践和学习，形成了自己的信念和态度，这些又反过来影响人们的消费行为，也需要注意。了解网络消费者的认知过程，有助于制定相应的营销策略，通过有效的营销信息传播，促进网络消费者的认知，为对商品产生好感奠定基础。

2. 心理活动的情绪过程

在接收网络营销信息和购买商品时，网络消费者会受到生理性需要和社会性需要的支配，产生不同的内心变化和外部反应，并对商品形成各有特点的情绪色彩。根据商品是否满足其消费需要，或产生愉快、喜爱等积极态度，或产生愤怒、烦闷等消极态度。这种由客观现实是否符合自己需要而产生的态度的体验，就是网络消费者心理活动的情绪过程。情绪过程是网络消费者心理活动的一种特殊反映形式，对是否接受网络营销信息、是否采取购买行动有着重要的影响。

普通消费者的情绪，往往通过神态、表情、语气和行为等表现出来，形式可能多种多样，表现程度也有明显的差异。对网络消费者而言，情绪更多表现为心理情绪，总的来看，可分成三大类：积极的、消极的和双重的。

在网络购买过程中，网络消费者情绪的产生和变化，受到购物网站的网页设计、网络购物环节、商品、个人情绪和社会情感等因素的影响。网络消费者对于网络销售信息的接收是积极的，还是厌恶的，也会受到这些因素的影响。比如，在舒适的上网环境中，会比恶劣的环境中接触信息心情更畅快；表现形式新颖、形象优美的网络广告作品，会更使人赏心悦目；适度的网络销售信息传递会使人得到一种满足，而那种地毯式轰炸、没完没了的灌输，就会令人闻而生厌。因此，网络营销信息传播要注意网络消费者的情绪过程，力争对网络消费者产生积极的影响。

3. 心理活动的意志过程

网络消费者的意志过程，是在购买过程中表现出有目的地、自觉地支配和调节自己的行动，努力克服各种障碍，从而实现既定购买目的的心理活动。它对网络消费者购买过程中的行动阶段和体验阶段有着较大的影响。

消费者的意志过程有两个基本的特征：①有明确的购买目的。网络消费者为了满足自己的需要，总是经过思考确定购买的目的，再有意识、有计划地按照购买目的去支配和调节购买行动。网络消费者这种意志与目的性的联系，集中体现了人心理活动的自觉能动性。②是排除干扰、克服困难的过程。实现既定的目的，实际上是一个复杂的过程。网络消费者在从拟定网络购买计划到实施网络购买计划的过程中，需要一定的意志行动，排除和克服各种各样的内部的以及外部的干扰和阻碍，把决定购买转化为实行购买。意志，一方面可以使人产生达到既定目的所必需的情绪和行动；另一方面又可以制止与预定目的相矛盾的情绪和行动。通过这两个方面的作用，使人能够克服各种障碍和困难，实现既定目的。

认知、情绪和意志这三个心理活动过程是有机统一、相互联系、密不可分的。意志过程有赖于认知过程，但又促进认知过程的发展和变化。情绪过程对意志过程有着很大的影响，而意志过程又会反过来调节情绪过程的发展变化。

（二）网络消费者个性心理特征

网络消费者在购买活动中所产生的感觉、知觉、记忆、思维、情感和意志等心理过程，体现了人类心理活动的一般规律。但人们的购买行为，实际上又是千差万别的。差异形成的主要心理基础，就是网络消费者的个性心理特征。就网络消费者来说，其个性心理特征具体表现为一个人的能力、性格和气质。

1. 能力

能力是人能够顺利地完成某种活动，并直接影响活动效率的个性心理特征。人既需要观察、记忆、想象、思维和注意等一般能力，也需要视听、运算、鉴别、组织、检验等特殊能力。两种能力彼此联系下相互促进，共同发挥作用。

由于人的素质、社会实践、文化教育程度和主观努力等不尽相同，因此人们的一般能力和特殊能力不仅存在质量和数量的差别，而且在发展水平上也是不等的。这就构成了人的能力的个别差异，反映在购买活动中，就是有些网络消费者对商品的识别能力、评价能力、决断能力和语言表达能力等较强，能独立自主、迅速地做出购买决定，而另外一些网络消费者则会犹豫不决、不知所措、难以决定是否购买。

2. 气质

气质是人的典型的、稳定的心理特征，表现为人的心理活动动力方面的特点。个体间的气质差异，使每个人在各种活动中的心理活动表现出不同的动力型，形成各自独特的行为色彩。气质主要是由神经过程的生理特点所决定的，具有较明显的稳定性和持久性。同一种气质类型的人，尽管进行活动的动机不同、内容不同，但在行为方式上却表现出相同的心理动力特点。

公元前5世纪古希腊人希波克拉底提出体液说，认为人体有四种液体：黏液、黄胆汁、黑胆汁和血液，约500年后，古罗马医生盖伦根据体液说把人的气质分成多血质、黏液质、胆汁质和抑郁质四种类型。苏联心理学家巴甫洛夫从高级神经活动的学说，提出人的气质表现为兴奋型、沉静型、活泼型和安静型四种。气质对消费者购买行为的影响比较深刻。网络消费者的言谈举止、反应速度和精神状态等，会不同程度地将其气质反映出来，或急躁，或沉稳，或怯懦，或随意，等等。

3. 性格

性格是人对客观现实的态度和行为方式经常表现出来的稳定倾向，是人个性中最重要、最显著的心理特征。性格与气质相互渗透、相互作用，气质对性格的形成和发展有影响，性格又促使气质的变形，但性格更能突出反映个体的心理面貌。每个人不同的行为方式，主要取决于其对现实的态度，比如对待社会、集体和他人的态度，对待劳动、学习和生活的态度等；另外，也取决于人的认知、情绪和意志这些心理活动过程所具有的不同的特点，从而构成人们的不同性格，形成某个人与他人明显的差别。在消费活动中，个体的性格对其购买行为方式起决定性的作用。我们需要通过观察、交流或调查分析，认识网络消费者的个性特征，掌握不同的个体性格对购买态度、购买情绪、购买决策和购买方式等的影响。

综上所述，网络消费者的能力、气质和性格等个体心理特征，是其购买行为重要的心理基础，并对其购买行为产生较大的影响。准确地分析和认识网络消费者的个体心理特征，对于提高网络营销效果有着重要作用。

(三) 网络消费者的社会心理特征

人是生活在社会、组织和群体之中的，因此，其所具有的心理状态和心理现象又不可能是孤立的、个体性的，而必然是社会性的。这种社会性的心理，以及在此基础上发展起来的社会态度，对网络营销信息传播效果有着根本性的影响。因此，我们不仅要研究了解网络消费者的个性心理特征，更要把握其社会心理特征。研究表明，个人在群体行为过程中，往往会失去个人应当具有的或者个人情境下具有的本性，在群体心理过程压力下，个人会做出个人情境下一般不会采取的行动，这就是失个性化。应该说，失个性化并不是人的积极心理现象，也不是人的全部群体心理过程。但是，网络消费者在接受网络信息传播时，会明显地产生失个性化现象，受到群体心理过程的影响。而在群体情境下，消费者接受网络营销信息有其特有的规律和现象，主要有相互模仿、相互感染、社会性遵从等。

1. 模仿

模仿是社会心理学的一个重要方面，许多社会性行为都是模仿性的，模仿行为具有普遍性。从个人发展角度看，儿童幼小时模仿他们的长辈，青少年时模仿他们所能接触的其他人。就商品销售来看，在繁华街头设摊售货，会吸引人们的注意并形成围观现象。这种群体行为是自发产生的，往往依赖于参与者的相互刺激。这种相互刺激，首先就是模仿。商家就可利用模仿的社会心理特征，进行促销活动。比如新产品上市，即大量列举用户销售的情况，说明商品或服务被消费的情景，刺激人们模仿，加入消费者、使用者的行列。

2. 感染

感染是一种群众性的模仿，即使感情或者行为从人群中的一个参加者传至另一个参加者，是群体行为赖以存在、发展的另一种刺激。感染有以下两种：

（1）情绪感染。情绪感染指的是把一群人的情感统一起来，使个人放弃平常抑制其行为的社会准则，个人行动主要由自己的情绪发动。如果所有参与者的态度、信念和价值都基本一致，情绪感染便容易发生，会促进个体之间的模仿过程。例如，在中秋节、元宵节前投放有关月饼、元宵等食品的广告，会使消费者个体受到节日气氛的感染，达到较好的产品销售效果。而当所有参与者的注意力都集中在一个特定的人或事物上时，就会加剧情绪感染。例如，让当红明星做广告，利用当前流行话题推销商品或服务，消费者个体往往易于接受这些情绪暗示，采取购买行动。成都第 31 届世界大学生夏季运动会的召开就使带有熊猫形象的周边产品受到全世界消费者的喜爱。

（2）行为感染。行为感染是指行为方式从一个人向另一个人乃至许多人的传播。基于这一特点，进行整合营销传播能更好地感染目标消费者，达到更好的传播效果。

3. 遵从

人们生活在社会、群体中，无论是否有个人主见，其主观是否有一定程度的正确性，都要服从群体。个人与他人或群体意见、观念和态度之间寻求一致性的倾向，就是遵从。由这种倾向性导致的行为，就是遵从行为。这是影响决定人们行为的更为深刻的社会心理现象。

遵从的产生，主要是由于人受到信息和规范方面的压力。因为在现实生活中，有关客观世界的许多信息，甚至包括我们自身的信息，也都来自别人。例如，旅行迷了路，要询问别人；不会使用计算机，也要学习请教。另外，人们总有一种遵从规范同化于群体的内在倾向，这就是规范压力。

4. 角色

人在社会或群体中，要扮演一个稳定的角色。角色是人们期待某一特定社会位置上的个人所具有的一种行为模式。从个人的角度看，它是人所处的一种地位以及由此决定的态度与行为的复合体。对于群体心理过程来说，角色既是一种心理现象，也是社会群体心理分析过程的一个阶段。角色是系统而稳定的影响广告传播的一个重要因素。

我国正处在重要的社会转型期，个体不同的年龄、职业，构成了多种复杂的消费群体。我国网络消费者除具有人类共有的一些心理特征外，还受到我国社会文化等因素的影响，形成一些特有的心理特征，企业营销应对此进行分析，力争适应我国网络消费者的心理需要，达到预期的网络营销效果。

第四章 电子商务环境下的消费价值观与消费者行为

第一节 消费价值观与冲动购买

随着人们收入水平的提高和电子商务的发展，消费者在线上购物时不再只购买必需品。冲动购买是一种计划之外的购买行为。Chan 等（2017）通过文献研究发现，SOR 模型是目前较流行的研究在线冲动购买行为的理论基础。另外一些学者从其他理论视角解释了消费者的在线冲动购买行为，如认知情感理论、技术接受模型等。这些不同的视角更深入地解释了 SOR 模型的潜在机制。Xiang 等（2010）从五个方面，检验了社会关系因素对在线冲动购买行为造成的影响。Lalelung 和 Pangemanan（2015）采用定性方法进行深入访谈，使用 SOR 模型研究了印度尼西亚消费者在线冲动购买的影响因素。Chen 和 Yao（2018）使用 SOR 模型研究了移动拍卖平台中情境因素如何影响在线冲动购买行为。Shen 和 Khalifa（2019）将双系统模型与 SOR 模型相结合，研究了在线购物平台的系统设计刺激对在线冲动购买行为的影响。

综上，对在线冲动购买影响因素的研究主要集中在消费者外部视角，如社会关系、网站质量及人际互动等。然而，冲动购买行为是消费者内外部因素共同作用的结果。消费者的人格特征、消费价值观、收入水平等内部因素对冲动购买的影响不可忽视。

享乐主义和功利主义是两种典型的消费价值观，虽然已经有学者研究了它们对在线购买行为的影响，但有关享乐主义和功利主义对消费者在线冲动购买行为的影响的研究还较少。另外，文化对在线冲动购买行为有重要的影响。不同文化背景下，消费者的购物行为有很大差异，研究其他国家消费者得出的结论不一定适用于我国消费者。因此，在电子商务环境下，研究我国消费者的个人特征、消费价值观与冲动购买行为之间的关系具有重要的意义和独特的价值。

一、消费价值观与冲动购买模型构建和研究假设

目前针对消费者在线冲动购买行为的研究以 SOR 模型为基础。Chan 等（2017）通过文献研究，构建了在线冲动购买行为研究的 SOR 模型。S（Stimulus）即刺激，包括外部刺激和内部刺激，外部刺激即购物网站刺激、折扣、促销、产品属性等；内部刺激即信息化社会影响等。O（Organism）为中介环节，包括认知反应和情感反应，认知反应包含对产品有用性、易用性、满意度等方面的认知；情感反应包含消极、积极等情感。R（Response）即响应，包括消费者的冲动购买倾向、购买意愿及冲动购买行为。当不同的消费者受到促销、熟人推荐等内外部因素的刺激时，会产生不同的反应，并最终导致消费者冲动购买行为之间的差异。

本节研究以 SOR 模型为理论基础，将电子商务环境下刺激消费者的因素总结为两类，分别为营销因素（商家的促销活动和饥饿营销）和社会因素（网红流行和熟人推荐）。具有不同人口统计学特征及消费价值观的消费者在面对这些刺激时所产生的冲动购买行为存在差异。本节研究主要考虑性别、学历、年龄、职业、收入水平、婚姻状况、家庭类型七个人口统计学特征。综上所述，构建本章研究的 SOR 模型，如图 4-1 所示。

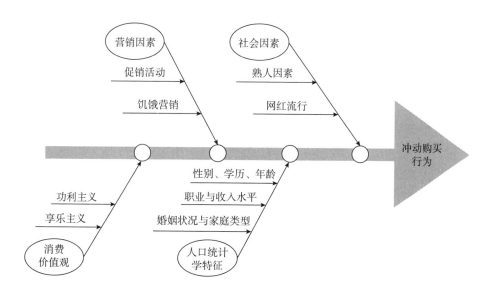

图 4-1　消费价值观与冲动购买 SOR 模型

功利主义以目标和价值为导向，当购物行为被认为是有用并且必要时，购物行为才会发生；享乐主义强调个性化和主观性，购物的原因更多是兴趣和乐趣。消费者的消费价值观在功利主义和享乐主义上存在不同水平的倾向，进一步导致消费者在冲动购买行为上表现出差异。功利水平较高的消费者在网上购物时更看重商品的有用性和必要性，消费比较谨慎。因此认为功利水平越高的消费者越难产生冲动购买行为，据此提出以下假设：

　　H4-1：功利水平越高的消费者越不容易冲动购买。

　　就享乐主义消费者来说，他们购物的原因主要是兴趣和乐趣，在网上遇到他们感兴趣或能给其带来乐趣的商品时，他们较容易产生冲动购买行为，因此提出以下假设：

　　H4-2：享乐水平越高的消费者越容易冲动购买。

　　消费者在面对促销活动、饥饿营销等营销因素时，易产生不买就吃亏等心理。因此，当消费者受到营销因素的刺激时，容易产生冲动购买行为，据此提出以下假设：

　　H4-3：营销因素的刺激会促进消费者冲动购买。

　　在电子商务环境下，信任和口碑是很重要的影响消费者购物行为因素。熟人之间原有的信任会促使消费者信任熟人推荐的商品。网红流行商品一般是热门商品，口碑较好，购买的人比较多，消费者较信任该类商品，并进行购买。因此消费者在面对熟人推荐和网红流行等社会因素的刺激时容易产生冲动购买行为，据此提出以下假设：

　　H4-4：社会因素的刺激会促进消费者冲动购买。

　　基于以上假设，构建电子商务环境下基于消费价值观的消费者在线评论行为研究模型。通过对 H4-1 至 H4-4 进行验证，可以探究消费价值观及不同的刺激因素对消费者冲动购买行为的影响。

二、消费价值观与冲动购买描述性统计和信效度分析

（一）消费价值观与冲动购买描述性统计

1. 功利主义描述性统计

　　对功利主义量表中的各题项进行描述性统计，结果如表 4-1 所示。偏度和峰度是反映数据正态性分布的主要指标，功利主义量表各个题项的偏度绝对值小于 3，峰度绝对值小于 10，说明各题项的数据接近正态分布，适合做进一步的数据分析。

表4-1　功利主义量表描述性统计

题项编码	简称	样本量	均值	标准差	偏度	峰度
gl1	实用性	1459	5.93	1.153	-1.327	2.128
gl2	易用性	1459	5.54	1.305	-0.910	0.810
gl3	商品质量	1459	5.69	1.216	-0.966	1.062
gl4	商品功能	1459	5.68	1.164	-0.982	1.401
gl5	商品价格	1459	5.37	1.362	-0.840	0.612

从表4-1中还可以看出，功利主义量表各题项的均值都大于5，说明电子商务背景下大部分消费者都具有一定的功利主义价值观，在网上购物时，普遍关注商品的实用性、易用性、质量、功能和价格。通过对各个题项的均值进行比较可以看出，消费者在线购物时，第一注重实用性，第二注重商品质量，第三注重商品功能，第四注重易用性，第五注重商品价格。

2. 冲动购买描述性统计

冲动购买量表中冲动程度与刺激因素相关题项的描述性统计结果如表4-2所示。冲动购买各个题项偏度和峰度的绝对值均小于1，说明各题项的数据接近于正态分布，适合做进一步的数据分析。

表4-2　冲动购买量表描述性统计

量表	题项编码	简称	样本量	均值	标准差	偏度	峰度
冲动程度	cd1	经常冲动	1459	3.55	1.725	0.193	-0.891
	cd2	使用率高	1459	3.51	1.576	0.111	-0.606
	cd3	不用还买	1459	3.40	1.682	0.189	-0.861
刺激因素	cj1	促销活动	1459	4.32	1.548	-0.436	-0.313
	cj2	饥饿营销	1459	3.65	1.688	0.014	-0.876
	cj3	熟人推荐	1459	4.42	1.546	-0.484	-0.312
	cj4	网红流行	1459	3.24	1.614	0.286	-0.731

从表4-2中可以看出，冲动程度部分三个题项的均值皆低于4，说明消费者不认为自己易冲动购买；而在刺激因素部分中，四个题项按均值从高到低排列分别为熟人推荐、促销活动、饥饿营销、网红流行，熟人推荐、促销活动的均值皆高于4，说明熟人推荐和促销活动这两个刺激因素相较于其他刺激因素更容易引起消费者的冲动购买行为。从中可以看出，电子商务中信任和促销活动是消费者

冲动购买的重要影响因素；而网红流行均值较低，说明电子商务环境下网红流行相较于其他原因不太容易引起消费者的冲动购买行为。各题项的标准差均大于1.5，说明电子商务环境下不同消费者之间的冲动购买行为具有较大差异。

（二）消费价值观与冲动购买量表信度分析

信度主要是指测量结果的可靠性、一致性和稳定性，反映了被测者稳定的、一贯性的真实特征。按照克隆巴赫系数判断量表信度，是 Likert 量表检验的主要方法，当克隆巴赫系数>0.7 时，认为量表信度良好。同时，采用删除各题项后的克隆巴赫系数指标检验题项设置的合理性。

1. 功利主义量表信度分析

对功利主义量表中的五个题项进行信度分析，结果如表 4-3 所示。克隆巴赫系数值为 0.792，信度效果良好，删除各题项后的克隆巴赫系数值均与整体的克隆巴赫系数值相差不大，说明功利主义量表信度良好。

表 4-3　功利主义量表信度分析

题项编号	简称	删除该项后的克隆巴赫系数	克隆巴赫系数
gl1	实用性	0.739	
gl2	易用性	0.751	
gl3	商品质量	0.750	0.792
gl4	商品功能	0.713	
gl5	商品价格	0.809	

2. 冲动购买量表信度分析

对冲动购买部分的两个量表进行信度分析，结果如表 4-4 所示。冲动程度部分的克隆巴赫系数值为 0.775，刺激因素部分克隆巴赫系数值为 0.826，两个量表的信度效果均良好，且两个量表中删除各题项后的克隆巴赫系数值均与各部分整体的克隆巴赫系数值相差不大，说明冲动购买量表信度良好。

表 4-4　冲动购买量表信度分析

量表	题项编码	简称	删除该项后的克隆巴赫系数	克隆巴赫系数
	cd1	经常冲动	0.708	
冲动程度	cd2	使用率高	0.758	0.775
	cd3	不用还买	0.611	

续表

量表	题项编码	简称	删除该项后的克隆巴赫系数	克隆巴赫系数
刺激因素	cj1	促销活动	0.787	0.826
	cj2	饥饿营销	0.792	
	cj3	熟人推荐	0.776	
	cj4	网红流行	0.768	

（三）消费价值观与冲动购买量表效度分析

效度是指测量的有效性程度，即指一个测验的准确性、有用性。在数据分析环节，主要采用因子分析对量表的结构效度进行检验，首先计算 KMO 和 Bartlett 系数值以检验数据是否适合进行因子分析。当 Bartlett 检验值<0.05，KMO 值>0.7 时，认为数据适合进行因子分析。然后，依据因子负荷、总方差解释率来评价量表的结构效度。

经检验，功利主义量表、冲动程度部分量表及刺激因素部分量表的 KMO 值分别为 0.757、0.773 和 0.770，Bartlett 球形检验显著性均为 0.000，量表检验结果均符合各项要求，适合进行因子分析。

1. 功利主义因子分析

采用主成分分析法对功利主义量表进行因子分析，分析结果如表 4-5 所示，提取一个共同因子，各题项在共同因子上的负荷除 gl5 以外均在 0.7 以上，总方差解释率为 55.962%，结构效度尚可。

表 4-5　功利主义因子分析

题项	简称	因子负荷	总方差解释率
gl4	商品功能	0.841	55.962%
gl1	实用性	0.783	
gl3	商品质量	0.766	
gl2	易用性	0.748	
gl5	商品价格	0.576	

2. 冲动购买因子分析

针对冲动购买两个部分的量表进行因子分析，结果如表 4-6 所示。冲动程度和刺激因素两个子量表各提取出一个共同因子，各题项在共同因子上的负荷均大于 0.7，总方差解释率分别为 69.029% 和 65.773%，超过 60%，表明量表具有良好的结构效度。

表 4-6　冲动购买因子分析

量表	题项编码	简称	因子负荷	总方差解释率
冲动程度	cd3	不用还买	0.876	69.029%
	cd1	经常冲动	0.825	
	cd2	使用率高	0.789	
刺激因素	cj2	饥饿营销	0.831	65.773%
	cj4	网红流行	0.817	
	cj1	促销活动	0.802	
	cj3	熟人推荐	0.793	

三、消费价值观对消费者冲动购买行为的影响分析

在研究电子商务环境下消费价值观对消费者冲动购买行为的影响时，应先对消费者的功利主义和享乐主义价值观进行测量并划分等级，比较消费价值观倾向程度不同的消费者冲动购买的差异性，并进一步利用回归分析研究消费价值观对消费者冲动购买的影响。

（一）基于消费价值观的消费者冲动购买行为差异性分析

对被调查者所填的功利主义量表中各题项的得分取平均值，作为该被调查者的功利主义价值观得分，然后按照功利主义价值观得分判断消费者的功利主义等级。功利主义量表采用 Likert 七级量表，因此功利主义价值观得分在 [1, 7] 之内，将功利程度分为三个等级，得分与等级的对应标准如表 4-7 所示。享乐主义得分及享乐等级划分方式与功利主义相同，据此分别计算出消费者功利主义和享乐主义的得分和对应的等级。

表 4-7　消费价值观得分与等级对应关系

消费价值观得分区间	消费价值观等级编码	消费价值观等级
[1, 3]	1	低
(3, 5]	2	中
(5, 7]	3	高

1. 不同功利程度的消费者冲动购买行为差异性分析

采用单因素方差分析研究功利主义价值观使消费者在冲动购买行为上表现出

的差异性，结果如表4-8所示。从表4-8来看，功利等级为1的消费者极少，只有15人，不具有代表性，分析时会存在较大误差，因此分析时不再考虑功利主义价值观等级为1的消费者在网上购物时的冲动购买行为。功利等级为1的样本数极少，也说明了大部分消费者都具有一定程度的功利主义倾向。总体来看，在电子商务环境下，不同功利等级的消费者在经常冲动、不用还买、促销活动、网红流行方面均存在显著差异，然而，不同功利等级的消费者在使用率高、饥饿营销、熟人推荐方面没有显著差异。

表4-8 不同功利程度的消费者冲动购买行为的差异性分析

题项编码	简称	功利主义等级	样本量	均值	标准差	F	p
cdl	经常冲动	1	15	3.40	2.261	3.761	0.023 **
		2	364	3.76	1.512		
		3	1080	3.48	1.779		
cd2	使用率高	1	15	2.87	1.807	1.487	0.226
		2	364	3.57	1.308		
		3	1080	3.50	1.652		
cd3	不用还买	1	15	3.07	2.052	5.655	0.004 ***
		2	364	3.65	1.494		
		3	1080	3.32	1.728		
cjl	促销活动	1	15	3.33	2.059	3.142	0.043 **
		2	364	4.3.	1.263		
		3	1080	4.32	1.623		
cj2	饥饿营销	1	15	3.33	2.059	1.049	0.351
		2	364	3.75	1.430		
		3	1080	3.62	1.761		
cj3	熟人推荐	1	15	4.13	2.167	1.058	0.348
		2	364	4.33	1.312		
		3	1080	4.45	1.607		
cj4	网红流行	1	15	2.67	1.988	6.609	0.001 ***
		2	364	3.49	1.427		
		3	1080	3.16	1.659		

注：** 表示 $p<0.05$，*** 表示 $p<0.01$。

首先，不同功利等级的消费者在经常冲动、不用还买方面存在显著差异，功利等级越高的消费者在这些选项上得分越低，且功利等级为 2 的消费者标准差很低，这充分说明功利等级越高的消费者越不容易冲动购买。其次，促销活动和网红流行对具有不同功利水平的消费者的刺激是有差异的。促销活动和网红流行的刺激对功利主义水平越高的消费者影响越小。分析其原因，功利等级越高的人，购物时越注重商品的功能、质量、实用性、易用性，在购物时会多方比较，不会因促销活动、网红流行等就冲动购买。然而，不管是使用率高、饥饿营销还是熟人推荐，不同功利等级的消费者之间的冲动购买行为均没有显著差异，说明功利水平不同的人在面对饥饿营销及熟人推荐时冲动购买行为无显著差异。

2. 不同享乐程度的消费者冲动购买行为差异性分析

针对不同享乐程度的消费者在冲动购买行为上的差异性，利用单因素方差分析进行均值比较检验，结果如表 4-9 所示。

表 4-9　不同享乐程度的消费者冲动购买行为差异性分析

题项编码	简称	享乐等级	样本量	均值	标准差	F	p
cd1	经常冲动	1	352	2.63	1.577	107.829	0.000***
		2	876	3.64	1.550		
		3	231	4.59	1.869		
cd2	使用率高	1	352	2.76	1.572	82.488	0.000***
		2	876	3.60	1.395		
		3	231	4.35	1.722		
cd3	不用还买	1	352	2.51	1.536	109.259	0.000***
		2	876	3.48	1，514		
		3	231	4.44	1.809		
cj1	促销活动	1	352	3.66	1.706	70.895	0.000***
		2	876	4.36	1.391		
		3	231	5.14	1.432		
cj2	饥饿营销	1	352	2.90	1.671	76.188	0.000***
		2	876	3.71	1.501		
		3	231	4.56	1.875		
cj3	熟人推荐	1	352	3.81	1.731	67.310	0.000***
		2	876	4.44	1.373		
		3	231	5.26	1.455		

续表

题项编码	简称	享乐等级	样本量	均值	标准差	F	p
cj4	网红流行	1	352	232	1.321	127.990	0.000***
		2	876	3.32	1.449		
		3	231	4.31	1.841		

注：*** 表示 p<0.01。

总体来看，在电子商务环境下，不同享乐等级的消费者在经常冲动、使用率高、不用还买、促销活动、饥饿营销、熟人推荐、网红流行方面均存在显著差异。

从每个享乐等级的消费者数量来看，享乐等级为 2 的消费者数量最多，说明大多数消费者都有一定的享乐主义倾向。不同享乐等级的消费者在冲动购买各方面均存在显著差异，消费者享乐主义价值观等级越高，冲动购买各题项得分越高，即越享乐的人越容易冲动购买，且越享乐的人越容易受到各种刺激的影响产生冲动购买行为。

（二）消费价值观对消费者冲动购买行为影响的回归分析

使用正式调研回收的 1459 份数据，通过多元回归分析对各个变量之间关系的假设进行检验。对数据进行处理，对促销活动和饥饿营销的得分取平均值，代表营销因素对消费者冲动购买行为的刺激；对熟人推荐和网红流行的得分取平均值，代表社会因素对消费者冲动购买行为的刺激；对经常冲动、使用率高、不用还买的得分取平均值，代表消费者在线购买的冲动程度；将本节计算的功利主义价值观得分及享乐主义价值观得分作为消费者的功利水平和享乐水平。

利用多元回归分析方法，以消费者在线购买的冲动程度为因变量，营销因素刺激、社会因素刺激及消费者的功利水平和享乐水平为自变量，构建回归模型，探究营销因素、社会因素、享乐主义及功利主义对消费者冲动购买行为的影响。回归结果表明，电子商务环境下消费者的冲动购买行为受到消费者享乐主义和功利主义价值观的影响，同时营销因素和社会因素对消费者的冲动购买行为也有显著的促进作用（见表 4-10）。

表 4-10　消费价值观对消费者冲动购买行为影响的回归分析

自变量	回归系数	系数标准误差	t	p
常量	0.2678	0.161	1.66	0.096*
享乐主义	0.1758	0.0201	8.73	0.000***
功利主义	-0.0663	0.0247	-2.68	0.007***

续表

自变量	回归系数	系数标准误差	t	p
营销因素	0.4406	0.0239	18.41	0.000***
社会因素	0.2969	0.0255	11.66	0.000***

S=0.8642 R^2=60.9% R^2（调整）=60.8%

注：*表示 p<0.1，***表示 p<0.01。

从表 4-10 的结果可以看出，各变量的回归系数均通过了 p<0.1 的显著性水平检验，享乐主义、营销因素及社会因素的回归系数为正数，功利主义的回归系数为负数，即享乐主义、营销因素及社会因素对冲动购买有显著的正向影响，功利主义对冲动购买有一定的负向影响。说明越注重享乐的消费者越容易冲动购买，越功利的消费者越不容易冲动购买，营销因素和社会因素都能够显著地促进消费者的冲动购买行为。在回归模型中，消费价值观、营销因素和社会因素等要素可针对冲动购买行为达到 60.8% 的可决系数，说明模型的解释度较高，取得了令人满意的效果。

通过回归模型，验证了 H4-1 至 H4-4，结果如表 4-11 所示。

表 4-11　消费价值观对冲动购买影响的假设检验结果

假设编号	假设	检验结果
H4-1	功利水平越高的消费者越不容易冲动购买	验证假设
H4-2	享乐水平越高的消费者越容易冲动购买	验证假设
H4-3	营销因素的刺激会促进消费者的冲动购买	验证假设
H4-4	社会因素的刺激会促进消费者的冲动购买	验证假设

从消费价值观角度来看，享乐主义对冲动购买的影响系数大于功利主义，说明冲动购买与享乐主义的关系较大，享乐程度的增加会使消费者更容易冲动购买。功利主义与冲动购买的关系小于享乐主义，且功利程度越高的消费者越不容易冲动购买。因此，可以说冲动购买是一种更加倾向享乐主义的行为。

四、冲动购买研究结论

本节主要研究了消费者在电子商务环境下的冲动购买行为。研究发现，电子商务背景下消费者都具有一定的功利主义价值观倾向，在网上购物时，会普遍关注商品的实用性、易用性、商品质量、商品功能、商品价格。消费者在对上述商品因素的关注程度上存在一定差别，整体从高到低排序，依次是实用性、商品质量、商品功能、易用性、商品价格。具有享乐主义价值观的消费者与具有功利主义价值观的消费者在对商品因素的关注上有显著的差异。倾向享乐主义的消费者在线购物时最注重商品的特色和个性，随后才依次是情感、商品的有趣性、第一眼看到就喜欢。商家在设计、制造产品时，应该注重产品的实用性和质量，以及产品的特色和个性，选取实用性高、质量好及具有特色和个性的产品，以吸引更多的消费者。

功利主义价值观对冲动购买行为具有显著的负向影响，功利等级越高的消费者越不容易冲动购买。享乐主义价值观对冲动购买行为则具有显著的正向影响，越注重享乐的消费者越容易冲动购买，越容易受到各种刺激的影响，产生冲动购买行为。这与苏海林等（2011）研究享乐主义和功利主义对购物倾向的影响得出的结论是一致的。对比分析两种消费价值观对消费者冲动购买行为的影响可以发现，具有不同价值观的消费者在购物时的冲动程度是不同的，促销活动和网红流行对具有不同消费价值观的消费者的影响作用是有差异的，商家在开展促销活动和打造自己店铺的网红流行商品时，应找准市场定位，确定目标人群，有针对性地设计营销策略。

从外部刺激因素来看，营销因素和社会因素都能够促进消费者的冲动购买行为。在这些因素中，促销活动和熟人推荐相较于其他因素更能促进消费者的冲动购买行为，且促销活动和熟人推荐的刺激对不同消费者冲动购买行为的影响均较大，而饥饿营销和网红流行的刺激对消费者冲动购买行为的影响程度因人而异，存在较大差异。从中可以看出，在电子商务中信任和促销是很重要的营销因素。商家在日常经营中应该格外注重树立自己良好的口碑，并适当开展促销活动，以吸引更多消费者，同时应根据自己的目标市场有针对性地开展饥饿营销和推出网红流行商品。

第二节　基于电商购物节的消费价值观与消费者行为

一、研究背景和意义

网络购物的发展催生了"双十一""618"等电商购物节，其已成为一种网络消费共识。在为消费者提供折扣的同时，电商购物节也为商家提供了吸引顾客的绝佳机会。

历经多年的发展，电商购物节已经成为电商领域最重要的购物狂欢节，越来越多的消费者选择在电商购物节期间进行网络购物。随着电商购物节对消费者的影响逐年增大，消费者对电商购物节的态度发生了一些变化。有学者的研究显示，部分消费者也可能会出于商品质量或者物流等方面的考虑，在电商购物节期间选择放弃网络购物。研究消费者在电商购物节期间的购买行为在电子商务在线购物发展的新阶段具有重要意义。

Weinberg 和 Gottwald（1982）研究发现购物节的促销活动和购物氛围等会促使消费者产生购买行为。后续学者进一步分析和验证了购物氛围和购物环境，如价格折扣、时间压力、图文展示及前期宣传等电商购物节情境下的刺激因素对消费者的购买行为有不同程度的影响。

关于折扣对消费者行为的影响研究，结论并不一致。一种观点是折扣力度越大越好。我国学者通过分析，发现折扣率对消费者的反馈行为始终存在正效应。另一种观点则认为折扣力度应该适当，折扣力度过大反而引起消费者对折扣真实性的怀疑。Hovland 等（1957）提出了同化对比理论（Assimilation-contrast Theory），并在折扣的情境下给予了解释，即当折扣力度过大时，消费者可能会怀疑原来价格的真实性，认为原价是故意夸大的，不能真实反映商品的价值，从而降低消费意愿。当折扣价格与原价的差别在一个合理的范围内时，消费者更倾向完成交易。

除此之外，也有相关研究关注电商购物节折扣、氛围等因素在消费者购买过程中的作用，如对购买意愿的影响，对购买过程中的搜索、关注、评论等行为的影响，以及电商购物节中的物流问题和虚假折扣等消费隐患对消费者购买行为产生的影响。

现有关于电商购物节的文献大多集中于对购物节的现状、促销情境的特点，以及购物节对消费者购买行为影响的研究。然而，消费者购买行为的产生是内外部因素共同作用的结果，消费价值观和人口统计学特征等内部因素也会对电商购物节期间消费者的购买行为产生重要影响。然而，目前从消费者角度出发，探索在电商购物节环境下，人口统计学特征和消费价值观与消费者购买行为之间关系的研究却很少。

二、消费价值观与电商购物节消费者购买行为模型构建与研究假设

消费者在电商购物节期间为什么产生购买行为？又因为什么而放弃购买？自从 Tauber（1972）提出消费者为什么购物这一问题以来，购物动机便成为消费者行为研究领域的一个重要概念。目前针对消费者购物动机的研究大多以购物动机理论为基础，购物动机理论可以解释消费者行为的内在驱动力，回答消费者为什

么会产生购买行为。

Deci 等（1985）的研究同样发现，正常商务环境下，动机仍然是购买行为的动力，个人行为背后的动机可以分为内部动机和外部动机。内部动机是指由于行动者自身因素而不是外部刺激而采取行动，而外部动机是指因感知到外部刺激的有益性而采取行动。内部动机主要包括消费者的消费价值观，外部动机主要包括营销因素、物流问题等。李露丝（2010）发现，购物动机从性质上可以分为积极动机和消极动机。其中，积极动机产生趋向行为，指消费者产生购买行为的促进影响因素；消极动机产生回避行为，指消费者放弃购买行为的促进影响因素。

具有不同消费价值观的消费者在电商购物节期间可能会产生不同的购买行为。已有研究发现，功利主义的消费者以目标和价值为导向，在购物时更注重产品的实用性和必要性，而享乐主义的消费者在购物时大多出于兴趣和爱好，强调个性化和主观性，且不容易受其他因素的干扰。电商购物节期间各电商平台通常以价格促销为主要手段来吸引用户，很多商家甚至承诺电商购物节期间的商品价格是近 30 天内的最低价格。因此，电商购物节的主要卖点是价格便宜，很多消费者都把喜欢的商品提前放入购物车，等到电商购物节时以低价买入。显然，价格是功利主义消费者更看重的因素，而享乐主义消费者对价格的敏感程度较低。由此推断，功利主义消费者应该更喜欢在购物节购买，享乐主义消费者在购物节购物的兴致不大。因此，提出如下假设：

H4-5：功利水平越高的消费者越容易在电商购物节产生购买行为。

H4-6：享乐水平越高的消费者越不容易在电商购物节产生购买行为。

从外部因素来看，营销因素和社会因素也会影响消费者在电商购物节的购买行为。Weinberg 和 Gottwald（1982）通过访谈的方式，模拟消费者购物情境，对购物和不购物的消费者的情感表现进行分析，发现营销因素、社会氛围等会影响消费者的购买意愿，进而影响购买行为。商家在电商购物节的主要促销手段是价格折扣，因此本节重点研究价格促销的效果。如前文所述，很多消费者期待在电商购物节以低价买到喜欢的商品，所以价格对消费者在电商购物节期间的购买行为应该具有显著的促进作用。另外，很多消费者受到电商购物节购物氛围的影响，存在从众心理和不买吃亏的心理，从而参与到电商购物节狂欢中。这种从众心理和不买吃亏的心理主要是受到外界社会因素的影响，简称为社会因素。基于上述分析，提出如下假设：

H4-7：营销因素会促进消费者在电商购物节购物。

H4-8：社会因素会促进消费者在电商购物节购物。

由于电商购物节的订单量暴增，很多卖家无法及时处理订单发货，物流公司的配送压力也激增，导致货物无法及时送达。这种物流延缓问题已经成为电商购物节一个无法回避的问题。有些消费者会由于物流延缓问题而放弃在购物节的购买行为。屈慧芳等的研究佐证了这一点，发现物流速度与消费者的购买决策正相关，即物流延缓会降低消费者购买意愿。因此，物流延缓会对电商购物节期间消费者的购买行为产生负面影响。

有些商家存在浑水摸鱼的不良动机，想趁电商购物节销售平时难以卖掉的瑕疵品，从而造成电商购物节后的退货率较高，也会令消费者对电商购物节期间商家销售的产品的质量产生怀疑，一定程度上抑制了购物节时的购买行为。此外，媒体曾曝光电商购物节期间，部分商家存在先提价再降价的虚假折扣行为，以此欺骗消费者。消费者一旦发现这种虚假折扣行为，电商购物节购物的意愿会显著降低，影响购买行为。有研究发现，如果消费者认为折扣后的商品价格与商品的实际价值不符，消费者的购买意愿会下降。

综上所述，物流延缓、怀疑瑕疵和虚假折扣等负面因素可能会降低消费者在电商购物节期间的购物意愿，减少购物行为，故提出以下假设：

H4-9：物流延缓会抑制消费者在电商购物节购物。

H4-10：怀疑瑕疵会抑制消费者在电商购物节购物。

H4-11：虚假折扣会抑制消费者在电商购物节购物。

基于以上假设，构建电子商务环境下消费者购物节购买行为影响因素模型，如图4-2所示，旨在探究消费价值观及不同的刺激因素对消费者电商购物节购买行为的正面与负面影响。

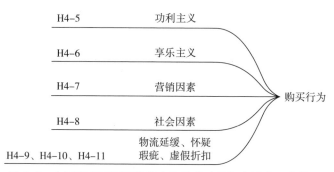

图4-2 电子商务环境下消费者购物节购买行为影响因素模型

三、电商购物节消费者购买行为描述性统计和信效度分析

（一）电商购物节消费者购买行为描述性统计

为了解数据的分布情况，从样本数、平均值、标准差及偏度和峰度等方面对收集的电商购物节购买行为数据进行描述性统计，如表4-12所示。

表4-12　电商购物节消费者购买行为题项的描述性统计

题项编码	简称	样本数	平均值	标准差	偏度	峰度
dibl	是否购买	1459	5.15	1.630	-0.770	-0.042
dib2	折扣激励	1459	5.00	1.502	-0.715	0.111
dib3	折扣力度	1459	5.24	1.607	-0.938	0.335
dib4	从众心理	1459	3.55	1.712	0.172	-0.845
dib5	吃亏心理	1459	3.60	1.873	0.214	-1.018
dinobl	物流延缓	1459	3.59	1.735	0.232	-0.830
dinob2	虚假折扣	1459	4.62	1.538	-0.428	-0.137
dmob3	怀疑瑕疵	1459	4.16	1.508	-0.062	-0.343

大部分消费者都会关注电商购物节，权衡各种因素并最终做出决定。各题项的平均值为3.55~5.24，说明从整体来看，被调查者对于量表题项涉及的情况有一个较为明确的倾向。

是否购买这一题项的平均得分为5.15，说明大部分消费者会在电商购物节期间产生购买行为。在电商购物节消费者购买行为的促进因素方面，折扣力度的平均得分最高，从众心理和吃亏心理题项得分的平均值均小于4。在电商购物节购买行为的抑制因素方面，怀疑瑕疵具有最低的标准差值，说明消费者在面对商品可能存在瑕疵时的购买行为较为一致；而物流延缓的标准差值较大，说明消费者对物流延缓问题持有不同的观点，因此波动较大。数据偏度和峰度的绝对值大多小于1，接近正态分布。

（二）电商购物节消费者购买行为量表信度分析

利用一致性指标对量表进行信度分析，以验证量表的可靠性。

对电商购物节消费者购买行为的促进因素量表进行信度分析，结果如表4-13所示。量表的克隆巴赫系数值为0.730，大于0.7，表明量表信度良好，量表结果具有较高的可靠性，题项设置也较为合理。

表4-13　电商购物节消费者购买行为促进因素量表信度分析

题项编码	简称	删除该项后的克隆巴赫系数	克隆巴赫系数
dib2	折扣激励	0.713	
dib3	折扣力度	0.674	0.730
dib4	从众心理	0.678	
dib5	吃亏心理	0.598	

对消费者购买行为抑制因素量表开展信度分析，结果如表4-14所示。克隆巴赫系数值为0.729，大于0.7，表明量表信度良好。删除各个题项后的克隆巴赫系数值，也均未高于该量表整体的克隆巴赫系数值，表明量表题项设置的合理性。

表4-14　电商购物节消费者购买行为抑制因素量表信度分析

题项编码	简称	删除该项后的克隆巴赫系数	克隆巴赫系数
dinob1	物流延缓	0.715	
dinob2	虚假折扣	0.654	0.729
dinob3	怀疑瑕疵	0.558	

（三）电商购物节消费者购买行为量表效度分析

本部分主要采用因子分析对电商购物节消费者购买行为量表进行结构效度检验，先针对促进因素量表和抑制因素量表，检验KMO值，分别为0.731和0.660，都大于0.6，Bartlett球形检验显著性为0.000，说明量表适合进行因子分析。

对电商购物节消费者购买行为的促进和抑制因素量表分别进行了因子分析，促进因素量表结果如表4-15所示。因子分析仅提取出一个共同因子，吃亏心理、折扣力度、从众心理、折扣激励在共同因子上的负荷分别为0.827、0.740、0.729和0.670，均大于或接近0.7，总方差解释率达到55.297%，大于50%，解释度尚可。

表4-15　电商购物节消费者购买行为促进因素量表因子分析

题项编码	简称	因子负荷	总方差解释率
dib5	吃亏心理	0.827	
dib3	折扣力度	0.740	55.297%
dib4	从众心理	0.729	
dib2	折扣激励	0.670	

电商购物节消费者购买行为抑制因素量表的因子分析结果如表4-16所示，提取出一个共同因子，怀疑瑕疵、虚假折扣、物流延缓在共同因子上的负荷分别为0.855、0.804和0.763，均高于0.7。总方差解释率达到65.366%，大于50%，说明量表结构效度良好。

表4-16　电商购物节消费者购买行为抑制因素量表因子分析

题项编码	简称	因子负荷	总方差解释率
dinob3	怀疑瑕疵	0.855	
dinob2	虚假折扣	0.804	65.366%
dinob1	物流延缓	0.763	

四、消费价值观对消费者电商购物节购买行为的影响分析

使用正式调研的1459份数据，通过回归分析的方法探究相关因素对消费者电商购物节购买行为的影响，并对模型假设进行检验。

首先，对数据进行处理。将是否购买作为消费者在电商购物节的购买意愿；对折扣激励、折扣力度两个题项的得分取平均值，代表营销因素对消费者电商购物节购买行为的影响；对从众心理、吃亏心理两个题项的得分取平均值，代表社会因素对消费者电商购物节购买行为的影响；物流延缓、虚假折扣、怀疑瑕疵分别代表物流、折扣及瑕疵问题对消费者电商购物节购买行为的影响因素。利用回归分析，将消费者在电商购物节的购买意愿作为因变量，将营销因素、社会因素、物流延缓、虚假折扣、怀疑瑕疵、功利主义及享乐主义作为自变量，探究自变量的变化对消费者购买意愿的影响，结果如表4-17所示。

表4-17　消费价值观对消费者电商购物节购买行为影响的回归分析

自变量	回归系数	系数标准误差	t	p
常量	0.7570	0.2190	3.46	0.001***
功利主义	0.0891	0.0331	2.69	0.007*
享乐主义	−0.0166	0.0251	−0.66	0.510
营销因素	0.7282	0.0259	28.14	0.000***
社会因素	0.2132	0.0213	10.02	0.000***
物流延缓	−0.0792	0.0202	−3.92	0.000***
虚假折扣	0.0044	0.0234	0.19	0.851
怀疑瑕疵	−0.0652	0.0251	−2.60	0.009*

$S=1.11426$　　　$R^2=53.48\%$　　　R^2（调整）$=53.26\%$

注：＊表示 $p<0.1$，＊＊＊表示 $p<0.01$。

从表4-17中可以看出，享乐主义和虚假折扣回归分析的 p 值大于0.1，影

响不显著，表明 H4-6 和 H4-11 未得到验证，因此在后文分析时不再考虑享乐主义和虚假折扣的影响。排除享乐主义和虚假折扣两个不显著的因素，重新进行回归分析，结果如表 4-18 所示。

表 4-18　修正后的消费价值观对消费者电商购物节购买行为影响的回归分析

自变量	回归系数	系数标准误差	t	p
常量	0.7280	0.2120	3.44	0.001***
功利主义	0.0894	0.0330	2.71	0.007***
营销因素	0.7265	0.0256	28.41	0.000***
社会因素	0.2104	0.0209	10.08	0.000***
物流延缓	-0.0805	0.0197	-4.09	0.000***
怀疑瑕疵	-0.0643	0.0223	-2.88	0.004***

S=1.11368　　R^2=53.48%　　R^2（调整）= 53.31%

注：*** 表示 p<0.01。

表 4-18 中所有因素回归分析的 p 值均小于 0.05，符合显著性要求，进一步验证了 H4-5、H4-7 至 H4-10，结果如表 4-19 所示，功利主义、营销因素和社会因素的回归系数为正，怀疑瑕疵和物流延缓的回归系数为负，说明功利主义、营销因素和社会因素对消费者电商购物节的购买行为具有正向显著影响，怀疑瑕疵和物流延缓对于消费者电商购物节的购买行为具有负向显著影响，表明功利水平越高的人，越容易在电商购物节产生购买行为。此外，营销因素和社会因素能够促进消费者在电商购物节的购买行为，怀疑瑕疵和物流延缓则起抑制作用。

表 4-19　消费价值观对消费者电商购物节购买行为影响假设检验结果

假设编号	假设	检验结果
H4-5	功利水平越高的消费者越容易在电商购物节产生购买行为	验证假设
H4-6	享乐水平越高的消费者越不容易在电商购物节产生购买行为	拒绝假设
H4-7	营销因素会促进消费者在电商购物节购物	验证假设
H4-8	社会因素会促进消费者在电商购物节购物	验证假设
H4-9	物流延缓会抑制消费者在电商购物节购物	验证假设
H4-10	怀疑瑕疵会抑制消费者在电商购物节购物	验证假设
H4-11	虚假折扣会抑制消费者在电商购物节购物	拒绝假设

从回归结果中还可以看出，调整后的 R^2 为 53.31%，即功利主义、营销因素、社会因素、物流延缓和怀疑瑕疵能够解释 53.31% 消费者在电商购物节的购买行为，解释效果良好。

总体来看，营销因素对消费者电商购物节购买行为的影响系数最大，为 0.7265，其次为社会因素，为 0.2104，再次为功利主义，为 0.0894。这说明，营销因素对消费者电商购物节购买行为的影响最大，商家在电商购物节促销时，应该格外注意营销策略，以吸引更多的消费者。

电子商务背景下大部分消费者都具有一定程度的功利主义消费倾向，在电商购物节期间，功利等级高的消费者更容易受到购买促进因素影响而产生购买行为，而消费者的享乐主义价值观对其电商购物节期间的购买行为的影响并不显著。对比这两种消费价值观的消费者，可推测具有功利主义价值观的消费者更加注重商品的性价比，容易受到电商购物节时折扣的诱惑，从而产生购买行为；而具有享乐主义价值观的消费者则更加注重购物时自身的兴趣和乐趣，折扣等因素对他们的影响不大。因此，商家在电商购物节时应该针对功利主义消费者推出质优价廉的实用型商品，在商品选择、目标市场定位及宣传推广方面要凸显满足功利主义消费者的需求，从而更好地利用电商购物节的销售机会，提高销售额。

基于不同人口统计学特征分析消费者电商购物节购买行为的差异性，大部分具有显著性。其中，女性比男性更容易在电商购物节期间产生购买行为，并且折扣对女性购买行为的促进作用显著高于男性，怀疑瑕疵对男性购买行为的抑制作用高于女性。学历与电商购物节的购买行为呈现同向变化趋势，即学历越高，越容易在电商购物节产生购买行为。在 18 岁以上的消费者中，年龄越大，越不容易产生购买行为，折扣力度对他们购买行为的促进作用越不明显。月收入在 2000 元以内的消费者更容易在电商购物节期间产生购买行为，也更容易受到折扣力度的影响。未婚的消费者更容易在电商购物节期间产生购买行为。折扣对于不同家庭类型电商购物节购买行为的促进作用大致相同，二人家庭更容易在电商购物节期间产生购买行为。因此商家在电商购物节期间进行促销时，应该针对具有不同人口统计学特征和消费价值观的消费者，制定不同的营销策略，有针对性地开展营销活动。

营销因素对于电商购物节中消费者的购买行为具有促进作用，其中折扣等营销因素的影响较大。从众心理和吃亏心理也会促进消费者在电商购物节期间产生购买行为。物流延缓和怀疑瑕疵会抑制电商购物节期间消费者的购买行为，而虚假折扣问题的影响不显著。由此可以看出，在电商购物节期间，消费者购买行为较为重要的影响因素是营销手段。因此商家应该从促销方案设计入手，为消费者提供实实在在的让利，刺激消费者在电商购物节购物。

第三节 基于消费者在线评论的消费价值观与
消费者行为

一、研究背景和意义

随着互联网普及率的不断提高和电子商务的飞速发展，消费者利用互联网平台在线发布对商品或服务的意见和建议已经成为一种常态，导致各大电子商务网站上的商品在线评论数量飞速增长。消费者在线评论指消费者在公司或第三方网站上发布的对产品或服务的评价。消费者在浏览商品的在线评论时，可以从用户的角度了解产品属性、使用情况和产品性能。消费者浏览在线评论的行为可以用口碑理论和观察学习理论（Observational Learning Theory）来解释。口碑信息旨在帮助消费者在消费前充分了解服务或产品，并可能塑造消费者对服务的期望。观察性学习是指通过观察其他人的行为来学习，这可能会对个人的行为产生积极或消极的影响。当观察性学习发生时，相较自我的信息，人们更重视他人的信息。在线评论是其他先验买家的阐述，因此相较卖家的陈述，消费者更信任商品的在线评论。本书中的在线评论指的是消费者在电子商务网站购买商品后在该网站发布的对产品或服务的评分、文字评论及买家秀图片。

相关的行业调查报告显示，90%的网上购物者会阅读消费者发布的商品在线评论，83%的消费者表示他们的购买决策直接受到在线评论的影响。研究表明，商品在线评论的效价对用户的购买决策具有直接的影响。但对于消费者究竟关注什么类型的评论，目前还缺乏相应的研究。与传统的线下口碑传播不同，电商平台上商品的在线评论同时包含正面和负面的评论。虽然大量研究已经证明了积极的评论对销售的影响，但消极的评论在消费者决策中更有影响力。另外，图片虽一目了然，却不能准确传达评论的重点，而文字评论虽能直接阐述重点，却需要消费者耗费一定的时间仔细阅读。

在之前的研究中，大多数研究者只关注了产品初次评论的重要性，对追加评论的研究不够充分。追加评论对消费者的购买决策可能会产生更大的影响。追加评论反映的是先验消费者体验相关产品后的真实感受，对于有购买意愿的客户来说，追加评论会使他们对产品有更加全面和可靠的认识。因此，从消费者的角度来看，追加评论相对初次评论更具有说服力。

二、消费价值观与消费者在线评论模型构建与研究假设

（一）消费价值观与关注评论

在电子商务环境下，消费者不能直接检验商品的好坏，其他消费者所发布的在线评论是消费者了解商品实际性能和体验感受的重要途径，因此在线评论也将影响消费者对商品的价值感知和购买决策。

已有研究发现，在线评论中对商品性能的负面评价会导致消费者对商品产生消极的态度，并且当负面评论比例较大时，消费者对此商品的负面态度的强度也会增加。对此现象，前景理论（Prospect Theory）指出，实践中观察到的并且由研究人员证明的负面影响可以用损失厌恶来解释，消费者对损失要比对收益更加敏感。购买过此商品的消费者所发布的负面评论向有购买倾向的消费者传达了他们对产品或服务的损失感，并且这些损失感知超过了正面评论所传达的收益感。因此，负面评论对消费者做出购买决策的影响要大于正面评论。

追加评论是指消费者在首次发布商品评论后，经过一段时间的使用再次对商品进行评价。随着在线评论在电子商务中扮演的角色越来越重要，发布追加评论越来越被广大消费者所青睐。而且随着时间的延长，初次评论反映商品性能的作用呈现衰竭的趋势，追加评论刚好弥补了该缺点。人们普遍认为追加评论对商品的描述更符合商品的实际特征，其也更能引起消费者的关注。

图片评论是相对文字评论而言的，是在线评论的另一种形式。在消费者不能直接感知商品的情况下，图片成了商家重要的营销工具。各大商家纷纷鼓励消费者发布带图片的评论，如京东商城会向发布图片评论的消费者返还双倍的"京豆"；携程旅行网对发布图片评论的消费者奖励积分等。俗话说"一图胜千言"，相较文字评论，图片评论更能直观地展示商品的特性，因此也越来越受到消费者的关注。

对具有不同人口统计学特征的消费者的在线评论行为进行差异性分析，发现不同的特征因素使消费者在关注评论和追加评论方面表现出差异性。具体来看：

第一，在关注评论方面，女性、高学历的消费者对评论的关注程度更高；26~45岁的消费者相较于其他年龄段的消费者更关注评论；对比不同职业，发现作为办事人员和管理人员的消费者，对在线评论分别表现出最高和最低的关注度；而未婚和独居的两类消费者更关注图片类型的评论。从评论的类型来看，在对带图评论的关注方面，除收入水平这一特征因素外，其他特征因素下消费者之间的差异性显著，说明带图评论作为一种评论形式，并没有引起广大消费者的普遍关注，对其参考性的认知并未形成共识。因此，如何进一步激发消费者对图片评论的关注，挖掘其参考价值，更好地满足消费者需求，仍有待在线商家考量。

第二，在追加评论方面，消费者的在线评论行为未在性别上表现出显著差异，在不同学历方面表现出差异；已婚消费者更喜欢发布追加评论，满意追评的情况比未婚消费者更普遍；在家庭类型上，独居消费者在满意追评题项上的得分低于其他家庭类型的消费者。同时，消费者在购物不满意时发布追加评论的行为更具有普遍性，以此来表达对购物经历的不满。购物满意时追加评论的行为，不同特征的消费者存在显著差异。由此也提醒在线商家，满意情况下的评论追加行为更需要引导，有针对性地激发消费者满意追评，更有利于营销。

在线评论是一种信息，其质量与评论内容的详细程度有直接关系，也会直接影响商品对终端消费者需求的满足程度。一般而言，评论对消费者越有用则代表其质量越高，即其详细程度越高。研究发现那些接触到高质量（详细程度高）评论的消费者对评论商品更为积极，高质量评论会促使消费者产生更强烈的购买意愿。

（二）消费价值观与追加评论

在追加评论越来越受到消费者关注的情况下，以往的学者从在线初次评论和在线追加评论的角度做了大量研究。有研究表明，情感倾向对在线初次评论和在线追加评论的情感强度有很大影响，若追加评论和初次评论的情感均表现为负向，则初次评论的情感强度要小于追加评论的情感强度；若追加评论和初次评论的情感均表现为正向，则初次评论的情感强度要大于追加评论的情感强度。但从消费者在线追加评论动因角度出发的研究很少，研究消费者在什么情况下会追加评论，对商家及消费者而言具有重要的参考价值。

享乐水平和功利水平越高的消费者，对购物的要求越高，购物后无论是满意还是不满意，均会向其他消费者传达自身的购物体验，进而帮助他人来提高购物满意度，因此提出如下假设：

H4-12：功利水平越高的消费者越倾向在线关注评论。

H4-13：享乐水平越高的消费者越倾向在线关注评论。

H4-14：功利水平越高的消费者越倾向追加评论。

H4-15：享乐水平越高的消费者越倾向追加评论。

根据 H4-12 至 H4-15，构建电子商务环境下基于消费价值观的消费者在线关注和追加评论行为研究模型，如图 4-3 所示。

三、在线评论行为描述性统计与信效度分析

（一）在线评论行为描述性统计

描述性统计的主要作用是对正式调研所获得的数据信息进行分类整理，便于把握样本的分布情况。统计汇总在线评论行为量表中各维度数据的平均值、标准差、偏度和峰度如表 4-20 所示，从中可见各变量近似服从正态分布。

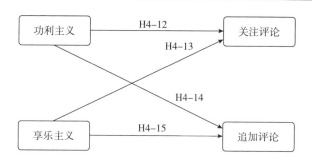

图4-3 消费者在线关注和追加评论行为研究模型

表4-20 在线评论行为描述性统计

量表	题项编码	简称	平均值	标准差	偏度	峰度
关注评论	orvc1	负面评论	5.49	1.341	−0.967	0.906
	orvc2	追加评论	5.36	1.418	−0.867	0.539
	orvc3	带图评论	5.70	1.275	−1.107	1.373
	orvc4	内容详细	5.37	1.358	−0.793	0.492
追加评论	orpc1	满意追评	4.30	1.724	−0.206	−0.750
	orpc2	不满意追评	4.92	1.676	−0.615	−0.352

首先,关注评论维度题项的平均得分要高于追加评论维度题项的平均得分,表明消费者对在线评论的关注度要比对发布追加评论行为的关注度高。分析其原因,消费者在购物过程中可以直接浏览到关注评论题项所涉及的评论类型,其效用已得到广大消费者的认可。追加评论则需要消费者在购物使用后再次发布评论,在快节奏生活的当下,发布初次评论的消费者正在逐渐减少,可想而知追加评论也就更不容易引起消费者的关注。另外,带图评论的得分要高于关注评论维度其余三项的得分,表明带图片的在线评论得到了广大消费者的青睐,是消费者网上购物过程中比较看重的一个因素。

其次,追加评论维度题项的标准差高于关注评论维度各题项的标准差。表明不同的消费者对追加评论行为的认知存在较大的差异,而在关注评论这个维度上的认知差异较小。其原因可能是在电子商务中,大部分消费者关注的评论类型逐渐趋同,而对发布追加评论这一行为的认知尚不一致。追加评论可能由于其受众面小,存在着极端现象。

最后,观察追加评论这一维度的两个题项的数据可知,不满意追评要比满意追评的平均得分高,即在购物不满意的时候发布追加评论要比在购物满意的时候发布追加评论的人数要多。可以看出，消费者在购物不满意时产生的情绪要比在购物满意时产生的情绪更强烈。购物满意被认为是消费者的正常购物体验，会产生没有不满意的情绪；而购物不满意被看作是"不正常"现象，会产生没有满意的情绪。美国心理学家赫茨伯格提出的双因素理论（Two Factor Theory）认为，商家应确保保健因素的实现，而对于激励因素，商家应在尽量满足消费者需要的基础上，制造惊喜感，即商家应多关注容易导致消费者购物不满意的因素，确保消费者购物的基本需要得到满足；而在一些保健因素上，商家应维持正常，避免消费者抱怨。在富有余力的情况下，商家也可以给消费者制造惊喜，如通过送小礼物、给予精美的包装等来提高消费者满意度。

（二）在线评论行为量表信度分析

关注评论量表的信度分析结果如表4-21所示，从中可以看出，关注评论量表的克隆巴赫系数为0.831，大于0.7，说明关注评论量表内部一致性很高，量表信度良好。

表4-21 关注评论量表的信度分析

题项编码	简称	克隆巴赫系数
orvc1	负面评论	
orvc2	追加评论	0.831
orvc3	带图评论	
orvc4	内容详细	

追加评论量表的信度分析结果如表4-22所示，从中可知，该量表的克隆巴赫系数为0.631，已接近0.7，说明追加评论量表内部一致性尚可，量表信度可以通过检验。

表4-22 追加评论量表的信度分析

题项编码	简称	克隆巴赫系数
orpc1	满意追评	0.631
orpc2	不满意追评	

（三）在线评论行为量表效度分析

采用因子分析方法检验量表的结构效度，并在因子分析前进行KMO检验和Bartlett球形检验，以确保因子分析的合适性。

KMO 检验和 Bartlett 球形检验分析结果中，关注评论和追加评论量表的显著性均为 0.000，KMO 值分别为 0.805 和 0.500，可进行因子分析。

采用主成分分析法对关注评论量表进行因子分析，分析结果如表 4-23 所示，结果显示负面评论、追加评论、带图评论、内容详细四个题项提取了一个共同因子，各题项在该共同因子上的负荷均大于 0.7，总方差解释率为 66.538%，超过 60%，说明量表效度良好。

表 4-23　关注评论量表因子分析

题项编码	简称	因子负荷	总方差解释率
orvc1	负面评论	0.822	
orvc2	追加评论	0.832	
orvc3	带图评论	0.828	66.538%
orvc4	内容详细	0.780	

采用主成分分析法对追加评论量表进行因子分析，结果如表 4-24 所示，满意追评和不满意追评提取了一个共同因子，两个题项在共同因子上的负荷均达到 0.799，总方差解释率为 63.833%，超过 60%，表明量表的效度良好。

表 4-24　追加评论量表因子分析

题项编码	简称	因子负荷	总方差解释率
orpc1	满意追评	0.799	
orpc2	不满意追评	0.799	63.833%

四、消费价值观对消费者在线评论行为的影响分析

本节比较不同倾向的消费价值观带来的消费者在线评论行为的差异性，并进一步利用结构方程模型分析消费价值观对在线评论行为的影响。

（一）基于消费者价值观的消费者在线评论行为差异性分析

采用单因素方差分析对具有不同消费价值观倾向的消费者进行在线评论行为方面的均值比较检验。

1. 不同功利等级的消费者在线评论行为差异性分析

不同功利等级的消费者在关注评论和追加评论两个方面均存在显著差异，结果如表 4-25 所示。

表4-25　不同功利等级消费者在线评论行为差异性分析

量表	题项编码	简称	等级	样本量	平均值	标准差	标准误差	F	p
关注评论	orvc1	负面评论	1	15	5.07	2.344	0.605	27.190	0.000***
			2	364	5.06	1.319	0.069		
			3	1080	5.64	1.298	0.039		
	orvc2	追加评论	1	15	4.60	2.473	0.638	32.689	0.000***
			2	364	4.88	1.336	0.070		
			3	1080	5.53	1.385	0.042		
	orvc3	带图评论	1	15	5.13	2.386	0.616	44.044	0.000***
			2	364	5.19	1.364	0.071		
			3	1080	5.88	1.171	0.036		
	orvc4	内容详细	1	15	4.67	2.380	0.615	54.593	0.000***
			2	364	4.77	1.326	0.070		
			3	1080	5.58	1.285	0.039		
追加评论	orpc1	满意追评	1	15	3.80	2.484	0.641	8.903	0.000***
			2	364	3.99	1.528	0.080		
			3	1080	4.41	1.761	0.054		
	orpc2	不满意追评	1	15	4.80	2.242	0.579	9.094	0.000***
			2	364	4.60	1.510	0.079		
			3	1080	5.03	1.708	0.052		

注：***表示 p<0.01。

消费者的功利等级与在线评论的关注程度呈现同向趋势，功利等级越高，其在追加评论、带图评论、内容详细方面的平均值分数也越高，评论关注度越高。分析其原因，由于商品的在线评论包括商品性能和商品质量等一些实用信息，而功利等级越高的消费者在购物过程越注重观察这些因素，因此也就不难理解为什么功利等级越高的消费者越关注商品的在线评论。进一步观察发现，在除了负面评论和不满意追评的其他维度中，功利等级越高，平均值越高，表明功利等级越高的消费者对这些方面的关注度也越高。观察标准差一列的数据可发现，功利等级为1的消费者，标准差最高，说明功利主义倾向越低的消费者对在线评论的关注越不具有一致性。

对商家而言，若所售商品属于实用性的商品，商家应投入更多的时间和精力以提高商品质量，避免消费者因不好的购物体验而发布负面评论及进行不满意追评，从而减少对潜在顾客购买行为产生的消极影响。同时，商家应采取激励措施促使买家发布追加评论和带图评论；对于发布负面评论的顾客，应及时与其取得联系，积极与顾客沟通，询问是对哪方面不满，找到合适的办法解决。另外，为使功利主义消费者快速获取其较关注的评论内容，商家可以根据商品的特性提供相应的评论模板，使商品评价向潜在消费者传递更多准确和高效的信息。

从表 4-25 中可以看出，在追加评论维度，不同功利等级的消费者无论是在满意追评上还是在不满意追评上均存在显著差异。功利等级为 3 的消费者在两个题项上的得分均最高，表明对发布追加评论行为的关注度最高。分析其原因，功利等级越高的消费者，在网上购物过程中越关注商品的实用性。在遇到购物不满意的情况时，这些消费者也会尽量去维护自己的权益，发布追加评论，若结合投诉行为进一步研究，可以得出更全面的结论。

对于商家而言，一个满意追评对潜在消费者产生的积极影响远大于一个满意评论，一个不满意追评对潜在消费者产生的消极影响也远大于任何一个不满意评论。促使消费者产生追加评论行为相对初次评论行为的难度会因消费价值观不同而有差异。功利等级越高的消费者，越倾向发布满意追评。所以，对于销售实用性商品的商家而言，在关注商品质量的同时，针对功利主义消费者进行适当刺激，能激励其追加评论。

2. 不同享乐等级消费者在线评论行为差异性分析

与功利价值观的检验结果类似，不同享乐等级的消费者同样在关注和追加评论的两个维度上具有显著差异，如表 4-26 所示。

表 4-26　不同享乐等级消费者在线评论行为差异性分析

量表	题项编码	简称	等级	样本量	平均值	标准差	标准误差	F	p
关注评论	orvc1	负面评论	1	352	5.38	1.586	0.085	15.129	0.000***
			2	876	5.42	1.230	0.042		
			3	231	5.93	1.254	0.083		
	orvc2	追加评论	1	352	5.28	1.654	0.088	10.052	0.000***
			2	876	5.29	1.292	0.044		
			3	231	5.74	1.427	0.094		
	orvc3	带图评论	1	352	5.57	1.508	0.080	22.018	0.000***
			2	876	5.62	1.207	0.041		
			3	231	6.20	0.993	0.065		
	orvc4	内容详细	1	352	5.26	1.589	0.085	22.624	0.000***
			2	876	5.27	1.251	0.042		
			3	231	5.91	1.238	0.081		

续表

量表	题项编码	简称	等级	样本量	平均值	标准差	标准误差	F	p
追加评论	orpc1	满意追评	1	352	3.89	1.936	0.103	42.571	0.000***
			2	876	4.24	1.568	0.053		
			3	231	5.18	1.649	0.109		
	orpc2	不满意追评	1	352	4.63	1.932	0.103	15.673	0.000***
			2	876	4.91	1.526	0.052		
			3	231	5.42	1.697	0.112		

注：*** 表示 p<0.01。

由表4-26可以看出，在关注评论的维度上，消费者享乐等级越高，关注评论各题项的得分平均值越高，表明其对评论的关注程度也越高。分析其原因，享乐等级越高的消费者追求的购物体验满意度越高。为保证其购物体验的满意度，这部分消费者在网上购物过程中对在线评论的关注度也就越高，经过对商品评论的仔细浏览后，才能保证所做的购物决策对自己有利。

在追加评论的维度上，消费者享乐等级越高，追加评论各题项的得分平均值越高，消费者越倾向追加评论。这与关注评论维度的结论一致。下面进一步通过结构方程模型分析消费价值观对消费者在线评论行为的影响。

（二）消费价值观对消费者在线评论行为影响的结构方程模型分析

基于正式调查回收的1459份样本，通过结构方程模型分析消费价值观对消费者在线评论行为的影响。

1. 模型概念化

正式验证因子分析的结果，以功利主义（glzy）和享乐主义（xlzy）为自变量，以关注评论（gzpl）和追加评论（zjpl）为因变量。其中，功利主义包含五个题项，分别为实用性（gl1）、易用性（gl2）、商品质量（gl3）、商品功能（gl4）、商品价格（gl5）；享乐主义包含四个题项，分别为一眼喜欢（xl1）、有趣购买（xl2）、情感购买（xl3）、特色购买（xl4）。通过构建模型路径图，验证消费价值观对电子商务消费者在线评论行为的影响。

2. 参数估计和拟合度评价

采用最大似然估计法，对模型进行估计，其结果如图4-4所示。模型的各项拟合指数为 RMSEA=0.071、GFI=0.94、AGFI=0.91>NFI=0.94、NNFI=0.93、CFI=0.95、PGFI=0.67、PNFI=0.76。各项指标结果都达到或超过了指标拟合值的取值标准。因此，可以判断模型的拟合情况良好。

3. 模型解释

如图4-4和表4-27所示，在0.01的显著水平下，功利主义和享乐主义影响关注评论的路径系数分别为0.38和0.16，影响追加评论的路径系数分别为0.23和0.30，说明功利主义和享乐主义价值观对消费者在线评论的关注和追加行为都具有显著正向影响，H12至H15得到支持。

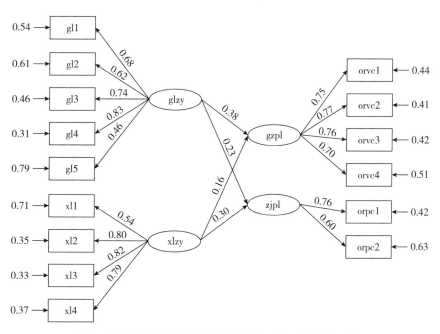

图4-4 消费价值观影响消费者在线评论行为的路径分析

表4-27 消费价值观影响消费者在线评论行为的检验

路径	路径系数	标准误差	t
功利主义→关注评论	0.38	0.03	12.09***
功利主义→追加评论	0.23	0.03	6.73**
享乐主义→关注评论	0.16	0.03	5.55**
享乐主义→追加评论	0.30	0.03	8.65**

注：** 表示 p<0.05，*** 表示 p<0.01。

五、在线评论行为研究结论

本节主要研究了电子商务背景下消费者在线评论的关注和追加行为。通过描述性统计发现，关注评论维度的得分平均值均大于 5，而追加评论维度的得分平均值均小于 5，表明在线评论行为要比追加评论行为更受到消费者的关注。在评论的类型方面，消费者的关注度从高到低，依次为带图评论、负面评论、详细评论、追加评论。在追加评论方面，消费者更倾向在购物不满意时追加评论。

对具有不同人口统计学特征的消费者的在线评论行为进行差异性分析，发现性别、学历、年龄不同的消费者在对在线评论的关注上差异性普遍显著；而职业、收入水平、婚姻状况、家庭类型不同的消费者，无论是在关注评论维度还是追加评论维度差异性普遍不显著。

随后，分析消费价值观对消费者在线评论行为的影响。从差异性分析的角度来看，不同程度的功利主义和享乐主义消费者在关注评论和追加评论方面均存在显著差异。在关注评论方面，功利等级和享乐等级越高的消费者，对除负面评论外的其他评论关注程度越高。对于在线评论的类型，无论是功利主义还是享乐主义消费者，对带图评论的关注度均很高，这一点与描述性统计的结论一致。但是在负面评论和追加评论方面，功利水平和享乐水平高的消费者更关注的是负面评论，这与整体样本的结论存在差异，值得进一步探讨。在追加评论方面，功利水平和享乐水平越高的消费者，越喜欢发布满意追评。无论是功利主义型还是享乐主义型消费者均倾向在购物不满意时追加评论，这与整体样本的描述性统计结论相一致。

因此，不论面对的是功利主义消费者还是享乐主义消费者，商家都需要通过激励手段促使买家发布在线评论及追加评论。与此同时，为使两种不同价值观的消费者能够快速获取其关注的评论内容，商家可以根据商品的特性提供相应的评论模板。功利主义消费者更加注重商品的实用性，所以评论模板主要从实用性角度设置，如保温杯的评价模板可以包含是否漏水、保温时间等。享乐主义消费者更加注重个人体验，所以评论模板主要从产品的用户体验角度设置，如装饰品的评价模板可以包含颜色、形状等。另外，随着人们生活水平的提高，人们在注重商品实用性的同时也会追求个人体验、乐趣和刺激。

通过构建结构方程模型分析，发现功利主义价值观和享乐主义价值观对消费者在线评论的关注和追加行为均具有显著的正向影响，验证了 H4-12 至 H4-15。但通过影响路径系数的比较，也发现不同消费价值观对评论行为的影响略有差异，如功利主义价值观对关注评论的影响要大于对追加评论的影响，而享乐主义价值观则反之，对追加评论的影响大于对关注评论的影响。

综上，随着电子商务发展进入成熟阶段，对商品在线评论，商家应进行精细化管理，结合市场营销的市场细分理论，根据人口统计学特征和消费价值观将消费者细分为不同的目标群体；从消费者关注的评论类型上出发，有针对性地引导消费者发布有价值的评论。基于消费价值观，商家可以从市场营销策略的心理细分角度，如消费者购买动机、追求的利益、品牌忠诚度等角度来维护所售商品的在线评论，实施精准营销策略。

第四节 基于消费者在线投诉的消费价值观与消费者行为

一、研究背景和意义

计算机互联网技术的快速发展和移动支付方式的普及，对人们的购物方式产生了巨大影响，网上购物成为大多数消费者的主要消费方式。与线下实体店购物相比，网上购物具有购物时间灵活、购物地点不受限制等优点。但在享受这些便利的同时，消费者也被许多随之而来的问题所困扰。例如，网上购物只能通过购物平台观察要购买的商品，不能直接判定商品的质量、性能等特征。因此，随着网上购物规模的不断增加，因网上购物产生的投诉行为也在不断增加。

为了减少消费者的投诉行为，需要对消费者的投诉原因、情境和特征等开展进一步的研究。王靖宇等（2018）研究了在线购物中的情境因素对顾客抱怨方式的影响，通过采访调查，整理了七种在线购物情境下的抱怨行为。在现实生活中，消费者对网上购物感到不满时通常会向第三方购物平台投诉。例如，在淘宝平台上，商家与消费者产生不愉快时，淘宝小二会介入处理。

基于性别、学历、年龄、职业、收入水平、婚姻状况及家庭类型七个人口统计学特征分析消费者在线投诉行为发现，男性消费者比女性消费者更倾向因对商品质量不满意和商家未及时退换货而进行在线投诉，但女性消费者比男性消费者在投诉后对商家的期望更高，更注重商家快速响应、态度友好和及时退换货（Chloe et al.，2014）。在学历方面，不同学历的消费者在在线投诉行为上不存在显著差异，差异主要体现在在线投诉期望上。比如，高学历消费者更关注网上购物投诉后商家的表现，特别是快速响应解决问题的态度。在年龄方面，60岁以上的消费者会格外关注商家未及时退换货物的问题，该问题容易促发其投诉行为。此外，低年龄段（18岁以下）的消费者不太注重投诉后商家的服务态度和退换货的及时性。在职业方面，不同职业的消费者在在线投诉期望上呈现出显著差异。其中办事人员在投诉后，更期望商家友好地解决问题，而操作人员和学生相对不太看重投诉后商家的服务态度。

从收入方面，除了无收入和月收入在 0 ~ 2000（含）元的群体，消费者收入水平越高，质量投诉越多。退换货投诉在不同收入水平上表现出差异，月收入大于 4000 元的消费者更注重退换货及时性，而月收入为 2001 ~ 4000（含）元的消费者则不太注重退换货及时性，类似的现象还反映在投诉期望商家的快速响应方面。处于收入水平中间段的消费者，更期望投诉后商家以积极友好的态度来处理问题。对比不同婚姻状况的消费者，已婚消费者更注重投诉后商家响应的快速性、态度的友好性、退换货的及时性。不同家庭组成的消费者同样也在投诉方面表现出差异性，二人家庭的消费者更容易产生再次投诉行为，三口之家的消费者更关注投诉后商家的响应，相对而言，四口及以上人口家庭的消费者则不太看重商家的响应。不同性别的消费者网购商品的类型存在一定的差异。例如，男性更倾向网购电子产品，而女性则更倾向网购生活用品，那么网购发生后，女性会比男性更容易投诉吗？投诉行为发生后，男性期望的商家反应和女性期望的商家反应相同吗？同样地，学历、年龄、职业、收入水平、婚姻状况和家庭类型等人口统计学特征使消费者在投诉行为方面表现出的差异也值得研究。

二、消费价值观与在线投诉行为理论分析与研究假设

（一）消费价值观与在线投诉行为

使用与满足理论从心理学视角解释用户对媒体内容或平台的积极使用和选择，它解释了用户为什么及如何使用媒体来满足他们的需求，这导致了媒体使用的不同模式。消费者基于不同的动机，通过使用购物媒体来满足自身的特定需求或目标。

消费者的投诉行为是一种非常复杂的不满行为，投诉的类型和严重程度由许多因素决定。这些因素可以分为四类：个人因素、服务因素、情境因素和宏观因素。分析和识别投诉行为产生的原因对于提供不同类型的服务很重要。

本节采用问卷调查的方式研究了网上购物投诉的原因，并将常见的投诉原因总结为产品质量问题、物流问题、虚假宣传问题、销售服务问题，虽未涉及投诉形成的认知根源，但将尝试结合消费价值观，进一步探讨投诉背后更深层次的影响因素。

消费价值观中功利主义以目标和价值为导向，更注重行为的有用且必要；享乐主义强调个性化和主观性，以兴趣和乐趣为先，消费者虽然关注点不同，但价值取向的程度差异同样会导致消费者对商品质量和服务要求的差异，进而影响其在投诉行为上的表现。所以，不管强调功利性还是享乐性，功利程度和享乐程度越高的消费者对商品和服务的要求也越高，越可能因为商品或服务问题而产生投诉行为，因此提出以下假设：

H4-16：功利水平越高的消费者越容易投诉。

H4-17：享乐水平越高的消费者越容易投诉。

（二）消费价值观与在线投诉期望

投诉期望即投诉行为发生后，消费者期望商家做出的反应。投诉期望的研究，可以帮助商家在投诉发生后更好地处理投诉事件，提高消费者满意度，改善客户关系，因此在线投诉期望也是电子商务环境下消费者行为研究的重要内容。

目前，人们已经认识到投诉处理的重要性。对消费者投诉的无效处理不仅会增加消费者的不满，还会损害企业的声誉。从服务补救的角度来看，投诉商家也可以被视为加强消费者与商家之间联系的机会。但是现有的文献鲜有关于投诉期望背后影响因素的研究。

一般来说，消费者投诉后的期望大致包括快速响应、态度友好、退换货物和现金补偿等几个方面。快速响应反映了商家对该投诉问题的重视和解决问题的积极态度。态度友好主要是给消费者投诉后感情上的支持，能够在很大程度上减少其对商家的不满。退换货物和现金补偿则是以实际行动解决问题，会大大影响消费者最终对这件事的态度和评价。结合消费价值观，功利程度高的消费者比功利程度低的消费者更注重商家的实际补偿措施，对商家的期望也应更高一些。就享乐程度较高的消费者来说，其更注重个性和特色及情感方面的满足，对商家在快速响应和服务态度方面的期望也会更高。基于上述讨论，提出以下假设：

H4-18：功利水平越高的消费者对商家的期望越高。

H4-19：享乐水平越高的消费者对商家的期望越高。

综上，构建电子商务背景下基于消费价值观的消费者在线投诉的研究模型，如图4-5所示。

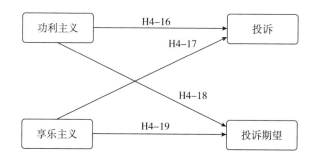

图4-5　消费者在线投诉研究模型

三、在线投诉描述性统计与信效度分析

（一）在线投诉描述性统计

在线投诉问卷数据的描述性统计结果如表4-28所示，在线投诉行为量表质量投诉、未退换货、再次投诉三个题项的得分平均值分别为5.00、5.00、5.17，相应的标准差分别为1.528、1.487、1.442，而在线投诉期望量表快速响应、态度友好、退换货物三个题项的得分平均值分别为5.88、5.98、5.86，对应的标准差分别为1.153、1.113、1.159。在线投诉行为量表的得分平均值低于在线投诉期望量表的得分平均值，但标准差却都高于在线投诉期望量表，表明相对于在线投诉行为，消费者更看重投诉后商家的处理响应，且相较于投诉行为更具有共识。

表4-28 在线投诉描述性统计

题项编码	简称	平均值	标准差	偏度	峰度
core1	质量投诉	5.00	1.528	-0.673	0.065
core2	未退换货	5.00	1.487	-0.573	-0.104
core3	再次投诉	5.17	1.442	-0.555	-0.114
coem1	快速响应	5.88	1.153	-1.174	1.845
coem2	态度友好	5.98	1.113	-1.258	2.060
coem3	退换货物	5.86	1.159	-1.139	1.719

（二）在线投诉量表信度分析

1. 在线投诉行为

在线投诉行为量表的信度分析结果如表4-29所示，克隆巴赫系数为0.722，超过0.7，显示量表信度良好。

表4-29 在线投诉行为量表信度分析

题项编码	简称	删除该项后的克隆巴赫系数	克隆巴赫系数
core1	质量投诉	0.600	0.722
core2	未退换货	0.557	
core3	再次投诉	0.728	

2. 在线投诉期望

同样，在线投诉期望量表的信度分析结果如表4-30所示，克隆巴赫系数值

高达 0.889，远大于 0.7，说明量表信度非常好。

表 4-30　在线投诉期望量表信度分析

题项编码	简称	删除该项后的克隆巴赫系数	克隆巴赫系数
coeml	快速响应	0.853	
coem2	态度友好	0.796	0.889
coem3	退换货物	0.875	

（三）在线投诉量表效度分析

先进行相应的 KMO 检验和 Bartlett 球形检验，通过后再采用因子分析法对在线投诉两个量表的结构效度进行检验。正式调研的在线投诉行为量表和在线投诉期望量表的 KMO 值分别是 0.654、0.726，在线投诉行为量表和在线投诉期望量表的 Bartlett 球形检验结果分别为 929.473、2590.558，在线投诉行为量表和在线投诉期望量表的显著性均为 0.000，检验结果均符合各项要求，适合做因子分析。

在线投诉行为量表的因子分析结果如表 4-31 所示，提取一个共同因子，题项 core1 至 core3 的因子负荷分别为 0.825、0.845、0.732，总方差解释率为 64.356%，大于 60%，说明该量表效度良好。

表 4-31　在线投诉行为量表因子分析

题项编码	简称	因子负荷	总方差解释率
core2	未退换货	0.845	
corel	质量投诉	0.825	64.356%
core3	再次投诉	0.732	

在线投诉期望量表的因子分析结果如表 4-32 所示，提取一个共同因子，题项 coeml 至 coem3 的因子负荷分别为 0.899、0.932、0.884，总方差解释率为 81.917%，达到 80%，表明该量表效度良好。

表 4-32　在线投诉期望量表因子分析

题项编码	简称	因子负荷	总方差解释率
coem2	态度友好	0.932	
coeml	快速响应	0.899	81.917%
coem3	退换货物	0.884	

四、消费价值观对消费者在线投诉的影响分析

本节将重点分析消费价值观对消费者在线投诉的影响，分为两个层次，先比较不同程度消费价值倾向的消费者在在线投诉上的差异性，再进一步结合结构方程模型剖析消费价值观对消费者在线投诉的路径影响，以验证研究假设。

（一）基于消费价值观的消费者在线投诉差异性分析

对于消费价值观不同程度倾向的划分依然沿用前文的方法，将功利水平和享乐水平划分为 1（低）、2（中）、3（高）三个等级，以单因素方差分析法检验具有不同功利等级或享乐等级的消费者在线投诉的差异性。

1. 不同功利等级的消费者在线投诉差异性分析

不同功利等级的消费者在线投诉的差异性分析结果如表 4-33 所示。从在线投诉行为来看，在质量投诉、未退换货和再次投诉三个题项上的得分，均随着功利等级的升高，呈现同向的增长趋势。可见，消费者的功利等级越高，在线投诉行为相关题项的得分平均值越高。这说明功利等级越高，消费者越容易在线投诉。分析其原因，功利等级高的消费者在生活中更加保守，更看重购买物品的质量、功能、实用性等。因此，相比较而言，功利等级越高，消费者越倾向因为产品质量问题投诉、商家未按照承诺及时退换货投诉、投诉问题未妥善解决再次投诉。对商家而言，若所售商品为实用性、易用性等功能型商品，应努力提高商品质量，避免消费者因质量问题投诉。与此同时，商家在与消费者沟通时，应持有积极的态度。如果消费者对交易过程或商品本身存在疑问或不满，商家应该及时与消费者取得联系，并给出合适的解决方案，快速、圆满地解决问题。如果出现再次投诉的情况，商家应进行反思，发现问题所在，尽可能地给消费者提供满意的答复。

表 4-33　不同功利等级的消费者在线投诉差异性分析

题项编码	简称	功利等级	样本量	平均值	标准差	标准误差	F	p
core1	质量投诉	1	15	4.40	2.131	0.550	14.841	0.000***
		2	364	4.65	1.374	0.072		
		3	1080	5.13	1.548	0.047		
core2	未退换货	1	15	4.53	2.386	0.616	11.653	0.000***
		2	364	4.69	1.313	0.069		
		3	1080	5.11	1.512	0.046		

续表

题项编码	简称	功利等级	样本量	平均值	标准差	标准误差	F	p
core3	再次投诉	1	15	4.67	2.410	0.622	24.823	0.000***
		2	364	4.73	1.400	0.073		
		3	1080	5.33	1.408	0.043		
coeml	快速响应	1	15	5.47	2.100	0.542	42.076	0.000***
		2	364	5.42	1.182	0.062		
		3	1080	6.04	1.082	0.033		
coem2	态度友好	1	15	5.60	2.098	0.542	48.701	0.000***
		2	364	5.51	1.156	0.061		
		3	1080	6.14	1.031	0.031		
coem3	退换货物	1	15	5.13	2.386	0.616	48.656	0.000***
		2	364	5.38	1.204	0.063		
		3	1080	6.03	1.067	0.032		

注：***表示 $p<0.01$。

在在线投诉期望快速响应、态度友好、退换货物三个题项上，功利等级为 3 的消费者比功利等级为 1 和 2 的消费者的得分平均值要高，说明功利等级较高的消费者比功利等级较低的消费者更期望在投诉发生后，商家可以快速响应、态度友好、退换货物。比较三个题项的平均值发现，态度友好得分最高，表明功利主义消费者在网上购物投诉行为发生后，更看重商家是否以友好的态度处理问题。因此，对商家而言，若所售商品为实用性、易用性等功能型商品，在网上购物投诉行为发生后，应及时向消费者了解问题所在，和谐友好地处理问题。如果消费者有退换货物的需求，商家应及时为消费者退换货物，满足消费者需求，积极处理问题。

2. 不同享乐等级的消费者在线投诉差异性分析

单因素方差分析的结果如表 4-34 所示，不同享乐等级的消费者在在线投诉两个量表相关题项上均存在显著差异。

表 4-34　不同享乐等级的消费者在线投诉差异性分析

题项编码	简称	享乐等级	样本量	平均值	标准差	标准误差	F	p
corel	质量投诉	1	352	4.81	1.724	0.092	22.417	0.000***
		2	876	4.92	1.419	0.048		
		3	231	5.60	1.468	0.097		

续表

题项编码	简称	享乐等级	样本量	平均值	标准差	标准误差	F	p
core2	未退换货	1	352	4.83	1.644	0.088	19.264	0.000***
		2	876	4.92	1.391	0.047		
		3	231	5.54	1.473	0.097		
core3	再次投诉	1	352	5.06	1.630	0.087	16.386	0.000***
		2	876	5.09	1.334	0.045		
		3	231	5.66	1.438	0.095		
coeml	快速响应	1	352	5.93	1.320	0.070	11.345	0.000***
		2	876	5.78	1.098	0.037		
		3	231	6.17	1.024	0.067		
coem2	态度友好	1	352	6.02	1.281	0.068	12.273	0.000***
		2	876	5.88	1.070	0.036		
		3	231	6.28	0.934	0.061		
coem3	退换货物	1	352	5.87	1.338	0.071	12.314	0.000***
		2	876	5.77	1.098	0.037		
		3	231	6.19	1.022	0.067		

注：***表示 $p < 0.01$。

在在线投诉行为方面，享乐等级越高，相应三个题项的得分平均值越高，消费者越倾向在线投诉。享乐等级高的消费者更注重生活品质，更懂得享受生活，追求身心的满足感。对商家而言，若所售商品为创意型商品，应着重关注商品的外观、设计，给消费者新鲜感。若商家所售商品为具有纪念意义、怀旧情感等特殊含义的商品，也应关注商品的质量问题，满足消费者的情感需求，避免消费者因质量不达标等问题进行投诉。与此同时，商家应及时满足消费者退换货物等要求。

在在线投诉期望的快速响应、态度友好、退换货物三个题项上，享乐等级为3的消费者比享乐主义等级为1和2的消费者的得分平均值要高，说明享乐等级较高的消费者比享乐等级较低的消费者在网上购物投诉行为发生后，对商家的期望更高。对商家而言，若所售商品为创意型商品，在网上购物投诉行为发生后，应耐心询问消费者对所购商品的意见，及时对商品的外观、设计进行改进，满足消费者的需求。在处理问题的过程中，商家应该秉持细心、谦虚的态度，给消费者良好的购物体验。

（二）消费价值观对消费者在线投诉的结构方程模型分析

本节主要采用结构方程模型的路径分析方法对研究模型中涉及的变量之间的假设进行检验。

1. 模型概念化

对享乐主义、功利主义及在线投诉行为、在线投诉期望构建结构方程模型。功利主义包含五个题项，分别为实用性、易用性、商品质量、商品功能、商品价格。享乐主义包含四个题项，分别为一眼喜欢、有趣购买、情感购买、特色购买，题项编码与上一节保持一致。此处构建了消费价值观与投诉行为的结构方程模型，glzy 代表功利主义、xlzy 代表享乐主义、ts 代表在线投诉行为、tsqw 代表在线投诉期望、corel 代表质量投诉、core2 代表未退换货、core3 代表再次投诉、coeml 代表快速响应、coem2 代表态度友好、coem3 代表退换货物。

2. 参数估计和拟合度评价

运用 Lisrel8.7，采用最大似然估计法，对模型进行估计，其结果如图 4-6 所示。模型的各项拟合指数分别为 RMSEA = 0.076 < 0.08，GFI = 0.93，AGFI = 0.90，NFI = 0.93，NNFI = 0.92，CFI = 0.94，PGFI = 0.66，PNFI = 0.75 也达到了 0.5 的阈值，表明模型的拟合情况良好。

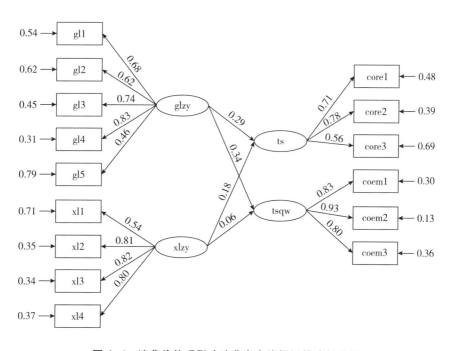

图 4-6 消费价值观影响消费者在线投诉的路径分析

3. 模型解释

消费价值观影响消费者在线投诉行为的路径系数如表4-35所示。可以看出，功利主义和享乐主义影响在线投诉行为的路径系数分别为0.29和0.18，p值显著，说明功利主义和享乐主义价值观对消费者在线投诉行为均有显著正向影响，即功利水平和享乐水平越高的消费者越容易在线投诉，支持H4-16和H4-17。

表4-35　消费价值观对消费者在线投诉影响的检验

路径	路径系数	标准误差	p
功利主义→在线投诉行为	0.29	0.03	8.74**
功利主义→在线投诉期望	0.34	0.03	11.48***
享乐主义→在线投诉行为	0.18	0.03	5.50***
享乐主义→在线投诉期望	0.06	0.03	2.10*

注：*表示p<0.1，**表示p<0.05，***表示p<0.01。

功利主义和享乐主义影响在线投诉期望的路径系数分别为0.34和0.06，显著性水平前者为0.01，后者为0.1，均在一定程度上验证了消费价值观对在线投诉期望的显著正向影响，支持H4-18和H4-19。

五、在线投诉研究结论

本节主要研究了消费者在电子商务背景下的在线投诉行为。对正式调研的数据进行描述性统计，发现在线投诉行为量表相关题项的得分平均值均大于等于5，在线投诉期望量表相关题项的得分平均值均高于前者，但在线投诉行为量表相关题项的标准差均高于在线投诉期望量表相关题项的标准差，表明消费者在在线投诉方面更重视商家对待投诉的态度和结果。

性别、学历、年龄、职业、收入水平、婚姻状况及家庭类型七个人口统计学特征对消费者在线投诉都表现出了不同程度的显著影响。功利主义和享乐主义两种不同的消费价值观使消费者在线投诉行为表现出差异性。功利水平越高，消费者越容易因为商品质量问题投诉、商家未按承诺退换货投诉、投诉问题未妥善解决再次投诉。功利水平较高的消费者，在投诉发生后，希望商家可以快速响应消费者需求，以友好的态度为消费者服务，并根据消费者需求，及时为消费者退换货物。享乐主义价值观也有类似现象，享乐水平越高，消费者越倾向因为商品质量问题投诉、商家未按承诺退换货投诉和投诉问题未妥善解决再次投诉。享乐水平较高的消费者，在投诉发生后，更希望商家可以快速响应、态度友好、及时退换货物。

通过构建结构方程模型进一步验证消费价值观对消费者在线投诉的影响假设。功利主义和享乐主义价值观对在线投诉行为和在线投诉期望都有显著正向影响，对比路径系数，功利主义对在线投诉行为和期望的影响更大。

通过比较具有不同人口统计学特征和消费价值观倾向的消费者在线投诉呈现的差异，以及对比消费价值观的影响，可以帮助商家了解投诉行为产生的动因，区分不同特征消费者的在线投诉行为根源，掌握投诉发生后的期望差异，完善客户服务体系。同时，商家也应明确自己的产品定位、受众群体，努力提高产品质量，以积极的态度为消费者服务，主动与消费者沟通，了解消费者需求，与消费者建立亲密友好的关系，得到消费者对产品和品牌的认可，制定合理的营销策略，尽量避免投诉行为的产生。在应对投诉问题时，及时响应，切实解决问题，以友好的态度进行沟通，从长远来看是商家获得广大消费者认可的法宝。

第五章　电子商务推荐服务与消费者在线商品选择决策

第一节　消费者在线商品选择决策过程模型构建

商品选择决策是消费者在线购物决策过程中最关键的环节，消费者在该阶段需要根据自身的购买目标和购买标准，对备选商品进行对比、分析和评估，以便对商品做出评判和选择，并最终决定是否购买。这一过程是一个复杂的过程，受诸多因素影响，如消费者个体特征、外界因素等。消费者进行在线商品选择决策主要涉及以下几个方面：

一、商品参数认知

电子商务网站的优势之一在于其能够提供商品的详细信息。然而，根据有限理性理论，消费者在认知过程中所能收集处理的信息是有限的，在面对繁多的商品特征和参数时，消费者未必能一一审查，尤其是对于高科技商品，如数码相机，其商品信息涉及性能参数、外观参数、屏幕参数、附件参数等。全面审查信息不具有现实性，消费者更多地会选择对其最为关注的方面进行认知处理。正如王曼等（2019）所指出的，消费者不一定将商品的所有参数视为等同的，他们最关心的是那些最能满足其当前需要的参数。

消费者在选择最重要的商品参数后，会对这些参数进行认知处理，即对这些参数进行理解、对比和分析。袁登华（1997）认为，商品认知价值是目标消费者进行购买决策的重要依据。也就是说，消费者能否对商品价值形成正确的认知直接关系到消费者能否做出正确的购买决策。对于低涉入商品，即消费风险小的商品（如日常用品等），由于消费者体验较多，他们能够有效并较好地对参数进行认知。然而，对于高涉入商品（如电子类的数码相机、笔记本计算机等），由于其参数和功能特征繁杂，且可能涉及专业术语，消费者的认知处理负荷较大；如果消费者自身对该类商品相关知识的掌握不足，那么他们很难对商品进行准确评判，因而很难做出准确的购买决策。

消费者对商品参数和特征的选择性关注与消费者偏好有关（比如有些消费者偏好商品外观，有些消费者则偏好商品性能等），而偏好又受到消费者的人口统计学特征、认知类型、知识背景等多方面因素的影响。消费者对其关注的商品参数和特征的认知处理主要与消费者的知识背景有关，即与消费者对商品相关知识的掌握程度有关。

二、商品评判

消费者在对商品参数和特征认知处理的基础上，形成对商品质量、性能等的基本评判。由于消费者可能并没有完全掌握有关该商品的知识，所以，其可能需要借助其他知识来源完成对商品的进一步评判。

当消费者知识存量不足时，消费者可通过网络搜索、向朋友或者专业人士咨询等方式补充商品相关知识。此外，消费者还可能会收集商品是否受市场欢迎（比如参考销售排行榜）、其他消费者使用评价等方面的辅助决策知识。此外，根据笔者的预调研，消费者还希望电子商务网站提供权威的商品性价比等知识，以辅助他们做出正确的购买决策。

三、确定商品

在商品评判基础上，消费者对商品价值进行认知处理，审查商品是否符合其购买标准，在此基础上筛选并形成可供选择的商品清单，并进一步对候选商品进行对比和分析，根据其偏好选择最匹配的商品。

在上述分析基础上，本章构建了消费者在线商品选择决策过程模型，如图 5-1 所示。

图 5-1 给出了消费者在线商品选择决策的过程机理。消费者主要从商品参数认知、商品评判、商品价值认知等方面对商品是否符合其购买标准做出判断，如果不符合标准，消费者会重新对其他商品进行认知，以便找到符合其购买标准的商品。最终，消费者需要对众多符合其购买标准的商品进行筛选，从而确定要购买的商品。

在上述过程中，商品相关知识对于消费者商品选择决策有着怎样的内在作用机制？消费者的知识水平与认知商品所需要的知识水平之间的差距会对消费者在线商品选择决策产生怎样的影响？知识支持主要发生在消费者商品选择决策过程

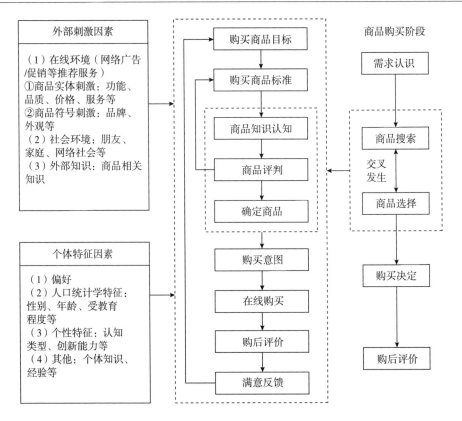

图 5-1 消费者在线商品选择决策的过程机理

的哪些环节，支持机理是什么？消费者在商品信息认知处理以及购买决策中需要哪些不同形式和种类的知识支持，这种知识支持需求与消费者的知识背景、性别、认知需求是否存在关联？后文将进一步展开探讨。

第二节 在线商品选择决策中的知识支持机理分析

图 5-2 给出了消费者在线商品选择决策中知识的支持机理，是对图 5-1 的进一步展开与细化。

下面将对消费者在线商品选择决策中的知识构成、知识来源以及知识支持机理进行深入分析，以为理解电子商务知识推荐服务奠定基础。

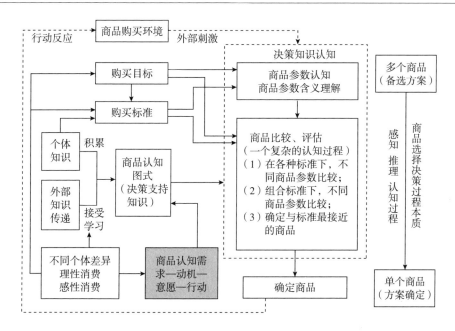

图 5-2 在线商品选择决策中的知识支持内在机制模型构建

一、商品选择决策中的知识构成

知识是人们在改造世界的实践中所获得的认识和经验的总和。消费者在线商品选择决策过程涉及以下两个层面的知识:

（一）商品参数原理及其效用知识

商品参数原理及其效用知识是判别商品性能、质量的技术原理性知识,主要辅助消费者对商品的特征进行认知,并对商品是否满足其购买需求进行评判。

消费者对商品参数及其效用知识的认知不足,势必影响其对商品的准确评判以及对商品的选择决策行为。例如,消费者欲购买一款数码相机,如果他对像素的含义及像素对相机拍照清晰度的影响不了解,那么他将无法判断某款相机的拍照清晰程度,也无法做出正确的相机选择决策。这类知识属于相对固定的科学知识,形成于技术专家的商品研发与设计以及生产过程中。

（二）商品购买知识

消费者进行在线商品选择,除了需要了解商品参数原理及效用知识外,还需要了解与商品相关的购买知识,包括商品关键性参数、商品性价比等组合知识。这类知识大多体现为专家知识,包括经验知识。

商品关键性参数是指判断商品质量、性能与价值的主要参数,涉及商品通用关键性参数以及某一价位下的关键性参数等。消费者依据此知识可了解在购买某一价位下的商品时，需要重点关注哪些参数，从而提高商品评判与选择的效率和准确性。如果消费者具备商品关键性参数知识，那么他们会在搜索商品、建立候选商品清单、进行商品对比甄别时针对商品局部特征进行认知处理，这种认知处理更具目的导向性、省力性、快捷性和准确性。相反，如果消费者不具备商品关键性参数知识，那么他们会对商品参数信息进行盲目的认知处理。例如，消费者欲购买一款数码相机，如果他不了解哪些是判断数码相机性能、质量、价值的关键性参数，那么他可能会花大量的时间浏览一些并不重要的参数信息，进而产生选择和购买的困惑。

商品性价比是商品性能与价格之间的比例关系。相关知识可辅助消费者权衡商品性能与价格，从而在预先计划的价格范围内选择性能最优的商品。当消费者不具备商品参数知识而又因为主客观原因不能进行深入的信息搜索和学习时，他们尤其渴望电子商务网站能够给出商品性价比等综合知识，如果这类知识具有充分的权威性、可靠性和可信性，消费者可直接基于这类知识快速做出商品选择决策，进而大大减轻认知负担。

二、商品选择决策中的知识来源

消费者在线商品选择决策中的知识主要来自两个方面：一是消费者记忆中的知识；二是从外部环境中获得的知识。

（一）个体知识

消费者在商品选择决策过程中，往往首先会搜寻其记忆里储存的经验或者知识，这部分知识称为个体知识，主要是消费者在平时的工作、生活和学习中获得的累积性知识。比如，消费者可能曾经或正在从事与商品有关的工作，或者正在学习与商品有关的知识，从而具备商品相关知识；消费者可能对某商品比较感兴趣，在生活中会经常关注该商品，从而具备商品相关知识；消费者可能有使用商品的经历，从而具备商品相关知识。

（二）外部知识

当个体知识不足以辅助消费者对商品参数进行认知时，消费者可能会借助其他途径来获取有关商品的知识，以便对商品做出选择决策，比如消费者可能会通过向了解商品的朋友咨询获取商品相关知识；消费者在实体店购物时，可能会直接咨询营销人员以获取商品相关知识；消费者可能会通过查找书籍或者在线搜索获取商品相关知识。

三、商品选择决策中的知识支持机理分析

消费者在线商品选择决策过程本质上是从多个备选商品中确定一个商品的过程，是对商品进行感知、推理和认知的过程，需要依据商品相关知识、自身的购物目标和标准对商品进行比较和认知，是一个在知识支持下从决策的不确定性到决策确定性的过程。

（一）商品认知、比较评估过程中的每一个环节都需要商品相关知识的支持

消费者一旦产生购物的潜在需求，就会产生与购物有关的各种问题，进而产生对各种相关知识的需求。消费者不仅在搜索商品的过程中需要搜索知识，最关键的是在搜索到商品之后，需要依赖其记忆中存储的知识或从外部环境中获得的知识对商品进行认知和比较，以便对商品做出选择决策，这对于消费者的购物决策效率以及能否购买到满意的商品至关重要。

由图 5-2 可知，消费者在商品选择决策过程中，对商品的认知和比较主要基于其购物目标和标准进行。首先，消费者在产生决策需求和动机后，便会明确购物目标，即购物需求。以购买数码相机为例，假设某消费者需购买一款适用于娱乐拍摄、清晰度较好、价格适中的卡片机。基于该购物目标，消费者会进一步依据相关因素形成购物标准，比如依据收入水平确定价位标准；依据偏好确定品牌、外观标准；依据商品相关知识确定技术性能标准，如对清晰度的要求，对拍远近、动体、夜景等的功能要求等。其次，消费者会基于制定的购物目标和标准，对商品进行认知和比较，这个过程需要商品相关知识支持，主要涉及以下两个环节：

第一，消费者需要对商品参数及其效用进行认知和理解，如果消费者对商品相关知识掌握不充分，这个认知和理解过程就无法有效完成，对商品的对比分析和评判选择也无法有效完成。目前，对于复杂的高科技商品，大多数消费者并不具备充分的商品相关知识，他们大多难以认知和理解商品参数，商品选择决策普遍存在困难。

第二，消费者会依据自己的购物目标和标准对各款商品参数进行比较评估，以筛选符合自身需求及偏好的商品。这一过程需要消费者在理解商品参数的基础上对商品各方面信息进行综合加工和分析，比如在预期价位标准下选择最佳的性能及质量；在预期质量标准下选择最能接受的价位；在自身偏好标准下选择最佳的性能、质量和最能接受的价位等。由于个体的信息加工能力是有限的，当消费者需要进行多重复杂选择决策时，他们便需要外部知识的辅助。这一活动过程的认知负荷最大、知识依赖性最强。

（二）商品认知、比较评估过程可看成是认知心理学中的信息加工过程

信息加工理论认为个体是一个信息加工系统，认知就是一个从信息输入、编码、加工、储存、提取到使用的信息加工过程。

消费活动是一种特定的信息加工过程，其中消费者会对来自外部的商品信息，包括厂家、品牌、外观以及技术性能与功能参数等进行认知和理解，这是消费者唤起记忆中存储的知识图式，并将其与外部刺激联结起来的过程。以数码相机像素参数为例，如果消费者记忆中存储着与像素相关的知识图式，那么他们会更容易地将所浏览相机的像素参数值，与记忆中关于像素参数值与拍摄清晰度之间关系（如像素参数值高意味着相机清晰度高）的知识图式联系起来。在此基础上，消费者按照购物目标与标准对商品进行进一步比较、分析、推理、评估。比如，如果消费者的购物目标是一款可用于一般娱乐拍摄、价格适中的相机，那么适中的清晰度指标值即可满足其要求，由此，消费者可推断 1000 万左右的像素参数水平即可满足其购买需求。

当消费者缺乏商品相关知识时，便需要借助外部知识，也就是说，消费者需要将上述决策认知活动的一部分甚至大部分转移给他人，即让了解商品的专家、朋友、客户服务人员、电子商务推荐系统等替代他们完成部分决策认知活动。外部知识源根据消费者的购买目标和标准，告知消费者参数选择策略。由此，消费者可在自身有限的知识条件下，根据自身偏好从有限的备选方案中做出最后的商品选择。

综上所述，商品相关知识对于消费者的商品选择决策至关重要，电子商务推荐服务本质上就是充当消费者知识转移的外部源，并辅助消费者完成其理性能力之外的决策认知活动。

第三节 消费者对在线知识推荐接受的可能需求与意愿分析

一、消费者接受与学习商品相关知识的意愿分析

由"需求—动机—行为"理论可知，个体行为产生的基本过程可以简化成"需求—动机—态度—意图—行为"的驱动模式，行为由动机引发，而动机则由需求引发。

购物决策行为同样受到决策动机与决策需求等前置因素的牵引，如图 5-2 中

的阴影部分。购物决策存在着诸多内在不确定性。以购买数码相机为例，这些不确定性可能体现于选择哪些参数指标来判断相机的清晰度水平，如何对参数指标值进行分析，专业拍摄与非专业拍摄在清晰度参数指标要求上有哪些差异，价格适中的相机清晰度水平有多高、成像效果如何，等等。正是这一系列的不确定性导致了商品选择决策的不确定性，进而导致商品选择的决策需求。也就是说，消费者解决上述不确定性问题的方案尚处于缺乏状态，他们需要调动记忆中储存的知识对商品进行认知、思考和决策（反映为图 5-2 中个体知识对商品认知图式的影响）。

然而，有决策需求并不意味着有决策动机。事实上，要解决上述不确定性问题，消费者需要承担较大的认知负荷，因为这些问题涉及较多与商品相关的专业知识，比如商品参数原理，相机质量、性能与参数、价格的关系等。当消费者对这些知识的掌握不充分时，他们需要付出一定的认知成本去学习。依据"最小努力原则"理论，行为个体为达到既定的目标，总是倾向于采取那些路径最短、能量消耗最少的方法。因此，消费者不一定会直接启动决策动机，更可能的是选择迂回解决路径，比如当购买商品的愿望并不强烈时，消费者可能会因决策动机不足而放弃决策；当购买愿望很强烈时，消费者可能会通过求助他人来完成决策，包括借助他人的知识进行认知后决策，或直接依赖他人给出的经过加工的知识（如针对前文的购买决策问题，他人给出的满足非专业拍摄要求、清晰度较好、价格适中的卡片机的选择建议）。上述分析体现于图 5-2 中外部知识对商品认知图式的影响。

由以上分析可知，消费者最终决策动机的唤起，或是因为消费者具备充分的商品相关知识，或是因为消费者愿意借助外部知识源对商品进行认知，抑或是因为外部知识的介入与内化方便。外部介入知识的加工级别越高（如可信度高的、价位明确的指定商品的购买建议），消费者决策动机的唤起可能性越大，因为消费者在后续选择决策中无须付出太大的认知成本。

综上，消费者最终是否会产生接受与学习商品相关知识的意愿，主要取决于消费者的知识背景或者外部知识的加工程度，后者与知识推荐服务的构建有着密切关系；取决于消费者的认知需求水平，即消费者喜欢思考、愿意付出认知努力的程度；也可能取决于消费者的性别，因为性别也会影响消费者的认知活动模式。

二、认知需求对消费者接受与学习商品相关知识意愿的影响分析

由于接受与学习来自外部的商品相关知识是一个复杂的、需要付出学习成本的认知过程，因此，并不是每个消费者都有其意愿，根据认知需求理论，本节假设认知需求水平高的消费者更愿意接受与学习商品相关知识。

认知需求是个体参与和享受思考的倾向，认知需求高的消费者偏向于采用基于逻辑和努力程度较高的信息加工模式，在自身知识不足时，他们更愿意主动收集外部知识，并对这些知识进行学习。认知需求低的消费者倾向于采用基于感性和努力程度低的信息加工模式，较之于认知需求高的消费者，他们在接受和学习商品相关知识时愿意付出的认知努力程度更小。

通过在线调研，我们意外地发现绝大多数消费者都比较喜欢琢磨商品参数等知识。也就是说，在线购物中大多消费者并不认为对商品参数的学习认知是不可接受的，这可能与消费者内在希望做出准确的购物决策以及购买涉及货币支付成本有关。

相关研究为本书提供了非常重要的信息：①在线知识推荐得到大部分被调查者的欢迎，这说明消费者需要知识推荐；②相对于通过向专家、朋友求助，或者访问其他专业网站的途径获取商品相关知识，消费者认为在线知识推荐更方便；③消费者拒绝接受在线知识推荐的主要原因是对网站推荐内容不信任。因此，如何保证所推荐知识的权威性和可靠性，是电子商务网站推荐服务需要考虑的重要问题。

综上，相对于认知需求高的消费者，认知需求低的消费者更偏好于商品直接推荐服务；反之，相对于认知需求低的消费者，认知需求高的消费者更愿意接受和学习商品相关知识。

三、性别对消费者接受与学习商品相关知识意愿的影响分析

熊素红和景奉杰（2009）指出在冲动性购买过程中，消费者迅速决策，决策期间不会细致、深入地审查所有商品相关信息和其他可能的选择。也就是说，冲动型消费者可能不会对商品参数进行仔细对比和分析，不愿意对商品相关知识进行学习和认知。已有研究表明，女性消费者相对于男性消费者更偏好于冲动性购买。基于此，本节假设相对于女性消费者，男性消费者更愿意接受和学习商品相关知识。

男性消费者对于"给出商品的全部参数解释""给出商品的通用关键性参数及其效用解释""给出某价位上的商品关键性参数以及性价比等分析数据"的知识推荐需求高于女性，而女性消费者对"所关注价位上性价比比较高的相关商品列表推荐"的接受意愿显著高于男性。也就是说，男性消费者更愿意对外部辅助知识进行认知和学习，女性消费者则愿意接受直接的商品推荐建议。这为电子商务网站知识推荐服务按性别实施差异化策略提供了证据。

第四节　基于参数理解的消费者商品选择决策行为偏好分析

——以数码相机为例

有关个性化、商品偏好决策的研究大多基于消费者在线行为对消费者需求、兴趣和偏好进行建模，进而形成消费者特征描述，在此基础上预测消费者意图并提供差异化和自适应推荐服务。

偏好作为一种主观态度，影响着人们的决策和行为。决策研究中的偏好是指决策者在面对几个选项时选择其中某一选项的倾向，其是决策者在需求或者兴趣的驱动以及内在心理因素和外界环境因素影响下所呈现的一种行为倾向表达。从心理学角度理解，这里的需求指的是个体"由生理上或心理上的缺失或不足所引起的一种内部的紧张状态，是机体自身或外部生活条件的要求在人脑中的反映"；而兴趣则指个体力求认识某种事物和从事某项活动的意识倾向。基于需求、兴趣和偏好，可对个体的行为意图进行预测。

这里使用"偏好"来刻画消费者在线商品选择决策行为背后的倾向性，且重点描述消费者对电子商务网站知识推荐服务所推荐知识的行为倾向性，即对商品参数的偏好。

一、消费者决策行为偏好分析方法

（一）基于行为统计指标的偏好分析方法

赵银春等（2005）将用户的浏览行为，如保存、编辑、查询、标记书签等直接或者间接转化成两种主要行为：浏览时间以及翻页、拉动滚动条次数。孙铁利和杨凤芹（2003）认为用户在页面浏览过程中对不同命令的选择体现了用户对页面文档感兴趣的程度，他们将用户操作分成三个大类，即审查类型（拖动滚动条、阅读时间）、保留类型（保存 Web 文档、加入书签、打印 Web 文档）、参考类型（跟随超链接），并为每一种操作赋权，进而计算用户对网页感兴趣的程度，建立用户兴趣模型。张玉连和王权（2007）通过对用户访问过的页面进行模糊聚类分析获取用户的兴趣类别，通过分析用户访问页面的动作获取用户感兴趣的程度。他们把用户动作表现归结为浏览页面时间和拖动页面次数两大类，通过线性回归模型，计算用户对页面文档感兴趣的程度。

（二）基于关联规则挖掘偏好分析方法

关联规则反映一个事物与其他事物之间的相互依存性和关联性。如果两个或者多个事物之间存在一定的关联关系，那么其中一个事物就能够通过其他事物预测到。关联规则挖掘（Association Rule Mining）是数据挖掘中较活跃的研究方法之一，最早由 Agrawal 等人提出，旨在分析购物篮问题，发现交易数据库中不同商品之间的联系规则，这些规则刻画了商品销售过程中顾客的购买行为模式，进而通过这些模式指导商家科学地进货、规划库存及货架等。Agrawal 和 Srikant（1994）定义了关联规则的形式化描述：

假设 $I=\{i_1, i_2, \cdots, i_n\}$ 为所有项的集合，即数据库中所有字段集合；D 为所有事务集合，即数据库中记录集合；每个事务 T 是一些项目的集合，即 $T=\{t_1, t_2, \cdots, t_n\}$，$t_i \subset I$，相当于交易中的商品列表。若 X、Y 是数据项集，若 X 中含有的项数目为 K，则称 X 为 K 的数据项集。

二、消费者决策行为偏好分析方案设计

我们主要从参数类型偏好和参数认知路径偏好两个方面对消费者决策行为偏好进行分析。

（一）参数类型偏好分析方案设计

参数类型偏好分析主要基于"参数类型偏好值"指标进行，指标设计的基本思路如下：①对数码相机参数的类型进行分析和归类；②基于被试在审查单个相机时的参数浏览顺序对各参数进行赋权；③基于参数权重计算偏好值；④计算被试对各参数类型的综合偏好值。具体设计如下：

这里需要对相机全部参数进行分析和归纳。常虹（2006）认为商品的使用价值通过功能实现，而商品功能主要包括实用功能和审美功能，其中实用功能指帮助使用者达到特定目的而具有的特性，审美功能则主要包括外观造型、商品色彩、材料、装饰、表面肌理等。黄华（2009）针对便携式电子商品，将商品功能要素扩展为功能要素、形式要素、色彩要素、材料要素、人机交互等方面。严璇将数码相机设计要素概括为外观、品牌、易操作性、性能参数、电池性能、功能和成像质量等方面。杨汝全（2007）基于美国心理学家 Norman 提出的设计三层次将数码相机参数特征分为三个层次：造型意象、功能组合、商品象征。

相关权威网站也总结了数码相机的参数类型，如表5-1所示。

表 5-1　权威网站对数码相机参数类型的总结

数码相机参数类型	参考网站
基本参数、屏幕参数、镜头参数、曝光控制、性能参数、闪光灯参数、存储及连接参数、附件及电源参数、外观参数	亚马逊中国（www.amazon.cn）
核心功能参数、镜头参数、曝光控制参数、闪光灯参数、视频参数、屏幕参数、外观参数、存储参数、附件参数	京东商城（www.jd.com）
主要性能、镜头特点、显示功能、快门性能、闪光灯、曝光控制、拍摄特性、存储性能、电池性能、外观设计、相机附件	中关村在线（www.zol.com.cn）
基本参数、镜头参数、屏幕参数、曝光控制参数、性能参数、闪光灯参数、存储及连接参数、电源参数、外观参数	太平洋科技（www.pconline.com.cn）

基于以上分析，我们将数码相机的参数分为性能参数、功能参数和魅力参数三类，如表 5-2 所示。

表 5-2　数码相机参数类型

参数类型		具体参数
性能参数	主要性能	传感器类型、传感器尺寸、有效像素、光学变焦、数码变焦、最高分辨率
	电池性能	电池类型
	镜头特点	镜头类型、焦距、微距、对焦方式、光圈范围
	闪光灯参数	机身闪光灯、闪光模式
	曝光控制	曝光模式、自平衡模式、感光度
功能参数	拍摄功能	防抖功能、短片拍摄、自拍、连拍、场景模式
	显示功能	液晶屏尺寸、液晶屏像素、触摸屏
	存储功能	机身内存、存储介质
魅力参数		颜色、尺寸、重量

（二）消费者参数类型偏好理论假设

这里我们提出消费者参数类型偏好的理论假设：

H5-1：认知需求高的消费者偏好于性能等较难理解的参数，认知需求低的消费者偏好于外观等较易理解的参数。

H5-2：男性消费者偏好于性能等较难理解的参数，女性消费者偏好于外观等较易理解的参数。

H5-3：知识背景丰富的消费者偏好于性能等较难理解的参数，知识背景匮乏的消费者偏好于外观等较易理解的参数。

（三）消费者参数类型偏好分析结果

1. 被试整体偏好于功能及魅力类参数

表5-3给出了所有被试在不同类型参数上的平均偏好值。

表5-3　被试整体参数类型偏好值　　　　　单位:%

参数类型		参数类型偏好值		参数类型		参数类型偏好值	
		细项参数偏好值	平均值			细项参数偏好值	平均值
性能参数	主要性能	7.95	6.98	功能参数	拍摄功能	7.29	7.41
	电池性能	7.27			显示功能	7.83	
	镜头特点	7.02			存储功能	7.11	
	闪光灯参数	6.02		魅力参数		7.23	7.23
	曝光控制	6.66					

由表5-3可以看出，整体上，被试首先关注功能参数，其次是魅力参数，最后是性能参数。原因可能是，对于数码相机这种知识含量相对较高的高科技电子类商品，被试对功能参数及魅力参数的认知负荷相对较小，这类参数所表达的知识更接近于被试的经验认知，被试更容易理解和判断；相比之下，性能参数更多地涉及相机内部组件，专业程度更高，被试理解时认知负荷较大。

从另一个角度理解，这里分析的参数类型偏好，也体现为被试在知识不完整状态下的一种认知偏见。对于知识推荐服务来说，那些被消费者所忽略的参数（尤其是性能参数），因为未受到消费者充分关注，应该重点推荐。

2. 不同认知需求水平的被试的参数类型偏好不存在显著差异

表5-4给出了不同认知需求水平的被试的参数类型偏好值。表5-5给出了各个参数类型上不同认知需求水平被试的偏好差异显著性的独立样本t检验结果。

表5-4　不同认知需求水平被试的参数类型偏好值　　　　　单位:%

参数类型		认知需求高		认知需求低	
		细项参数偏好值	平均值	细项参数偏好值	平均值
性能参数	主要性能	8.01	6.95	7.88	7.03
	电池性能	7.12		7.44	
	镜头特点	6.84		7.27	
	闪光灯参数	5.98		6.06	
	曝光控制	6.79		6.52	

续表

参数类型		认知需求高		认知需求低	
		细项参数偏好值	平均值	细项参数偏好值	平均值
功能参数	拍摄功能	7.38		7.19	
	显示功能	8.00	7.38	7.63	7.41
	存储功能	6.77		7.41	
魅力参数		7.19	7.19	7.24	7.24

表 5-5　不同认知需求水平被试的参数类型偏好差异显著性检验

参数类型	p 值	显著性结果
性能参数	0.379	不显著
功能参数	0.911	不显著
魅力参数	0.358	不显著

由统计结果可知，不同认知需求水平的被试在参数类型偏好方面不存在显著性差异，拒绝 H5-1。原因可能是不同认知需求水平的被试普遍对参数知识理解不足，即使认知需求高的消费者倾向于采用基于逻辑和努力的加工模式，但自身知识达不到理解复杂参数的要求，因此他们仍然从事简单的认知活动，这也导致消费者在参数类型偏好上并无显著性差异。

3. 不同性别的被试在魅力参数偏好上有显著差异

表 5-6 给出了不同性别被试的参数类型偏好值。表 5-7 给出了各个参数类型上不同性别被试的偏好差异显著性的独立样本 t 检验结果。

表 5-6　不同性别被试的参数类型偏好值　　单位:%

参数类型		男性		女性	
		细项参数偏好值	平均值	细项参数偏好值	平均值
性能参数	主要性能	8.44		7.46	
	电池性能	7.58		6.97	
	镜头特点	7.23	7.29	6.89	6.70
	闪光灯参数	6.17		5.86	
	曝光控制	7.03		6.30	

参数类型		男性		女性	
		细项参数偏好值	平均值	细项参数偏好值	平均值
功能参数	拍摄功能	7.34		7.23	
	显示功能	8.36	7.90	7.30	6.91
	存储功能	7.99		6.21	
魅力参数		7.43	7.43	7.05	7.05

由表 5-6 可知，男性被试依次偏好功能参数、魅力参数、性能参数；女性被试依次偏好魅力参数、功能参数、性能参数。这与 Messick（1968）的研究结果基本一致。

尽管男性和女性被试在魅力参数偏好上存在显著差异（见表 5-7），但对于性能及功能参数的偏好，这两类被试并无显著差异。其原因可能是，对于购买高参与度商品，不同性别的消费者在审查反映商品品质与价值的参数时会体现出一致的深度和积极性。

表 5-7　不同性别被试的参数类型偏好差异显著性检验

参数类型	p 值	显著性结果
性能参数	0.531	不显著
功能参数	0.285	不显著
魅力参数	0.05[**]	显著

注：** 表示 $p < 0.05$。

由此可见，不同性别的被试在魅力参数偏好上有显著差异，女性消费者相对于男性消费者更偏好于商品的样式、外观等，接受 H5-2。

4. 不同知识背景的被试在功能参数偏好上存在显著差异

对于知识背景，我们主要从被试"有无购买"和"有无经常使用"数码相机两个方面进行差异分析。

（1）有无购买过相机的被试的参数类型偏好基本无差异。表 5-8 给出了有无购买过相机的被试的参数类型偏好值。表 5-9 给出了各个参数类型上有无购买过相机的被试的偏好差异显著性的独立样本 t 检验结果。

由表 5-8 可知，购买过相机的被试依次偏好功能参数、性能参数、魅力参数；未购买过相机的被试依次偏好魅力参数、功能参数、性能参数。其原因可能是未购买过相机的被试（可理解为新手）因为缺乏对商品参数的基本先验知识，倾向于使用启发式评估策略，而魅力参数作为外显参数，更容易引起他们的关注。表5-9表明，两类被试在参数类型偏好上并无显著差异。

表5-8　有无购买过相机的被试的参数类型偏好值　　　　单位:%

参数类型		购买过		没有购买过	
		细项参数偏好值	平均值	细项参数偏好值	平均值
性能参数	主要性能	8.47	7.26	7.48	6.74
	电池性能	7.53		7.04	
	镜头特点	7.46		6.68	
	闪光灯参数	6.06		5.96	
	曝光控制	6.80		6.53	
功能参数	拍摄功能	7.59	7.66	7.01	7.17
	显示功能	8.15		7.52	
	存储功能	7.25		6.99	
魅力参数		7.21	7.21	7.25	7.25

表5-9　有无购买过相机的被试的参数类型偏好差异显著性检验

参数类型	p 值	显著性结果
性能参数	0.442	不显著
功能参数	0.708	不显著
魅力参数	0.825	不显著

（2）有无经常使用相机的被试在功能参数偏好上有显著差异。表5-10给出了有无经常使用相机的被试的参数类型偏好值。表5-11给出了各个参数类型上有无经常使用相机的被试的偏好差异显著性的独立样本t检验结果。

由表5-10可知，经常使用相机的被试对性能、功能和魅力参数体现出基本一致的偏好程度；不经常使用相机的被试则依次偏好功能参数、魅力参数、性能参数。其原因可能是，经常使用相机的被试对各方面参数均有一定的先验认知，在进行商品选择决策时也会更多地考虑相机的多个方面；相比之下，不经常使用相机的被试因为缺乏足够的先验知识，会有所选择地关注部分参数。表5-11表明，两类被试在功能参数的偏好上存在显著差异，不经常使用相机的被试显示出更大的偏好性和选择性。

表 5-10　有无经常使用相机的被试的参数类型偏好值　　　　单位:%

参数类型		经常使用		不经常使用	
		细项参数偏好值	平均值	细项参数偏好值	平均值
性能参数	主要性能	8.24	7.02	7.92	7.09
	电池性能	7.13		7.46	
	镜头特点	7.02		7.16	
	闪光灯参数	6.21		6.04	
	曝光控制	6.48		6.86	
功能参数	拍摄功能	7.22	7.00	7.46	7.80
	显示功能	7.19		8.23	
	存储功能	6.28		7.61	
魅力参数		7.07	7.07	7.37	7.37

表 5-11　有无经常使用相机的被试的参数类型偏好差异显著性检验

参数类型	p 值	显著性结果
性能参数	0.669	不显著
功能参数	0.08*	显著
魅力参数	0.465	不显著

注：* 表示 p<0.1。

综上，有无使用商品经历的被试在功能参数偏好上存在显著差异，有无购买商品经历的被试在参数类型偏好上不存在显著差异，部分接受 H5-3。

第六章　社交电子商务环境下消费者行为

第一节　社交电子商务中消费者行为分析

一、对微信中消费者的行为分析

（一）微信朋友圈中消费者行为分析

目前，以社交平台为主的电子商务的典型代表就是利用微信这一社交平台进行产品销售和推广，其主要形式就是微商以及微信公众号。腾讯推出微信的最初目的就是提供一种熟人社交工具，利用微信可以和朋友互动，增进朋友之间的感情。腾讯推出的微店以社交平台为入口发展微商。微商从成立发展到现在，虽然很多方面不断完善，但同样存在着许多问题。

微信本是一项熟人社交工具，大部分好友都是家人、朋友、同学，关系比较亲密，属于强关系。但是，近几年微信和微商快速发展，朋友列表中不再只有熟人，还有很多是只有一面之缘的人甚至是陌生人。通过微商购物，没有中间平台的存在，无论是发货、付款都存在着安全隐患。即便是消除这些影响，也有一部分人表示不会在微信小店里购买产品。

（二）公众号中消费者行为分析

随着用户对微信公众平台的认可度越来越高，越来越多的企业和媒体建立了微信公众号。通过公众号，用户可以获取资讯和知识。笔者对公众号相关问题的调查结果显示，约有60%的网络用户关注过企业的公众号，其中对于企业推送的各种广告信息，经常浏览的人约占关注企业公众号的用户总体的87.35%。

二、对微博中消费者的行为分析

注重社交网络的电子商务网站包括门户网站及垂直媒体、SNS 社区和微博。这里主要对微博这一社交平台中的消费者行为进行调查分析。对于企业而言，微博营销已经成为现代企业营销的一个重要组成部分。微博上的每一个用户或者粉丝都会成为企业的营销对象，企业可以通过微博向用户和粉丝传播企业产品及品牌信息，进行品牌的建立和推广，树立良好的企业形象。

微博用户群具有对新鲜事物最敏感和在互联网上购买力最强的特征。但是，调查显示，企业通过微博平台进行营销，若购买比率较低，就会认为消费者的购买意愿并不是特别明显。微博是娱乐性质的社交工具，在微博平台上，微博用户群关注的对象多是朋友同学，然后是明星、同事，也有 1/3 的人关注了兴趣相投的时尚达人，只有极少数的人会关注企业的官方微博，在调查的 340 个对象中，仅仅有 24 个人关注了某些企业的官方微博，占到总数的 7.06%。

三、基于消费者行为分析的社交电子商务发展对策

（一）提高消费者对社交电子商务的认识度

1. 加大宣传力度以提高网站知名度

社交购物网站发展比较缓慢的主要原因是网站的宣传力度不够，知名度不高。企业应该通过多种途径宣传自己的网站，如可以通过网络广告来宣传网站，或者通过和知名网站合作增加网站的点击量，以提高网站知名度。

2. 学会创新以提高竞争优势

社交电子商务网站的本质都是通过社交化的手段对网站中商家的产品进行销售。但是，以"蘑菇街"为首的社交电子商务网站并没有充分利用"社交"这一优势，而是逐步向综合性网站迈进。所以，网站需要采取各种方式充分发挥社交的优势。除此之外，消费者对于网站上的时尚达人的信任度并不高，而且还有很多时尚达人的时尚信息存在着虚假成分，这导致了消费者信任度的降低。社交电子商务网站作为第三方平台，可以拥有自己专业的时尚达人团队。先对产品进行筛选，拒绝质量差的产品，然后对网站消费者进行市场细分，真正了解其需求，再由自己专业的时尚团队推荐能够满足其需求的产品。这样，既能够更好地为消费者提供服务，又可以增加商品销量，达到三方共赢的局面。

（二）采取措施保证消费者的交易安全

发展社交电子商务，必须要消除消费者的顾虑，这就需要社会各方面的努力。

1. 国家完善法律法规

首先，立法是根本，只有拥有一套健全的应对现阶段电子商务发展新势态的法律体系，才能使电子商务的应用更加规范，电子商务的发展才能蒸蒸日上。近年来，我国电子商务快速发展，关于电子商务立法的呼声也越来越高。2018 年 8 月 31 日，中华人民共和国第十三届全国人大常委会第五次会议表决通过《中华人民共和国电子商务法》，共 7 章 89 条，2019 年 1 月 1 日起施行。这一立法的颁布实施，不仅使电子商务行业的发展有法可依，明确了国家要促进和鼓励电子商务发展的基调，也使电子商务与实体经济公平竞争的关系在法律层面得到了明确，促进了线上线下的公平竞争，同时对当前社会关注的电子商务发展过程中存在的一些问题，包括知识产权保护、消费者权益保护，以及线上线下公平竞争等，在法律层面给出了明确的答案。本着保障权益、规范行为、维护秩序、促进发展的立法宗旨，《中华人民共和国电子商务法》主要解决了两个方面的问题：一是商务行为模式变化（传统手段向电子化手段发展）带来的问题，如确定电子商务经营者的法律地位、电子发票效力等，账户交易信息不对称引发的消费者保护问题等；二是对在信息技术发展基础上出现的一种新型市场主体——电子商务平台的规范。在基本的法律体系形成后，应根据社交网站特有的性质与要求补充相应条款，使在社交网站上买卖双方可以公平、透明地交易，从而保护买卖双方的利益。

2. 第三方平台负担起监管义务

微信、微博、小红书等第三方社交平台应该担负起监管的责任，为交易双方提供安全交易保障，保障用户的利益不受损。社交网站是虚拟的，没有实体店面作保证，所以购物的风险很大。同时，社交网站具有开放性，交易监管有一定的难度。虽然这个平台十分开阔并充满商机，但同时也是危险的，社交网站的监管至关重要，只有加强对交易活动的监管，才能为大家提供一个安全放心的购物环境。所以，建议社交网站对交易双方都进行监管，保证交易公平、公正，保护交易双方的权益。

3. 引入第三方交易平台

可以参考淘宝的运营模式，引入第三方交易平台以保证消费者交易支付的安全。现阶段网络购物的交易情况比较复杂，尤其是微商，多是交易双方直接转账，并没有对对方的身份进行认定，这样的交易方式存在很大的弊端，给监管工作带来了很大的困扰，如果有第三方交易平台的介入，交易支付则会相对安全一些。经过对现有的第三方交易平台的研究发现，第三方的监管模式社交平台也同样适用，交易双方通过第三方交易平台联系起来，第三方交易平台监管整个交易活动。买方将货款打入第三方交易平台，第三方交易平台通知卖方发货，款项则由第三方暂时保管，等到买方确认收货后再由第三方交易平台将货款转入卖方账户，这样可以有效确保资金的安全，保护交易双方的权益。

4. 商家提高自我监管意识

商家也应不断提高自我监管意识，不出售虚假产品，加强行业自律。每一个商家都要有自己的行业标准，既包括产品质量标准，又包括一些服务标准，企业应该遵循标准进行产品的销售，给消费者提供安全的消费环境。

5. 相关部门加大监管力度

工商、消费者协会等相关部门也应该加大监管力度，有了法律的保障后，执法也是必不可少的，执法的力度也同样是交易顺利进行的保障。相关组织机构应与社交网站相配合，只有内部外部结合起来才能产生最佳的效果，可以通过对账号进行登记、对遭到举报和投诉的账号进行查封并联合公安部门依法处置、对进行网上交易的用户进行商品登记与排查等，争取做到执法必严，给用户提供一个安全放心的交易环境。

（三）个人微商科学营销

1. 避免朋友圈微商乱象，防止暴力刷屏

个人发展微商，最主要的是要提高顾客的信任度。微信朋友圈中大部分都是熟人朋友，虽然信任度比较高，但暴力刷屏，也会给好友带来不便，甚至让其反感。所以，微商宣传产品时要有一定的方式和技巧。首先，要在合适的时间发布信息，每天发布一条或者两条信息，避免过多的信息被微信好友或者潜在消费者屏蔽。其次，可以在自己的微信朋友圈转发一些能够引起共鸣的文章，比如幽默的小故事、传播专业知识的文章或者感人至深的文章，以吸引更多的用户关注。有了较高的关注度，才能更好地进行产品的宣传和销售。

2. 突出产品的个性化，满足消费者个性化需求

年青一代是互联网环境下新媒介的主要使用者，而且购买能力、接受度普遍高于普通的网民。他们喜欢探索和接受新事物，崇尚个性，思维活跃，所以微商在产品宣传和销售过程中要突出个性化，这样才能引起他们的兴趣，受到他们的关注，从而增加销量。

3. 加大售前售后服务力度，提高消费者对产品和个人店铺的信任度

通过调查发现，大部分人不在微信上购买产品是由于对微商不信任和相关服务缺失，所以发展微商提高顾客的信任度是关键。在销售产品时，应对产品的来源进行说明，让消费者对产品的品质有深入的了解。同时加大产品的售前售后服务力度。在产品销售之前对产品的使用方法、注意事项进行说明，售后及时对不合格产品进行退换货。只有这样，才能提高顾客的信任度。此外，良好的服务态度对店铺的宣传也起到决定性的作用。

（四）企业充分利用平台提高用户满意度

首先，企业应该建立微信公共账号，增强买卖双方互动。消费者对信息的需求具有多样化特征，商家可以在公众号里发布一些产品的新动态，新动态会给顾客带来不一样的体验，同样也可以刺激消费。同时，可以在公众号里与顾客互动，获得产品的一些反馈，增加顾客的好感。除此之外，商家还可以利用公众号进行售后服务，使顾客享受周到的服务，从而引发顾客再次购买的欲望。

其次，企业要完善业务功能，提高服务意识。现在基本每一个企业都会通过自己的公众号进行产品的宣传，树立企业形象，但并不是每一个企业都是成功的。调查发现，关注企业公众号的网民对公众号的业务功能有一定的要求，但是多数企业都不能满足消费者的要求。所以，企业需要充分了解消费者的需求，根据需求完善公众号的功能，比如提供微信预约功能，以更好地服务消费者，吸引更多消费者的关注。

（五）企业改变营销策略提高用户满意度

1. 细分消费群体

目前，90%以上的网民在使用微信，对于企业来说，每一个微信用户都是潜在的消费者。每个人的生活环境、社会地位不同，对产品的需求也存在差异，所以企业需要通过市场细分进行更加精准的定位。首先，企业需要对自身产品有一个准确的定位，分析产品的优势、劣势，然后根据产品的定位找到合适的营销手段。其次，对客户群进行细分，针对目标客户制定针对性的营销方案。最后，提供完善的售后服务，获得商品的反馈信息，这也是吸引用户继续购买的一种方式。

2. 利用社交媒体与消费者进行互动

利用社交媒体提升用户服务，增加互动，从而取得粉丝的支持和信任。对于企业而言，单纯利用社交媒体进行产品信息的宣传和企业形象的宣传是远远不够的，更需要企业将社交媒体作为一个为消费者提供服务的平台。消费者可以通过社交媒体方便、快捷地联系企业、反映情况、发表意见。对于企业而言，就需要通过社交媒体增加与消费者或者粉丝的互动，提升用户服务，从而取得粉丝的支持和信任。首先，企业必须对消费者的反馈、意见及时作答，做好追踪服务，以获取第一手反馈信息，从而不断改进自己，提高用户满意度。其次，可以充分利用社交媒体所提供的诸如转发的功能，鼓励用户将企业的营销信息向外推荐，进行产品或品牌的推广。最后，要增加对潜在消费者的服务。对于已经对品牌或产品产生倾向的潜在消费者，应主动消除其对产品的疑问与犹豫，加强对产品特性的介绍与推荐。对于尚未对品牌或产品产生倾向的潜在消费者，应主动挖掘其需求并通过满足这种需求来提高其对自己产品的信任度与好感。

3. 掌握营销的技巧，有效植入广告

虽然现在的社交媒体平台如微博、微信等的进入门槛都很低，而且操作简单，但企业如果想利用社交媒体进行营销，并取得良好的营销效果，应灵活运用营销技巧。企业在发布营销信息时，应尽可能把广告信息融入有价值的内容中，在吸引消费者关注的同时提高转发率，达到想要的营销效果。发布的信息内容不应有明显宣传性质，否则会引起粉丝的反感，使营销取得反效果。

另外，企业利用社交媒体营销时要善于利用热点话题，推出原创性的宣传内容，引起粉丝的关注和转发、评论。企业可以从三个层次考虑，即"我听见你的声音"（倾听）、"我在听你说"（持久的关注）、"我明白你说的"（互动及解决问题的方案），从而逐步实现营销目标。

4. 结合 O2O 发展，提高用户体验

社交化电子商务发展面临的最大问题是用户的信任度不高，采用 O2O 发展模式，将线上社区与线下社区相结合，是发展社交电商的一个趋势。O2O 是一种新兴的商业模式，与传统的电子商务相比，无论是从消费者角度出发，还是从商家、电商平台角度出发，都存在明显的优势。而社交化电子商务同 O2O 相结合，既有社区化的优势，也有线下电商的优势。以"美丽说"为代表的社区化电子商务是将具有相同兴趣的人或者消费者聚集在一起形成一个个社区，一个社区内所有消费者的消费行为都具有一定的重合性，产品需求具有一定的类似性。如果其与 O2O 模式相结合，在线上展示商品和服务实现支付，而在线下实现消费体验，则不仅能使消费者进行多方位对比，增强其可选择性，而且能降低消费成本，对商家来说可以增加销量，达到预期的营销效果。

大型企业在利用微博、QQ、小红书、抖音等社交网络进行营销的时候，可以定期组织粉丝或者消费者参加同城的线下免费活动以体验产品，或者将产品邮寄到消费者家中让其体验，然后体验者回到线上将体验结果上传到社交媒体，这样不仅能提高消费者的满意度和体验度，还能通过线上社交媒体起到宣传的作用。其实，O2O 的核心是区域化，既包括服务的区域化、产品属性的区域化，也包括价格的区域化。将社会化电子商务和 O2O 模式相结合，可以使社会化电子商务区域化、同城化，因为同一地区的消费者消费观念、文化和产品需求的相似性更强。社交电子商务同城化、区域化，能使消费者更好地进行线下体验，使销售活动顺利进行。

第二节　基于微信的社交电商发展及消费者行为分析

一、微信及微信营销

微信是腾讯公司于 2011 年 1 月 21 日推出的一款即时通信软件，其通过智能手机端向用户提供文字与图片分享，照片、视频共享，位置共享，分组聊天和语音、视频对讲，广播（一对多）消息，信息交流联系，互联网购物、理财，游戏等服务，并有基于位置的社交插件"摇一摇""漂流瓶"和共享流媒体内容的 Feed。微信通过手机网络或者互联网传输信息，支持多种语言，以及各种手机数据网络，免费使用。

微信推出后，借助腾讯的企业平台，迅速在手机用户中扎根成长，受到了广大用户的喜爱，注册数量飙升，2013 年 1 月突破 3 亿，2014 年底突破 6 亿。其优秀的功能、众多的用户数量让许多企业看到这个移动平台广阔的市场，纷纷利用这个平台推广自己的品牌、产品。那么到底什么是微信营销？

关于微信营销，目前学术界尚无明确统一的概念。胡学斌（2014）将微信营销定义为企业为了宣传企业形象或产品，积极通过微信及其平台同消费者之间互动交流及传播企业和产品信息。刘永忠（2014）则认为微信营销是企业对于营销方式的一种创新和尝试，是顺应移动互联网时代，伴随微信而生的一种产物。个人消费者、企业均可以注册微信账号，注册后通过微信自带搜索功能或者添加功能便可以与其他微信用户形成朋友关系，在这种关系中，消费者可以通过订阅号关注自己感兴趣的信息，企业也会通过微信为其关注用户提供一些他们感兴趣的信息或者企业觉得对他们有用的信息，这样企业与消费者之间便形成点对点的强关系，通过这种关系企业便可推广自己的产品或服务。王惊雷（2016）指出微信营销简单来说就是一种营销模式，主要通过微信来宣传自己的产品或服务，进行营销活动。微信跨越了时间、距离的限制，让随时随地的营销成为可能。

总之，用一句话概括微信营销就是基于微信平台，企业向其关注用户推广企业品牌以及产品的一种现代营销模式。本章所研究的微信营销主要指的是企业通过微信公众号向其关注用户推送企业品牌、产品信息或者其他营销信息。

二、微信营销的方式

微信营销伴随着微信快速发展，现在已经在我们的日常生活中随处可见。企业一般采取哪种方式进行微信营销？一般而言，行业不同，企业进行微信营销的方式也不相同，即使是同一行业的不同公司，所用的营销方式也不尽相同。2012年，《互联网周刊》刊登的《解析微信营销的五种模式》对微信营销的方式进行了总结，指出企业常用的微信营销方式有以下有五种：

（一）草根广告式——查看附近的人

2011年8月，微信添加了一项新的陌生人交友功能——"查看附近的人"，通过这个功能用户打开手机GPS便可以查看到附近使用微信的人。腾讯产品具有一个特色功能——签名栏。用户可以随时随地在签名栏更新自己的状态。作为腾讯旗下的明星产品，微信自然也具备这一功能。用户利用"查看附近的人"这一功能搜索到附近使用微信的用户，不仅会显示用户的名称，还会显示用户的签名栏内容。企业可以充分利用微信的这一特点，将个性签名当作广告信息的免费广告牌，使他人搜索到企业时看到宣传广告。

（二）品牌活动式——漂流瓶

漂流瓶本是移植在QQ邮箱上的一款社交应用。由于其在计算机上广受好评，所以后来也被移植到微信上。移植后的漂流瓶应用基本没有任何变化，仍然具有两个简单的功能，即"扔一个"和"捡一个"。用户将自己想说的话用文字或者语音的形式放入漂流瓶中，随后便可把漂流瓶"扔"向大海。除了"扔"之外，用户还可以"捡"，捡到其他人的漂流瓶便可以读取瓶内的信息，并由此展开会话。漂流瓶有很多种类，其中一种只能由同城的人捡取。如果商家要在某地进行营销活动，可以与微信官方进行联系，官方通过后台对漂流瓶的参数进行修改，使某段时间抛出的漂流瓶数量大增，用户捞到营销瓶子的频率也会增加。

（三）O2O折扣式——二维码扫描

扫描二维码这个功能参考了外国一款社交工具"LINE"扫描识别其他用户的二维码身份从而添加好友的功能。发展至今，由于其简单易操作，被应用于商业上。微信也紧跟潮流，运用此项功能进行一些线上线下的商业活动。用户用手机自带摄像头扫描商家二维码，微信便会查找到该二维码所对应的商家，关注该商家后，用户便可以获得该商家的优惠折扣或者小礼品。商家获得用户关注后，会通过微信向用户发送信息，达到宣传的目的。

（四）社交分享式——开放平台+朋友圈

2012年4月，微信推出4.0版本，该版本增加两项新功能：开放平台和朋友圈。微信用户不仅可以通过开放平台使用第三方软件，还可以在朋友圈将自己喜欢的内容分享给好友。由于微信中的好友大多是"强关系"，朋友的推荐更值得信任，因此营销内容在朋友圈的传播速度更快，效果更好。

（五）互动营销式——微信公众平台

微信公众平台，曾命名为"官号平台"和"媒体平台"，作为微信一个功能模块，其可以群发语音、文字、图片、网页链接、视频等多种信息。企业和个人都可以申请公众号。用户关注企业公众号后，企业通过后台管理系统可以对用户进行分类，进行精确的信息推送。公众号可以申请认证，认证后的公众号可以获得一个自定义菜单，用户可以根据自定义菜单查询相关信息。

如果说朋友圈这一社交分享功能的开发，使微信成为移动互联网环境下口碑传播的一条重要渠道，那么微信公众平台的推出，更提升了其成为重要营销渠道的可能。企业通过发布微信公众号名称或者二维码，可获得感兴趣用户的关注，然后可以通过平台后台管理系统对用户进行分组和地域控制。经过这种一对一的关注和分组后，企业便可以通过微信公众号向用户精准地推送信息，包括产品信息、新闻资讯、最新活动消息等，甚至还可以进行客户服务，其成为一个称职的"客户关系管理"系统。个人若对企业分享的信息感兴趣，可能会通过朋友圈对信息进行分享，这种方式很容易实现品牌的"病毒式"传播。

通过这种互动式的营销，更易实现企业与顾客"双赢"的局面，本节的研究也是基于这种营销方式进行的，下面对微信公众平台进行进一步阐述。

三、微信营销的优势

与通信工具相比，微信有自己的特点。首先，借助 QQ，微信迅速积累了大量的用户，并拥有众多活跃的用户。其次，微信适用于各种终端和系统，而且支持多种语言。再次，微信添加用户方式简单，更新速度快。通过微信号、手机号、二维码、摇一摇等多种方式都可以添加用户，十分方便简单。依靠腾讯超强的团队，微信更新速度较快，功能逐渐丰富，不断给用户带来新鲜体验。最后，也是其最鲜明的一个特点，由于其与用户间是"一对一"的关系，因此信息推送十分准确，而且通过不断优化，信息消耗流量很少。正是这种精确的推送方式，让越来越多的企业选择微信这种工具进行营销。那么，微信营销到底具有哪些优势？

郭秋霜（2014）对微信营销的优点进行了总结，指出微信营销具有查找快、更精确、麻烦少，成本低、效率高等优势。龙珏玙也认为微信营销方便快捷，亲和度高，互动性强，消息推送准确。

张艳（2013）从传播学视角对微信营销进行了系统分析，指出微信营销在一些更加细分的市场或产品区域内，对某些特定群体进行密集的信息传播，会达到高效的营销效果，这种即时营销不仅可以缩短顾客适应产品的时间，还可以为企业节省推广时间和费用。

贺骏（2017）将微信和微博进行对比，指出微信用户所发的信息将直接影响到他的朋友，微博用户所发的信息将影响到他的粉丝。微博像是公开网络，信息可以被任何人看到；微信像是私人网络，信息仅供用户在好友间分享。两者最大的区别是，粉丝是一种弱关系，朋友是一种强关系，微博追求的是"关注"，微信追求的是"关系"。在微博粉丝中，僵尸粉和无关粉丝很多，其能被企业利用的微乎其微，而企业微信用户却一定是真实的、有价值的。

牛勇等（2013）在研究图书的微博和微信营销时指出，在微博发布信息时，信息发送者不清楚受众是谁，一般会向很多用户发送，受众间的交流基本通过话题进行，这种多对多的方式效率很低。微信信息发送者却可以在后台对关注用户进行分类，从而分类别有目的地推送信息。因此相比微博，微信投放的信息往往更准确、更有效率、更有针对性。此外，微博由于没有针对性，更像广播，发送信息有可能扰民，有可能没有什么用处。而微信通过对话形式推送消息，更像是一个强大的客户关系管理工具。由于用户之间的对话是私密性的，不会被公之于众，所以对话的亲密度更高，用户体验也好一些。

四、购买决策与微信营销

虽然微信只是一款手机通信软件，但是它能给企业提供一个自由营销的大舞台。

随着对微信和微信营销探索的深入，微信营销的优势渐渐体现出来，并带来巨大的潜在价值。了解微信未来的发展趋势，策划出有效的微信营销方案，搭建好微信营销平台，做好营销内容，在取得销售利润的同时也能获得消费者的认可和反响，从而形成一个良性循环，这是众多企业希望得到的结果。通过对微信营销的潜在制约因子的分析和可能影响消费者购买决策的因子的挖掘，最核心的目标是促进消费者消费，提高人民生活水平。

企业建立自己的微信号或公众号，主动向其关注用户推送企业信息、商品信息、服务信息等内容，或者向关注用户答疑解惑，这种方式在一定程度上节约了营销成本，发布消息的有效性和精确性提高了很多。企业如何做才能有针对性地节省成本，尽可能扩大营销影响，使利益最大化，这是企业最关心的问题。据此，我们建立了消费者购买决策与微信营销之间的关系模型，如图6-1所示，并提出了以下假设：

H6-1：企业通过企业微信号、公众号经营的成熟度越高，消费者对其商品购买欲越强。

H6-2：企业微信号、公众号的内容越好，消费者对其商品购买欲越强。

H6-3：企业微信号、公众号的活动营销越成功，消费者对其商品购买欲越强。

H6-4：企业通过企业微信号、公众号与粉丝互动超强，消费者对其商品购买欲越强。

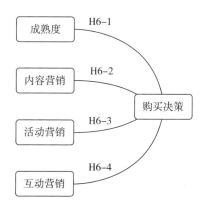

图 6-1 消费者购买决策与微信营销之间的关系

五、基于微信的社交电商发展对策

（一）对于个人

1. 保留证据保护自我权益

大部分微商都是通过朋友圈进行推销的，由于朋友圈都是熟人，所以很多消费者放松了警惕，但其实很多微商只是整个微商体系中一个末端环节而已，他们对于自身销售的商品并不十分了解甚至根本没有使用过，一些微商还总是将低价、代购等作为其销售的幌子，所以消费者在购买过程中一定要擦亮眼睛，保留交易过程中的文字、图片、声音等证据，防止出现纠纷时因为没有证据而让自己的权益受到伤害。

2. 合理营销切勿"刷屏"

通过调查发现，微信用户对于朋友圈刷屏推销产品非常反感，甚至一些用户将商家直接屏蔽。所以，对于朋友圈商家来说，一定不要再像以前一样每天在朋友圈发布多条产品介绍，而应该通过对商品的内容进行梳理与整理，由以数量取胜变成以质量取胜，并且通过微信的"谁可以看"等功能将你的好友和你的目标消费者进行分组，在一定程度上避免因为过度营销影响朋友之间的友谊并损失一些优质消费者。同时，也可以采用故事性软文等方法将商品的各类信息植入进去以吸引用户购买。

（二）对于企业与商家

研究建立信用体系规范，曝光违法行为。对于企业来说，可以形成微信信用体系联盟，联盟统一张贴质量防伪标识，遵循相同的产品质量、统一的安全体系认证，这不仅降低了消费者购买商品时的抵触心理，同时也为消费者提供保护，让消费者买得放心。对于消费者来说，可以是个人微信 ID 实名认证，纳入全国征信系统，为其从事微信微商中出现的问题进行个人跟踪、过程跟踪、商品跟踪。如果是因为商家个人原因造成的问题，则可以追究其法律责任或通过降低其信用等级等方法来解决，以此来监督其交易活动。

（三）对于微信

1. 出台运营商实名认证条例

腾讯公司对于相关公众号（包括订阅号和服务号）应该严格审核其资质，对于冒名顶替销售其他商品的公众号定期进行抽检，防止订阅号通过接入第三方后台将假冒伪劣产品销售给消费者，如通过在服务下方功能键加入链接的方式，接入一些虚假的第三方钓鱼违法网站平台，由于微信没有相关的监控，则有可能给消费者造成经济损失。微信应该对这类公众号进行监控，对于虚假网站、违法公众号进行严肃处理，从根本上保证用户的利益，降低损失。

2. 完善技术，加强监管

腾讯公司应对微信应用负起监管责任，各部门相关联动，加强监管，建立朋友圈、微信号筛查系统，对于敏感文字、图片、链接进行监控，对于刷屏行为进行警告，甚至冻结账号，发现严重违法行为应移交司法机关进行处理。

3. 开发微商反馈功能

鉴于微信电商发展速度快、规模大，腾讯公司可以开发微信电商反馈功能，在微信相关区域内添加功能按钮，建立官方公众号、服务号，处理广大用户的反馈意见。对于用户反馈的问题进行监控调查，通过微信号定期或者不定期推送防骗知识，以及问题品牌和个人信息。建立微信社交电商黑名单和白名单制度，对于微信社交电商中的优质品牌进行大力宣传，对于假冒伪劣产品进行通报批评，这样不仅有利于建立良好的微信环境，更有利于整个微信电商生态体系的良性健康发展。

4. 提高接口应用营销频率

微信官方接口电商转化率太低，在微信的曝光频率并不高，微信通过一系列营销手段引导用户，告知其在微信钱包端的电商接口，并通过优惠券等功能，加深对于端口的认识，增强其使用频率。

（四）对于政府

1. 定期抽检

相关部门应定期抽检微商售卖的产品，对出现问题的产品进行社会通报，对相关商家进行多部门、跨地区联动检查，彻底消除微商销售假冒伪劣商品的行为，对于相关人员应予以处罚，还给广大群众一个干净健康的微信营销环境。

2. 完善法律法规

建立健全法律法规，明确规定微信社交电商中销售假货的处理办法、证据保存、罚则，以及连带责任等内容，使处理微信电商市场售假行为做到有法可依、有据可循。市场监管部门在监管微信营销及相关案件的调查取证等方面要认真做好工作，要求利用微信从事电商经营活动的经营者对其销售的商品和赠品的质量负责，因质量问题造成人身伤害及其他损失的，应当承担相应的法律责任。

3. 设立黑白名单

建议建立黑白名单制度，对于一些经常被消费者投诉的品牌或者三无商品，要将其列入黑名单中，向全社会进行公告。这样不仅能保护广大消费者的合法权益，还能对微商起到警示作用，防止他们继续经营假冒伪劣商品。同时，对于一些用户反映较好的商品应将其列入白名单向社会公布，以示鼓励。

第三节　朋友圈社交互动对消费者购买行为的影响

由于社交媒体能够聚集庞大而活跃的用户群，因此在社交媒体中加入商务元素可以为发展电子商务提供庞大的客户源。例如，美国的 Facebook 允许电商网站利用广告插件将商品信息发布到 Facebook 平台上，通过 Facebook 平台建立的人际关系网络来推动商品销售，将用户的兴趣转化为购买行为。我国的社交商务化平台如微信、QQ 等也发展得如火如荼，这些平台上通常是熟人或兴趣相投的朋友进行互动和交流。强关系的社交互动在商务活动中起到了重要作用。一方面是商家通过微信朋友圈、QQ 群等社交渠道积极地推广他们的产品或服务，另一方面学者们亦对社交活动对商务行为的影响产生了兴趣。众多学者强调了社交互动对消费者购买意愿的重要影响，有研究从强弱关系理论出发，认为用户间关系强度是影响消费者产生购买意愿的直接因素，也有实证研究发现同伴推荐促进了消费者购买行为。然而也有数据显示，微信用户对朋友推荐的商品的购买率低，而且会将频繁推荐商品的朋友拉黑，这与前人的多数研究结论并不一致。为了对这一现象给出合理解释，本节将对社交商务平台下的强关系社交互动与消费者购买行为之间的关系进行系统研究，将社交互动内容作为自变量，购买意愿作为因变量。

在对消费者网络购物行为的众多研究中，消费者个体差异被认为是一个重要因素。已有研究分别从生理层面、认知层面和行为层面解释了消费者网购行为的性别差异。在生理层面，Berenbaum（1962）认为男性的雄性激素导致他们比女性更具有侵略性；Meyers（2006）从认知层面指出男性更倾向于信息选择，而女性更倾向于收集更全面的信息；在行为层面，Eagly 和 Wood（2013）认为性别产生的不同现象源于社会化的过程，如男性有目的地收集信息且更加独立，而女性在获取信息的过程中更需要情感的支持。有学者从社会角色理论视角来解释行为的性别差异，男性更加独立且决策果断，而女性更在乎别人的看法；也有学者基于成就动机理论来解释行为的性别差异，他们认为男性交流是为了获得信息以达到特定的目的，而女性的交流更多是基于渴望被关注的需求，即基于关系的维系和情感的交流，寻求被他人喜欢和接纳。

在社交商务平台中，消费者的沟通对象发生了变化，不仅包括卖家，也包括了有购买经验的熟人朋友或兴趣相投的网络朋友，这些人在强关系社交商务平台上相互关注、分享信息，形成了以个人为中心的一种社会关系，如微信朋友圈、QQ 群和豆瓣圈子。用户可以在朋友圈中发布信息、分享经验。以微信朋友圈为例，人们可以在朋友圈看到朋友分享的商品信息、朋友点赞或评论情况、朋友的生活和喜好、朋友参与的话题。本节研究中强关系社交互动的内容包括朋友的评论及朋友的点赞和推荐转发行为，其中朋友点赞和推荐转发属于观察学习范畴。这些行为更多的是表达自己的观点，或获得他人的认同，因此强关系朋友圈中的社会影响更符合社会影响三种转变个体态度机制中的"认同和内化机制"。

一、社交互动与认同机制

评论质量和来源可信度是在线评论的两个重要属性，这两个属性是基于信息处理的双重过程理论提出的。在本节中，评论来源为朋友圈中强关系的朋友，因此本节中的在线评论为朋友评论，仅考查其评论质量这一属性。评论质量为消费者对朋友评论信息质量的感知。已有研究认为它会帮助消费者评估产品质量，与商家广告相比人们更愿意看到朋友的评论信息。高质量的评论信息更有可能是有用的，更容易被信息接收者采纳。Wang 等（2014）发现有用的文本可能刺激消费者的想象力，使其产生愉悦的幻想，进而购买或使用产品。基于以上认知，提出如下假设：

H6-5a：朋友评论会积极影响消费者的感知有用性。

朋友推荐被认为是影响消费者购买意愿的重要因素，本节定义朋友推荐是指消费者对发表评论或发布商品的朋友的专业度和可信度的感知。基于以上认知，提出如下假设：

H6-6a：朋友推荐会积极影响消费者的感知有用性。

朋友点赞在本文是指消费者在朋友圈中观察到朋友的点赞行为。Bonabeau（1999）发现当人们面对有限信息时更加倾向于模仿其他人的行为。已有研究也表明在信息不完全情景下人们会通过他人的购买行为来推断产品质量，Chen 等（2014）也在对社交商务的研究中将其他人的"点赞"行为归属于观察学习行为，并指出非朋友的"点赞"对冲动购买没有影响，而朋友的"点赞"对冲动购买意愿有着积极影响。朋友的点赞和转发行为显示了朋友对该产品的关注和感兴趣，观察到朋友转发某商品信息，或多个朋友点赞和转发某商品信息必然会使消费者认为该信息是可信的和有用的。基于此，提出如下假设：

H6-7a：朋友点赞会积极影响消费者的感知有用性。

二、社交互动与内化机制

社交平台上人人都是自媒体，通过在强关系社交商务平台中发布和分享信息与其他朋友互动会使用户增强对与其他成员的亲密感和相似度的感知，且这种亲密感和相似度会与日俱增，这种相似度和亲密感就是一种内化机制。大量营销领域和信息管理领域的学者研究了社会交互的重要意义。社会心理学理论认为人际交互的重要原则是信息交互会更频繁地发生在那些具有相似性或同质性的人之间，人与人之间的相互吸引形成友谊更容易发生在具有相似性的人之间。朋友评论、朋友经常推荐商品、朋友点赞或转发信息等行为驱动了社会影响的内化机制，他人的价值观或品位内化为自己的兴趣感知，本节中感知相似性指感知到朋友圈中成员与自己有相似的兴趣、爱好和品位。

基于以上认知，本节认为准确、完整的朋友评论信息体现了评论者的偏好和兴趣；朋友推荐内容也能够反映推荐者的价值观和品位；同样，由朋友经常点赞和转发的信息或产品的类型能够推断出该朋友是否是与自己偏好相似的人。因此，提出如下假设：

H6-5b：朋友评论会积极影响消费者的感知相似性。

H6-6b：朋友推荐会积极影响消费者的感知相似性。

H6-7b：朋友点赞会积极影响消费者的感知相似性。

三、认同与内化的中介作用

系统创新思维理论认为认同和内化过程分别对个体的行为态度产生积极影响。具体到强关系的朋友圈情景中：一方面，在认同机制的作用下，消费者会接受朋友提供的信息，进而对购买产生积极的认知，即感知有用性；另一方面，在内化机制的作用下，消费者感知到与自己兴趣相似的朋友，并且发自内心地愿意接受该朋友推荐的商品，进而对购买产生积极的态度，即感知相似性。根据 Hoton 和 Wohl（1956）的观点，在社会影响内化机制的影响下，消费者可能会更加信赖他的朋友，并且他们的行为更有可能被其朋友影响。Parboteeah（2008）等证明了属于认知层面的对购物网站的感知有用性与购买意愿显著正相关。张珍珍等（2013）证明了社交交互的感知有用性显著影响购买意愿。基于此，提出如下假设：

H6-8：感知有用性会积极影响消费者的购买意愿。

H6-9：感知相似性会积极影响消费者的购买意愿。

解释水平理论认为人们对事物的表征方式取决于其与事物心理距离的远近。心理距离包括了时间距离、社会距离、空间距离和概率距离。本节中的心理距离用社会距离来解释更为恰当。对于社会距离近的事物人们倾向于进行低水平解释，即较少地关注事物本质的、主要的、与目标相关的特征；而对社会距离远的事物人们倾向于进行高水平解释，即更多地关注事物本质的、主要的、与目标相关的特征。与消费者解释水平相匹配的信息更容易对其态度和决策产生影响。社交互动认同和内化的过程本质上也是消费者对自身与强关系社交商务平台上其他人的社会距离的判断过程。因此，朋友圈社交互动的认同和内化是维系社交行为与商务活动最为关键的因素，也在两者之间起到了中介桥梁作用。另外，Hagel 和 Armstrong（1995）认为虚拟社区的人们具有相似的兴趣和经验，并指出感知相似性可以减少消费者心中的不确定性，即内化机制有助于认同机制的发生。基于以上认知，提出如下假设：

H6-10：感知有用性在社交行为与购买意愿的关系中起到中介作用。

H6-11：感知相似性在社交行为与购买意愿的关系中起到中介作用。

H6-12：感知相似性会积极影响感知有用性。

四、性别的调节作用

消费者个体特征的差异会导致他们对相同事物的认知大相径庭。性别差异是消费个体差异的主要表现之一，不同性别的消费者在消费心理和行为上具有迥异的特征。社会学理论认为，男性和女性在与他人进行交流时有着不同的社会目的。女性交流更趋于情感性的交流，她们分享自己的经验，希望得到别人的赞扬和朋友的认同，更多的是情感需求的社会表现。而男性的交流则更倾向于一种信息的交换，以获得产品的有用信息。由于两种性别的消费者在交流动机和购物态度上存在差异，男性在交流时只在意自己了解的信息的可靠性，而女性除了关注信息本身外，更注重在交流过程中发现与自己品位相同的朋友，获得更好的购物体验，因此男性和女性的社交互动行为对感知有用性和感知相似性的影响存在显著差异。基于以上认知，在强关系社交商务情景下社交互动通过认同与内化影响消费者购买意愿的过程中，男性消费者与女性消费者表现出差异性。男性消费者在涉及购买行为的社交互动中仅仅会发生认同机制，即男性消费者的感知有用性在社交行为与购买意愿间起到了中介作用；而女性消费者在涉及购买行为的社交互动中不仅会认同他人的信息，还会产生个人偏好感知，即女性消费者的感知有用性和感知相似性均在社交互动和购买意愿间发挥了中介作用。因此，提出如下假设：

H6-13a：男性消费者的感知有用性在社交互动与购买意愿之间发挥着中介作用。

H6-13b：女性消费者的感知相似性和感知有用性在社交互动和购买意愿间均起到了中介作用。

H6-14：性别对感知有用性与感知相似性存在调节作用，女性消费者的感知相似性对感知有用性比男性消费者具有更强的影响。

在不考虑性别因素的情况下，朋友评论、朋友推荐和朋友点赞对感知有用性和感知相似性有显著的正向影响，即强关系社交互动会影响人们的认同和内化机制，社交互动行为的认同和内化机制又会积极影响人们的购买意愿。同时感知相似性与感知有用性之间存在正相关关系，即社交互动的内化机制积极影响了其认同机制。在认同机制的作用下，消费者会全盘接受其他消费者提出的意见或实施的行为；而在内化机制作用下，消费者会首先判断朋友推荐的已发生行为是否与自身价值相吻合，并将其与自身已有的价值系统进行融合。由于认同机制的采纳过程相对机械且简单，而消费者内化的互动融合过程相对复杂且持久，因此消费者对社交互动内容的认同比内化更容易改变消费者的最终态度和行为。

第四节　电商直播情境下消费者行为分析

一、电商直播平台

（一）网络直播的定义与发展

网络直播，是一种依托互联网，由网络主播利用手机或计算机等移动终端以及其他直播工具，在网络直播平台上，同步进行录制和实况发布，并与受众通过弹幕或评论进行即时互动、双向流通的内容发布形式。

网络信息技术的发展，4G/5G 移动网络和 WiFi 的广泛普及，以及流量资费的大幅下降，使得网络直播迅速发展，直播平台层出不穷，用户持续增加，网络直播与人们的生活深度融合。

目前，网络直播持续发展，直播内容越来越多样，逐渐形成垂直深耕发展态势。"直播+"成为网络直播发展的新方向，网络直播和教育、游戏、财经、体育等各行业、各领域深度交融。电商、短视频等平台，也纷纷布局直播领域，利用直播优势带动自身业务发展，拓展了"直播+"的边界，电商直播这种"直播+"模式不断发展。

（二）电商直播的概念与优势

电商直播属于网络直播的垂直细分领域。由于电商直播目前尚属于新兴事物，学术界和业界并没有形成对电商直播的统一定义。本节将电商直播定义为：基于电子商务平台，以网络直播为手段，主播通过直播的形式将商品展示给用户，并与用户实时互动，运用多种方式激发用户购买力，将用户和产品销售相结合的一种商业模式。

目前，广义上的"直播+"电商有两种实现途径：一种是电商直播，即电子商务平台增设直播功能，对商品进行展示与推荐，促使用户下单，如淘宝直播、京东直播等；另一种是社交电商直播，即短视频、内容社交等非电商平台将电商购物与直播相结合，主播在直播间添加购物跳转按钮，引导用户消费，如快手、抖音、小红书的直播频道。本节主要研究电子商务平台的电商直播形式。就概念而言，本节所研究的电商直播，是在传统电商平台的基础上，使用直播技术向消费者进行近距离全方位的商品展示、实时互动的新型服务方式。电商真播借助直播技术，将社交元素和传统电商相结合，对人、货、场进行重构。

李忠美（2016）研究发现，直播电商依靠具有现场感的多方位信息、体验型内容的分享以及直播间的抢购氛围，有效提升了成交转化率。吴冰和周燕楠（2018）基于技术接受模型分析电商直播用户持续使用意愿，研究发现直播平台特征、界面特征、主播特质、主播互动等因素在感知有用性的作用下，对用户持续使用意愿产生正向影响。

综合学者们的研究，本节总结得出，相比于传统电商图文式的单向信息传递，电商直播在商品呈现、社交互动、用户体验和售卖逻辑多个方面都具有显著的优势。

第一，更加全面地对商品进行呈现。网络线上购物和线下实体店购物相比，最大的弊端就是消费者无法近距离观察和接触商品。而电商直播实时交互的线上导购模式，从消费者自主搜索到主播实时导购，富媒体的商品呈现形式，能够向消费者充分说明商品详情、优缺点及使用效果。

第二，用户和主播实时沟通，弥补电商平台传统的图片、文字等信息单向输出的短板。相比于后台客服回复，主播在直播间与消费者实时互动，可以快速了解消费者的问题和需求，使消费者的问题得到高效快速的解决。除此之外，在电商直播间中，商家还可以通过抽奖等交互小游戏，增强用户黏性与直播趣味性。电商直播使消费者和商家的沟通更加高效且具有一定深度，用户感到被尊重与重视，大幅度提升了用户体验感。

第三，在售卖逻辑上，电商直播更好地将用户的注意力转化为购买力，给商家提供了良好的宣传营销机会，推动了电商平台的内容化，提升了用户黏性。

目前，随着各大电商平台加速布局直播业务，电商直播这种商业模型在市场的检验下持续发展与完善，正在成为连接人、货、场的一种典型商业模型，具有极大的发展潜力。

（三）电商直播发展现状

电商直播行业的发展，需要平台、主播、品牌、用户四大主体相互支撑又彼此制约。目前，我国电商直播行业持续发展，规模持续扩大，成为新的风口；国外也在尝试开展电商直播业务，但仍处于初期阶段，相比中国的电商直播还不够成熟。

1. 平台

从 2016 年开始，我国主要的电商平台如淘宝、蘑菇街、京东等就开始陆续对直播业务进行布局；2017 年电商直播被用户接受并使用，2018 年电商直播高速发展渐成规模，2019 年网易考拉、拼多多等更多电商平台入局，直播逐渐成为电商平台标配，电商直播爆发式增长。

国外的电子商务平台，也在尝试入局电商直播。2017 年，阿里巴巴旗下的跨境出口平台速卖通（AliExpress）率先上线了直播功能，速卖通遍及 220 个国家和地区，是全球第三大英文在线购物网站。速卖通借鉴了淘宝直播的模式，直播系统的搭建较为成熟，但内容的丰富性还有待提升。

整体来看，国内外的电子商务平台都在积极布局电商直播业务。中国对电商直播的布局较早，目前已经比较成熟，发展势头迅猛。国外的电子商务平台也在尝试开展电商直播，但仍在发展初期，大多是对中国模式的模仿和借鉴。

2. 主播

电商直播间中的主播，目前主要有网红主播、店铺主播、明星+主播三种形式。在电商直播间中，主播借助直播的形式对产品进行全方位展示，并与消费者实时互动，了解消费者需求并做出即时解答与回应。主播一般以产品销售或品牌推广为目的，通过让消费者对产品有更加直观的了解，引导消费者"边看边买",获得良好的购物体验,进而实现销售额的增长。

(1)网红主播:有一定的主播经验,直播间售卖的产品比较丰富,集中于某一领域或全品类货物,其带货能力较强。各大电商平台都会吸引有一定流量和影响力的网络红人进入平台内直播。

(2)店铺主播:指的是电商平台上的品牌和店铺的工作人员,他们通过直播对产品进行全方位的推荐和展示,实时回答用户提出的问题。这类主播对产品和品牌比较熟悉,介绍较为专业,但销售的产品品类有限,以店内产品为主。

(3)明星+主播:指明星本人进行直播,或明星进入某主播直播间,利用其流量和影响力,取得良好的产品销售结果。尤其是中高档品牌的商品,明星代言人和主播联合直播,可实现品牌推广和产品销量的双赢。

目前,我国电商直播行业的发展速度越来越快,对主播能力的要求也越来越高,专业能力、带货能力、选品能力、控场能力、议价能力、物流/售后服务能力都是成为专业主播必备的能力。但目前,各电商直播平台仍存在少量头部主播掌握大量资源、内容同质化强、腰尾部主播能力参差不齐、主播培训机制不健全等问题。

国外电商直播的类型较为单一,由于国外 MCN(多频道网络)产业尚处于起步阶段,因此国外电商平台直播仍以商家自播为主。但各大电商平台都在积极发展网红直播模式,如 Shopee 上线 KOL(关键意见领袖)代理服务,通过和本地的 MCN 机构合作,帮助卖家匹配合适的网红主播:亚马逊推出网红计划(Influencer Program),为加入计划的 Facebook、Twitter、Instagram、YouTube 等社交媒体平台的网红博主提供数据追踪服务,平台可以统计消费者付款记录、卖家佣金收入情况等各项数据。据商业内参报道,亚马逊为网红主播提供的销售产品的佣金率一般为销售额的 1%~10%。

3. 品牌

电商直播全方位、立体化的宣传效果,以及大体量的观看用户,能够拓展品牌的营销渠道,使其获得较高的转化率和销售额。国内的许多品牌都借助电商直播,使品牌影响力和销量有了大幅度提升。2019 年"双十一"期间,有近 2 万个品牌在电商平台开通直播间,许多商品在直播间仅开售几分钟就取得了销售额破亿的成绩。通过电商直播的手段,国内美妆品牌的知名度越来越高。鲜炖燕窝品牌小仙炖通过电商直播讲述品牌故事,实现影响力与销售额的大幅度增长,一举成为同类目全网销售冠军。美妆品牌美宝莲在直播间销售新品唇膏,在直播的 2 小时内就达成了平时 10 天左右的唇膏销量,其更是从直播间与消费者的互动中了解到最受消费者欢迎的产品型号,并基于此及时调整了后续的产品生产和宣传策略。

但是对于已经具有一定知名度和影响力的品牌来说，电商直播仍是一把"达摩克利斯之剑"。头部主播为了提升销量与维护粉丝关系，往往会要求品牌方以产品的最低价销售产品，而持续的低价容易扰乱品牌价格体系，出现只有低价消费者才买单的现象。在相互博弈中，主播既代表品牌方，也代表消费者，如果品牌方无法达成主播的需求，导致消费者期待落空，一定情况下甚至会使品牌形象受损。

由于国外电商直播通常是商家自播而非网红主播带货，因此产品销售更看重品牌知名度、产品性价比等客观因素，中小企业想要在电商直播中获利很难。究其原因，一方面是由于没有专业的 MCN 机构和网红主播帮助推广，另一方面是由于消费者的信任度不够。因此，国外中小企业想要利用电商直播模式提高销售额，首先需要保证产品性价比，其次可以和社交媒体平台的 KOL 合作，加强品牌背书，提高知名度。

4. 用户

随着我国电商直播行业的发展，电商直播的用户规模也持续上升。从用户年龄方面来看，"80 后"和"90 后"有较强的购买力，是我国电商直播购物的主力军，艾瑞咨询数据显示，21～30 岁的用户占比 23%，31～40 岁的用户占比 60%。在地域分布方面，目前电商直播的用户主要分布在一二线城市，其中二线城市的用户占比达到了 42%。

二、电商直播对消费者行为的影响

（一）感知互动对消费者购买意愿的影响

不同感知互动类型对心理距离产生不同影响，其中交互导向互动、任务导向互动对消费者购买意愿产生正向影响，而自我导向互动对消费者购买意愿产生负向影响，即当消费者感知到电商主播采用交互导向互动方式或任务导向互动方式时，更易产生购买意愿，而当消费者感知到电商主播采用自我导向互动方式时，则不易产生购买意愿。

当消费者感知到电商主播采用交互导向互动方式时，消费者能够明确感受到主播关注到了他的需求，主播通过观看弹幕、及时回答大家提出的问题解答消费者关于商品选择的疑惑，有助于消费者更好地了解商品信息。而且当消费者感知到电商主播采用交互导向互动方式时，其往往能直观地感受到电商主播在直播中的热情，这种热情不仅仅体现在商品介绍过程中。主播可以通过回答无关商品的问题，拉近与消费者之间的关系，使直播间形成良好的互动氛围，消费者因与主播形成良好的关系而产生愉悦。在这样的互动情境下，彼此间的交流、更多的信息交换可使消费者对主播产生更多的信任感，有利于产生购买意愿。当消费者感知到电商主播采用任务导向互动方式时，其往往能够感受到电商主播从其利益角度出发来达成此次销售目标。比如，主播在直播过程中会谈及关于商品优惠的信息，告诉消费者这样的优惠力度只有在这次直播间才有，是他向公司申请到的优惠，让大家千万不要错过。在接收到电商主播传达的信息后，消费者会认为电商主播是从消费者利益的角度出发的，从而更易产生购买意愿。

当电商主播采用自我导向互动方式时，其在直播过程中经常自顾自地介绍商品，只传达自己认为重要的信息，不关注弹幕信息，没有及时回答消费者提出的问题，也没有在直播过程中为消费者争取利益。在这样的互动情境下，消费者很难了解到自己需要的信息，更多的是电商主播单方面的信息灌输，所以很难产生购买意愿。

（二）心理距离对消费者购买意愿的影响

陶慧云（2018）通过实证研究得出心理距离对消费者购买意愿产生正向影响，即消费者感知的心理距离越近，就越容易产生购买意愿。人们在做选择时，往往愿意询问身边亲近的人的意见，因为我们认为自己和亲近的人的心理距离更近，更容易相信对方。观看直播，可以增进消费者对商品的了解，而电商主播有效地互动会使消费者通过观看电商直播与其建立友好亲近的关系。通过与消费者的互动，可使消费者感知到与主播之间的心理距离拉近了，从而更愿意购买主播所推荐的商品。

（三）感知互动对心理距离的影响

不同感知互动类型对心理距离产生不同影响，其中交互导向互动、任务导向互动对心理距离产生正向影响，而自我导向互动对心理距离产生负向影响，即当消费者感知到主播采用交互导向互动、任务导向互动方式时，会认为自己跟主播之间的心理距离变近了。而当感知到主播采用自我导向互动方式时，会认为自己与主播之间的心理距离更远了。

具体来说，交互导向互动方式下，主播以友好、热情的态度与消费者互动，并通过回答问题等方式来回应消费者，这会有利地缩短消费者与主播之间的空间距离、时间距离和社会距离，消费者会产生与主播同在的错觉。虽然隔着手机屏幕，但是主播能够及时对消费者提出的问题进行解答，这样的时效性不仅能够帮助消费者了解商品，并且能够吸引消费者继续观看直播，消费者通过长时间的观看直播，会形成直播间"家人"的思想。

当消费者感知到电商主播采用任务导向互动方式时，会认为电商直播所销售的商品是出于对消费者利益的考虑，为消费者推荐的商品质量上乘，抑或是在直播间给出平时难以享受的优惠。在这样的互动情境下，消费者能够感受到电商主播为其带来了利益，甚至很多消费者都会选择蹲守直播间，以防错过想要购买的商品。当我们感受到别人是为我们着想的时候，一般会认为此人是可信的，这种信任会拉近彼此之间的心理距离。

当消费者感知到电商主播采用自我导向互动方式时，会认为电商直播更多的是为了达成商品销售目标，并没有关注到消费者的需求，电商主播对消费者的忽视，容易让消费者产生界限感，认为主播只是一个销售商品的卖家，这种互动情境下消费者感知到与电商主播之间的心理距离愈加疏远。

（四）心理距离的中介效应

周梅华等（2015）通过实证研究得出心理距离在不同感知互动类型与消费者购买意愿中起部分中介的作用。网购是虚拟的，消费者通过手机端可搜索到海量的商品信息，还需承担商品的质量风险、支付风险等未知风险。通常，消费者在面临众多未知的选择时，会倾向于选择与其心理距离最近的，所以商家如果能够拉近与消费者之间的心理距离，则能够促进消费者产生购买意愿。当消费者感知到电商主播互动类型为交互导向或者任务导向时，他能感知到电商主播在互动中是基于消费者的利益为出发点，这样的互动情境下，消费者会在无形中拉近与电商主播之间的心理距离，从而更加相信电商主播所推荐的商品，更易产生购买意愿。而当消费者感知到电商主播为自我导向互动时，消费者因为主播经常忽视其需求，从而会认为主播置消费者利益于不顾，所以自然而然疏远了与电商主播之间的心理距离，这样的情境下，消费者很难产生购买意愿。

（五）娱乐性对消费者购买意愿的影响

娱乐性正向影响信任、感知功能价值和感知情感价值。娱乐性指消费者在电商直播间中所接受的让人感觉轻松、愉快的刺激。随着社会经济的发展，消费者购物已经不再单纯是为了满足购物需求，还包括为了满足情感上的需求，如放松心情、释放压力等。电商直播具有丰富的媒体形式、多元化的内容，具有娱乐性和趣味性。电商直播间娱乐性氛围感越强，消费者越会产生一种心流体验，消费者对产品的信任度、对产品质量的感知度就会越深，愉悦感也会越强，进而会产生较强的购买意愿。

（六）意见领袖对消费者购买意愿的影响

在消费行为学中，意见领袖特指为他人筛选、解释或提供信息的人，因为对某领域持续关注，因此对某类产品或服务了解更多。在本节的研究中，意见领袖指电商直播中的主播。电商直播中不乏一些具有影响力的KOL，这些人可能是明星、网红或者实践经验较强的权威人士，他们扮演着意见领袖的角色。在电商直播情境下，主播的专业性、权威性、知名度越高，消费者对产品越信任，对产品的感知功能价值和感知情感价值越强，对产品越感兴趣，越愿意购买产品。

第七章　引导消费者行为的策略

第一节　消费者教育与消费引导

一、消费者教育

（一）消费者教育的含义

消费者教育（Instruction of Consumer）是针对消费者所进行的一种有目的、有计划、有组织的传播有关消费知识，传授有关消费经验，培养有关消费技能，培育科学的消费观念，提高消费者素质的一项系统的社会活动。消费者教育是消费者管理的重要内容。消费者管理就是通过消费者调查、消费者沟通、消费教育、消费引导，实行消费者的系列化，创造稳定的消费者队伍的一系列实践活动。对于营销企业来说，消费者教育是一项十分重要的工作，随着科技的进步、新产品的涌现，以及市场竞争的日趋激烈，消费者教育的重要性日益突出。消费者是广大而又松散的社会公众，对消费者进行科学的管理，是企业掌握消费者需求、赢得市场的关键一环，学会对消费者进行管理是企业走向成功的金钥匙。

（二）消费者教育的意义

消费者教育越来越成为现代营销的重要手段。营销企业针对目标顾客有目的、有计划、有组织地传授有关消费的知识和技能，倡导科学的消费观念和合理的消费方式，提高消费者整体的素质，正是市场营销思想的具体体现。在我国目前的营销环境下，企业重视消费者教育活动，对于更好地保护消费者利益、开拓市场，使社会形成良好的营销秩序，都具有十分重要的意义。

1. 消费者教育有利于培养忠诚顾客

营销活动的核心是满足消费者的需求，是建立在对消费者了解的基础上的。

事实证明，凡热心教育消费者的厂家不仅可获得消费者的更多信赖和支持，而且可以获得消费者的再教育，吸取意见、改进商品、促进销售。例如，生产化妆品的克莱罗公司设立许多永久性的美容训练中心，坚持进行消费者教育。他们免费辅导美容院的工作人员使用各种新化妆品，聘用 200 名专业美容师深入学校、工厂、美容院、商店、展览会，传授和示范化妆品的使用方法。这些免费的指导教育，使克莱罗的产品在激烈的竞争中吸引了众多顾客。由于科技的进步，新产品层出不穷，产品中的科技含量越来越多。面对如此众多的消费品，消费者的经验和已有的商品知识早已显得不足或匮乏。其有限的商品学知识、消费知识和消费经验越来越难以适应新时代的要求，迫切需要相应的消费指导。一些知名企业宁愿将大笔的钱用在广告宣传、新产品的开发上，但却不愿意花在对消费者进行教育上，如指导消费者如何识别假冒伪劣产品、如何选择产品、如何使用产品。

作为一种营销手段，消费者教育有利于提高消费者的产品识别力、鉴赏力，解决消费者面临的实际问题，培养企业的忠诚顾客。

消费者教育对消费者个人、社会或企业都有好处，美国一位教育专家将这些好处总结如下：消费者教育对个人的好处是培养其独立思考的能力，使其掌握生活技能，增强其自信心和独立性，改善生活质量；消费者教育对社会的好处是促进社会稳定；消费者教育对企业的好处是增加产品销售量。因此，消费者教育有助于消费市场成长，消费者教育过程，既是一个唤醒消费者的过程，也是一个为企业夯实市场基础、争夺消费者的过程。

2. 开展消费者教育有利于提高消费者的购买能力

传统的市场营销重视对消费者的刺激，特别注意产品的信息传递。主要通过各种刺激手段告诉人们某种产品的存在，以物为出发点。消费者教育则是进一步告诉人们某种产品的用途、优点、使用方法等，以人为出发点。传统营销是提供产品让人选择，消费者教育则是让人在接受产品信息的同时，了解产品、认识产品，并产生购买动机。以对消费者教育的理念开展市场营销，就是要改变人们的某些思想，使人们认识某种产品，进而购买某种产品。

用经济学的话来说，充分掌握信息的消费者行为能提升市场交换的有效率。一家美容院在给顾客美容的同时，给顾客介绍其皮肤、头发的特点以及怎样保养、使用什么样的化妆品合适等，这些活动使顾客非常满意，因为它从根本上增加了消费者美容方面的知识，解决了消费者在美容中遇到的知识性问题。由于消费者学会了使用市场信息，因此他们就会做出更为理想的购买选择。现代消费者获得更多的指导，就会使那些令人不满意的市场交换减少到最低限度。消费者教育可以协助市场建立一个新的能力更强的消费者群体。就目前而言，我国消费者整体的素质不够高，消费理性、消费成熟度也都不高，实施消费者教育有助于提高消费者的消费水平和消费质量，有助于消费市场的开拓。消费者教育活动的及时开展有助于提高消费者的识别能力和分辨能力，减缓和消除假冒伪劣行为对企业正常营销活动的干扰。

3. 开展消费者教育可以提高消费者决策质量

消费决策是消费者对商品和服务进行抉择的过程。消费技能、购买经验是影响消费决策的重要内在因素。消费技能是人们在实践中形成的一种生活技巧，它是通过有意识地学习一些知识，逐渐积累起来的。当消费者有了一定程度的消费技能和购买经验后，他们会主动消费某类产品，消费技能是实现消费、在消费中获得快乐和满足感的基础，任何一个消费者都会自觉地培养自己的消费技能，尽可能地在消费行为中得到最大的快乐与满足。而提高消费者的消费技能主要通过社会的、企业的信息传递和自身的不断学习来实现。

4. 消费者教育是保护消费者权益的根本保证

保护消费者权益最根本的是要帮助他们提高自我保护意识和能力。为此，无论是联合国组织还是国际消费者联盟组织，都把消费者教育作为一项重要工作来抓。在我国，多数消费者不了解自身的权益决定了现阶段的某些生产经营者还会在很大程度上以种种欺骗手段钻空子。这就需要消费者具有法律意识，学会用法律武器保护自身的合法权益。很多消费者权益受损害，其重要原因就是消费者自我保护意识和自我保护能力不强，这与我国还没有对消费者进行普遍的、系统的消费教育有关。加强消费者教育，就是把消费者教育逐步转变为政府行为，将其纳入学校基础教育、素质教育中，列入各级学校的教学计划中。不仅可以利用消费者权益受损的事例，进行具体生动的教育，还可以动员一些生产经营者举办消费教育活动，用生动事例教育消费者。消费者教育可以引导消费者避免由过高的消费期望而产生畸形消费行为，修正不良的传统消费行为，帮助消费者合理安排消费活动。

5. 开展消费者教育有利于端正消费者价值导向

消费者教育活动的主要功能是提高消费者的素质，提升消费者的消费理性，从而维护消费者的利益。

第一，消费者教育影响人的消费意识。消费意识能够指导消费者有目的、有方向、有预见地参与消费活动，符合客观现实的消费意识对物质生产具有促进作用。消费者教育的内容，如消费知识的教育、消费法规和消费道德的教育以及环保知识和绿色消费知识的教育能使消费者形成科学的消费意识，进而影响消费者行为。

第二，消费价值观同样是社会意识的重要组成部分，当今社会消费者的生活水平有了很大提高，消费者的消费意识、消费价值观都发生了深刻的变化，消费已经不再是为了获得更多的物质产品，而更多地关注消费的个性化、知识化，通过消费商品获得个体的全面发展。重视消费者教育，对消费者进行科学的引导，能够使消费者形成科学的消费价值观。

（三）消费者教育中的整合传播

整合就是一体化，促销整合就是在新的市场环境下，以消费者教育为核心内容，统一企业各个传播主体、各项促销活动和传播主题，一致性地对外传播，使消费者能够对所接受的各种信息进行整合，形成整体的对企业和商品的评价。促销的整合沟通既能够增强传播空间的整体性，有利于统一消费者的认知，提高沟通效果，又使传播具有经济性，减少企业的促销费用。传播是进行沟通活动不可缺少的要素，整合传播就是要求企业的全体员工、各个部门在与消费者沟通时统一口径、统一品牌个性、满足消费者的利益点。整合促销沟通，是隐含了这样一种假设，作为市场主体的消费者具有充分理性，即消费者能够对各种营销刺激做出合理反应。事实上消费者并非充分的理性，一是因为在消费者市场上相关信息的欠缺性，消费者的行为还有不成熟的方面；另一方面，科学技术的发展，大量信息充斥市场，厂商漠视消费者需要，反而依据自己经常变动的愿望，不时创造互相矛盾、混杂的信息传播，这时整合传播显得尤为重要。整合传播的好处是可以使整个公司群策群力，有效地回应消费者的需要，在消费者心目中建立极具竞争力的认知价值。目前我国一些企业不注重自身统一的定位策略的研究，缺少明确的经营理念和系统的营销战略和视觉识别系统，致使在对内、对外宣传过程中，不能形成统一的、一致性的传播，让消费者很难辨认该企业到底是什么样，影响了传播效果。

（四）消费者教育的主要形式

中国首次以企业为主体组织的较大规模的消费者教育活动是 1995 年《中国信息报》在北京发起主办的、由中国 20 家影响我国人民消费生活的名牌企业参加的消费者教育活动，并提出"你们的权利，我们的义务"的保护消费者权益的宣言。

1990 年 6 月联合国经济和社会事务部与联合国亚洲及太平洋经济社会理事会联合在泰国首都曼谷召开的"亚太地区消费者保护研讨会"对消费者教育问题进行了阐述，认为消费者教育在于发展消费者的生存技能和批判意识，使消费者能够在不平等的市场上做出明智的选择。为此，消费者教育的内容也应当着重加强当代消费知识的教育、消费法规和消费道德的教育以及环保知识和绿色消费知识的教育等。

消费者教育的着眼点是培养能力，即启发和提高消费者的生存能力，提高他们的自我保护意识，而不是提供简单的一次性帮助。其使消费者更明智，逐步把他们的行为建立在了解情况合理性的基础上。美国学者威廉·尼克尔斯、吉姆·麦克修、苏姗·麦克修在《认识商业》一书中写道："消费者教育的宗旨是唯一的，即普及商品知识，提高消费者的购买能力，增强消费者自我保护意识，维护消费者的合法权利。"围绕这样的目的开展的消费者教育的形式可以是多样的，如"用户访问计划""用户培训计划""消费讲座""商品展、演示会""宣传报道计划""消费者学校""假冒伪劣产品识别会"等。营销企业完全可以根据企业的具体情况自行设计。重要的是要将消费者教育纳入企业的整体营销组合中，统一规划、统一协调，形成合力，更好地为企业营销服务。

综观国内外消费者教育的活动情况，可以将其形式归纳为以下几种：

（1）举办各种形式的消费者座谈会。举办单位可以是企业，也可以是消费者组织。通过座谈，既可以收集和了解消费者在生活中遇到的问题、对产品的要求，又可以向消费者传授解决问题的办法。

（2）举办讲座。请有关部门的专家学者向消费者讲授有关的商品的知识、商品使用办法，提升消费者的商品鉴别能力。

（3）发放有关的宣传材料。消费者组织可以散发商品相关资料，提醒消费者注意，增强消费者的自我保护意识。

（4）召开现场发布会、展览会。以图片形式向消费者传授商品知识、介绍商品信息公布和曝光劣质产品。

（5）通过新闻媒介，如电台、报纸、电视台等向广大消费者宣传有关商品的知识。

（6）通过推销人员在商品销售服务中进行教育引导。商品营销人员在服务消费者的过程中要向消费者说明商品，帮助其挑选、鉴别及评价商品，营业员是老师，消费者是学生。

（7）利用商品包装和说明书进行宣传教育。商品包装和说明书就商品使用方法、维修办法、注意事项进行说明介绍，可以增强消费者使用商品的技能。

（五）开展消费者教育的途径

依据组织实施消费者教育活动的主体不同，我们可以将消费者教育活动大致区分为三个层次：由政府组织实施的消费者教育活动；由社会团体、行业组织等机构组织实施的消费者教育活动；由企业组织实施的消费者教育活动。

社会团体、行业组织的消费者教育。把消费者教育作为一项长期发展战略是做好消费者教育的前提。教育必须从小学、从儿童开始，教会孩子学会使用市场信息、学会阅读商品说明书等。例如，美国在一些学校开设了消费者教育方面的课程，日本也正在开发消费者教育方面的家庭视听教材，一方面对儿童进行生活知识、生活技能教育，另一方面培养青少年处理商品质量纠纷的能力。

企业的消费者教育。例如，消费者培训中心的教育。企业可在相应的市场区域建立消费者培训中心，引导消费者接受商品知识及商品使用方法的教育。该方法主要适用于需求变化快、使用方法要求高的商品，如化妆品、保健药品等。

政府的消费者教育。消费者教育是关系广大消费者切身利益的重要问题，各地政府应予以重视。政府应引导各地设立举报中心、咨询中心，随时为消费者服务，举办各种形式的座谈会，并在电视台和报刊等发布商品相关信息，加强消费者教育。《中华人民共和国消费者权益保护法》，规定了消费者协会的七项职能，消费者协会是消费者自己的组织，有责任提供消费者所需要的信息，指导消费购买行为。

二、消费引导

（一）消费引导的定义

上海社会科学院的陈志宏教授在《社会主义消费通论》一书中对消费引导的定义为：消费引导是反映消费活动过程的实况、特征及其变化情况的各种知识、技能、消息、情报、计划、数据、资料的总称。消费引导过程归根结底是一个信息收集处理和传播吸收的过程。对引导者而言，即通过各种途径、采取各种方法收集生产流通领域的各类信息、资料并运用已掌握的各种专门知识加以综合分析，然后通过大众传播媒介广泛散播的过程。对消费者而言，即通过对各种知识、信息的吸收，指导自身消费实践的过程。在信息社会，人们购买商品的一切活动都离不开信息，因此，凡是外界有意识地将有关消费信息、知识、技能、情报、资料、数据、观念等，通过各种途径灌输到消费者头脑中，指导或教育消费者的实践活动就是消费引导。

根据消费引导的定义，我们可用图式说明消费引导整体的运行过程（见图7-1）。

消费引导有广义和狭义之分。广义的消费引导包含政府对生产、分配、交换、消费各个环节的命令、指令、计划及消费保护政策、法律等的引导。狭义的消费引导专指对商品知识、消费技能等的介绍或宣传教育。

（二）消费引导的特点

从消费引导的本位来看，其具有以下特征：

（1）消费引导是一种有目的、有计划的政策活动。消费引导的目的是改变人们的消费心理和社会风尚，端正人们的消费行为。引导和调节消费是国家经济实行宏观调控的需要，消费引导有利于合理的消费结构和产业结构的形成。第二次世界大战后，发达国家的政府普遍采用了凯恩斯主义的政策建议，实行了国家对市场活动的干预政策，其中包括税收、政府支出、货币发行等的增减以及对工资、物价的调节措施。这样人们的消费行为不仅受商品生产者和经营者的影响，而且在很大程度上还受政府经济政策的影响。

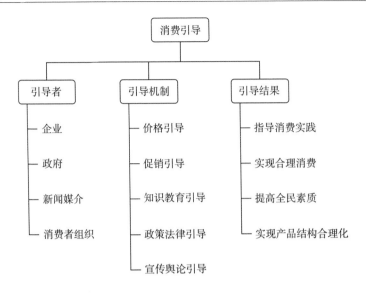

图 7-1　消费引导过程

（2）消费引导是通过一定的手段对影响消费活动的各种因素产生作用而达到的。消费引导并不直接干预消费者的具体消费活动，每个消费者都是在国家法律允许的范围内进行自主消费的。但是消费活动并不是孤立的个人活动，它的规模、方式、水平受到社会经济关系、生产力发展程度以及社会文化的制约。消费引导的作用在于灵活运用各种政策手段来影响消费活动的外部和决定因素，从而使每一个理性的消费者从个人效用满足最大化原则出发，按照决策者的意图进行消费活动。

（三）当前消费引导的主要内容

消费引导的内容包括：①使社会生产、流通与消费的关系处于良性循环的状态，使国民经济同居民消费相互适应，供给总量与需求总量、供给结构与需求结构相平衡。②提高消费者的消费素质和能力。消费引导是社会生产的需要，致力于实现个人家庭的消费效益和消费的外部效益与社会效益相统一，总的趋势是实现文明消费、高层次消费。③引导消费者树立正确的消费观，文明消费、合理消费、健康消费，并通过合理的消费引导扩大国内市场需求。

消费引导可以分为两大方面：对消费主体的引导和对消费客体的引导。对消费主体的引导主要是通过引导消费者个人和家庭、社会团体等的消费需求，达到有计划地提升消费需求档次，提高消费者的整体素质，实现合理消费的目标；对消费客体的引导就是通过对市场上产品供给的合理引导，实现产业结构和产品结构的合理化，促进供给与需求的平衡。

因此，进行消费引导需要国家、企业、社会团体、新闻媒介、教育机构和消费者个人发挥合力，协调和理顺各方面的关系，形成系统的消费引导网络，并通过这种网络的正常运行，来保证我国人民的生活消费沿着正确的方向发展。结合我国当前消费的实际状况，为使消费者进行健康、科学、文明、合理的消费，应该从以下几个方面进行消费引导：

精神文化消费需求的引导。消费引导的主要内容是有计划、有步骤地提升消费需求的层次，引导居民进行发展性消费，如增加教育消费、信息消费投资等。

精神文化产品供给的引导与管理。政府要采取切实可行的措施和方法，重点推出发展型、智力型精神文化产品，给予其一定的资助，促进其发展。

引导居民将部分消费需求转化为投资需求。具体有：增加文化设施的投入，提供良好的文化基础设施。文化生产部门要不断发展新产品，充实新的内容，更要多出精品、高质量的优秀作品。

注重消费者的心理健康引导。心理健康的消费者在消费过程中乐于与人交往、沟通，能与相关群体、企业等保持良好的人际关系，是满足消费者精神和心理需要的必要条件。引导消费者形成健康的心理就是要使消费者能了解彼此的权利和责任，关心他人的需要，客观地了解他人，多与别人沟通，学会在与人交往的过程中，以诚恳、公正、谦虚、宽容的态度对待别人，尊重别人的权益和意见，在增进人际关系的同时，保持自身人格的完整性。

制定切实可行的引导农村居民消费的政策。消费需求可以拉动生产供给或影响市场供求均衡，而中国农村居民巨大的消费规模必然会对整个社会经济的发展产生重大影响。因此，必须从宏观上把握农村居民的消费趋势和消费热点，对农村居民的消费进行总量和结构上的宏观调控。为此应进一步深化农村经济体制改革，不断提高农业劳动生产率；加强农业的基础地位，保证农村居民的实际收入逐年增加，生活水平逐年提高；构建多种形式的农业社会化服务体系，提高农业商品化、产业化、社会化、现代化水平；继续实行和完善保护农业的各项政策措施，引导农民进入市场，搞活农产品流通。

第二节　在电子商务中实施精准营销的建议

一、利用大数据对消费者进行甄别

企业进行精准营销，首先需要做的，也是最重要的一步就是选择目标受众，准确并有针对性地定位目标受众是精准营销的首要特点。精准营销是利用先进的现代信息技术，以大数据资源为背景，通过互联网对消费者与消费者行为进行分析与衡量从而精准地定位目标受众。精准营销的针对性在一定程度上对顾客感知价值存在显著的正向影响，并且影响程度较高。企业在进行精准营销时，首先应对自己的商品或服务精准定位，确定商品或服务适用于哪类消费者，然后根据此类消费者的个体特征对商品或服务进行修改，实现商品或服务的精准投放。另外，企业应通过大数据技术与手段搜集消费者的消费特点、购买习惯和消费需求，采用定量的方法去计算分析消费者的真正需求，并基于其已有的需求挖掘新的消费需求。

二、注重信息的质量与传播渠道

当企业对目标受众进行精准定位后，应筛选向消费者传播的信息，信息的质量在很大程度上影响着消费者对商品的认知和感知价值。在当今大数据爆炸的阶段，消费者每天都会接收各种各样的信息，消费者很容易被虚假信息和垃圾信息影响，从而做出错误的购买决策，所以传递信息的质量与渠道成为精准营销的关键。企业选择目标受众的精准程度越高，向目标受众传递信息的要求越高，要保证信息传递的准确性、传递渠道的合理性，信息与目标受众相对应，向不同的消费者传递不同的信息，确保向消费者传递的信息正是消费者最想要的信息，而不只是企业想要传递给消费者的信息，避免传统营销模式的"推式"信息传递，避免"广而告之"，避免一味向消费者推送企业想让消费者了解，但不一定是消费者愿意接收的信息。

三、重视营销全过程的顾客互动与顾客参与

研究发现，精准营销的互动性特征可以正向影响顾客感知价值、负向影响顾客感知风险，精准营销的互动性表现在企业与消费者能够实现即时的双向沟通、消费者能够随时参与企业的营销过程、企业与消费者的沟通效率和效果可衡量，所以精准营销中的顾客互动与顾客参与对消费者网络购买行为会产生较大的影响。企业可以通过设置讨论区、商品评价区、微博与微信互动等方式来增加顾客的参与度，营造良好的网络口碑，通过口碑效应来增加顾客感知价值，降低顾客感知风险，企业长期与讨论区发言频繁的消费者互动沟通，对商品评价区写有真实的购买体验、有感染力、吸引力的真实商品评价的消费者保持长期的良好沟通，使得这类消费者逐渐转化为企业的忠诚顾客，忠诚客户将成为企业最好的营销宣传、良好口碑传递者。同时，在与消费者沟通互动中应保持危机意识，防止负面口碑的出现，负面口碑出现后要有谨慎的危机处理方式，负面口碑有着传播

效率高、范围广、对消费者的影响大等特点，所以企业在精准营销中营造良好口碑的同时应保持随时处理负面口碑的危机意识。

四、强化电商平台网站的设计与操作，提升趣味性

研究发现，精准营销的趣味性可以通过顾客感知价值中介变量来影响消费者网络购买行为，也可以直接影响购买行为。趣味性是吸引消费者产生购买欲望的关键因素，精准营销除了将顾客最需要的信息在恰当的时间以恰当的方式发送给顾客以外，还有一个特征是消费者导向，如何引导消费者产生购买行为、刺激消费者产生新的消费需求成为精准营销的一项重要的策略研究。线上企业可以从电子商务平台网站的趣味性、娱乐性、生动性、感染力等方面对网站进行设计，增加对消费者的吸引力，使得消费者将网购当成一种消磨时间的方式，让消费者在网购中得到享受，大大提升消费者的感官效果，从而提高其顾客感知价值，让消费者感到网站有趣而愿意重复来到平台进行购物。

五、关注消费者的最大化价值与长久利益

选择目标受众的过程是总结消费者消费习惯、消费心理与购买行为的过程，不同的消费者，有不同的消费习惯与消费心理，应根据消费者的个体特征来分别设计精准营销策略。有关研究认为：女性消费者在网络购物方面比男性消费者更加积极，女性消费者会愿意花更多的时间与金钱进行网购；30岁以下和41~50岁的消费者比31~40岁的消费者更倾向于网络购物；大专学历的消费者在网购中的感知风险要高于中专或高中及以下和硕士及以上的消费者；中低收入的消费者在网购中的感知风险要高于低收入、中高收入和高收入的消费者，而无收入的消费者的感知风险比高收入消费者要高。企业在设计精准营销的营销策略和营销方案时，可以将精力与资源有偏重地进行分布，如可以将更多精力和资源放在女性消费者、30岁以下和40岁以上消费者、中等收入消费者身上，这类消费者对网络购买有较大的需求与欲望，网络购买行为更加主动积极，这类消费者有着极高的潜在顾客感知价值可以挖掘和较大的提升空间，但同时这类消费者对感知风险的敏感度较高，容易对网络购买产生不确定性，通过对这类消费者进行精准营销，可以提高营销效率，并且实现营销效果可衡量。

第三节 我国购物网站营销策略与发展战略

一、我国购物网站的营销策略建议

明确发展方向之后，购物网站还需制定满足消费者需求的营销策略，才能在竞争中取胜。本节根据前文实证分析的结果为电商企业的网络营销实践提出建议。

（一）购物网站应凸显便捷性优势和功能性特点

研究发现，购物网站的便捷性和功能性特点有利于提高消费者的网络购物意愿和对该网站的接受程度，由此形成正向积极的网络购物态度和网络购物倾向。因此，购物网站在设计、经营以及与消费者互动等方面应最大限度地体现其便捷性优势以及强大的功能性特点。

便捷性要素本身就是网络购物所具备的主要优势，同时也是消费者选择这一新型购物方式的重要原因。因此，购物网站应将这一优势发挥至极限，将此作为同线上以及线下零售商竞争的主要手段，使之成为吸引和保留顾客的重要法宝。购物网站可以从多个方面体现其便利性特点，主要包括：第一，网站的设计便于操作，即增强网站的导航性和可视性，使消费者易于查找所需商品并完成整个购买过程，而无须具备更多的计算机操作技能或专业技术；第二，延长网上营业时间，使消费者的网上购物活动真正做到不受时间和空间的限制，体现出随意和自由；第三，支持多种支付方式，除加强与各个支付平台合作以及支持更多种类的银行卡进行支付外，提供货到付款等支付方式，使那些不熟悉网上支付流程的消费者也能感受到网上购物的便利；第四，加强与物流公司的合作，使快递服务在覆盖更多的城市和地区的同时，满足不同用户对快递的不同需求，如快捷性、可靠性、灵活性等，从而感受到网络购物的便利性。

购物网站强大的功能性有利于强化消费者对网络购物模式重要性的感受，并能增强消费者对这种有别于传统方式的购物模式的依赖程度。网站的核心功能主要包括供应商品、网上支付、发货及送货等。此外，网上零售商还可以从网站设计、信息搜索、客户服务等方面增加购物网站的附加功能，作为留住顾客以及培养忠诚顾客的手段。

（二）购物网站的安全可靠性应进一步提高

购物网站的安全可靠性一直是网络消费者关注的问题，也是部分网民对网络购物望而却步的主要原因。购物网站的安全可靠程度能够影响消费者对于网络购物操作流程容易程度的感知。因此，网络零售商应当从多个方面提高购物网站的安全可靠程度，增强消费者的信任感和对该网站的支持度，形成良好的口碑。具体来讲，网络零售商可以从四个方面提高购物网站的安全可靠性：第一，保证所提供商品及品牌的真实性，通过加强对供应商的筛选与管理确保网站销售商品的合法性，从而保证消费者的切身利益不受侵犯；第二，保证在线支付的可靠性，通过与知名的支付平台建立合作关系来强化消费者网上支付的安全性，尽量避免消费者受到财产损失；第三，保证顾客信息的保密性，严格保管在销售过程中获得的顾客信息，在利用此类信息前应取得消费者本人的同意和许可；第四，保证商品信息描述的准确性，尽量提供详尽和准确的商品描述信息，避免误导消费者做出购买决策。

（三）购物网站的设计应增加趣味性和娱乐性

由于消费者对购物网站及网络购物活动所持的积极态度是其产生网络购物倾向的直接原因，因此网络零售商在购物网站设计上应避免千篇一律，通过个性化设计体现其趣味性与娱乐性，从而建立独特的竞争优势并形成消费者偏好，与消费者建立起情感关联。具体来讲，购物网站可以通过提供有趣的购物信息、同消费者实行即时互动、同娱乐站点建立链接以及提供娱乐性服务等方法吸引消费者，使消费者将网络购物当作一种娱乐性体验，形成稳定的消费习惯。

（四）网络营销面向的目标消费群体应逐渐扩大

网络消费群体具有受教育程度和收入偏高、年龄偏低、个人创新性较强等鲜明特点，众多网络商家将这一群体定位为目标群体。虽然这个群体在网络消费者总量中占据了一定的比例，但是随着网络购物的迅速普及以及网上产品种类的丰富，网络消费群体在逐渐扩大，不再仅限于收入高的年轻人群。因此，网络零售商必须及时洞察这一发展趋势，积极调整经营思路和策略，迎接网络消费者多元化时代的到来。综合看来，网购人群的变化主要包括三个方面：第一，网络商品的高性价比吸引了一部分低收入人群，他们追求一定需求范围内的低价格产品；第二，网络购物不再是年轻人的专利，"60后""70后"的消费人群也积极加入网购大军中，拥有一定经济实力的"70后"网络消费者逐渐成为网络商家重要的目标群体；第三，网络购物这一新兴购物模式正在以惊人的速度增长和普及，即使不具创新性甚至是相对保守的顾客也开始尝试网络购物。在这种形势下，网络零售商必须对经营的产品范围、网络营销策略、网络互动形式适时进行调整，以满足不同层次的消费者需求。

（五）购物网站应提供详细的商品信息

网络承载信息的丰富性是吸引广大消费者的优势之一，购物网站提供详尽的信息有利于强化网络消费者对网络购物重要性和有用性的感知。商品信息是购物网站为浏览者提供的最重要的信息，在售商品的资料越详细，越能吸引消费者花费更长时间停留在该网站中，并搜集和了解目标商品信息。商品种类的展示与商品信息的分类管理都需要精心的规划与设计，否则会增加使用者在操作中的困难，使其因感觉购物网站缺乏专业性而对商品本身失去兴趣和信心。为实现商品信息的有效展示，网站可以采用信息分层、逐层细化的方法展示商品信息。所谓信息分层，就是区分商品信息的详细程度将其放在不同的页面上，从而允许用户能自上而下地找到最适合他们需要的信息层。例如，消费者可先浏览商品的简要介绍或小幅图片，对某个商品产生兴趣后可以再查看更加详细的产品介绍。

购物网站还可以根据产品的特点采用虚拟现实技术编辑构造一些虚拟场景，通过更加形象的手段展现产品的优势，使消费者形成直观的了解。购物网站应设置相关链接，将消费者引至相关网页上，丰富其获得的商品信息。同时，在显眼的位置展示其促销方案，激发消费者的购买意愿和动机。总之，商家应尽可能将产品的全貌反映在网站中，让客户能够方便快捷地查询到商品的所有信息，作为其购买决策的支持依据。

（六）购物网站应注重建立消费者网站忠诚

现实环境中的顾客忠诚度在网络环境中仍然适用。调查显示，开发新顾客的成本是维持老顾客成本的 5 倍，因此，任何经营者都应该意识到建立顾客忠诚度远比将产品成功地销售给一个顾客更重要。购物网站每天都要接待大量的来访者和购买者，但有多少顾客能成为回头客？有多少顾客同该网站建立了紧密的情感纽带？有多少顾客强烈依赖该网站？这些问题有待于网站经营者进一步考察与了解，它们对于购物网站的可持续发展具有重要的意义。Srinivasan 等（2002）将网络零售的顾客忠诚度定义为顾客对网络零售商的喜好态度，进而形成重复购买的行为。购物网站忠诚度可以通过网站口碑行为、购买频率、购买数量、网站访问频率、网站停留时间等指标来反映。

从顾客忠诚度的形成机理和过程来看，提高购物网站忠诚度的两个基本原则包括：提高网络顾客满意度和提高网站转换成本。网站转换成本是指当客户从一个购物网站转向另一个购物网站时所发生的一次性成本。这种成本不是金钱上的，而是一种时间、精力和情感上的付出。网络零售商可以从三个方面通过提高转换成本而创建顾客忠诚度：第一，提供优质服务吸引并留住顾客。Parasurman 等（1988）提出通过有形性、关怀性、保证性、可靠性、反应性五个因素来衡量服务品质。Anderson 等（1992）在研究中提出服务品质的提升不仅能提高顾客忠诚度，也能提高顾客满意度。第二，加强沟通并与顾客建立情感纽带。购物网站可以通过建立客户互动中心与网络消费者保持适时的沟通，以充分了解顾客需求、接受客户投诉、解答客户疑问、传播营销信息等，从而建立网络客户与购物网站之间的情感关联。第三，实施会员积分计划。会员制或积分制是当前全球范围内普遍采用的用于提高顾客忠诚度的基本手段，它能帮助零售商刺激客户增加消费金额并留住顾客。

（七）传统企业应尽快开发网络销售渠道

面对网络购物迅速发展带来的巨大商机，传统企业也应加快进入网络经营领域的脚步，在现有基础上形成新的核心竞争力。传统企业快速跻身网络销售的方法主要有两种：与知名的购物网络建立合作关系和创建自己的企业网络销售平台。前者较适用于各种生产型企业，可将 B2C 网络销售平台作为销售网络中的渠道之一，通过签订合约的方式在这些成熟的购物网站销售本企业生产的产品。后者更适于被颇具规模的零售商及实力超强的大型生产企业所采纳，通过开发专门的企业网站达到宣传与销售产品的目的。同时，企业网站还可以作为商家与目标消费群之间实现互动沟通的重要渠道。

（八）进行社会化营销

随着网络购物市场的爆发式增长，越来越多的卖家涌入网购平台，而买家的增长速度却未与其对应，网购平台不得不通过社会化网站导流，增加客户流量。

电商网站在进行社会化营销时可以从以下三个层面着手：第一，链接。这是社会化网络营销的核心属性，营销效果取决于信息的传播情况，表现为链接的效度和广度。第二，互动。品牌与消费者之间进行私密的互动对话能使消费者获得朋友式聊天的体验，微博、微信更能直接提升体验的附加值，在信息传播中更容易成为爆点。第三，痕迹。社会化媒体上容易留下用户的个人信息、兴趣偏好、网购行为习惯，根据这些信息可以实现商品实时推荐和精准营销。

二、我国购物网站发展的战略措施

我国网络购物市场发展迅速，购物网站数量逐年上升，网购交易规模不断扩大，同时竞争也在不断加剧。因此，各大购物网站要在同质化竞争中找准方向，形成差异化竞争优势，就必须分析局势、理清思路，确定明确的战略目标，制定切实可行的战略措施，以求得生存和发展的机遇。

（一）发掘网络购物市场潜力

网络购物市场稳步快速向前发展，彰显出巨大的市场潜力，具体表现在两个方面：一是网购交易额在社会消费品零售总额中的占比越来越高；二是网购用户的增长速度高于网民增速。电商企业应把握住机会，加大对网络购物市场的投入力度。

从电商规模来看，大型电商企业可以进一步分解电商产业链，寻找差异化的细分市场进行突围；中小型企业可以入驻大型电商平台，导入流量借力发力；大型综合平台可以积极招募第三方商家，发展长尾市场；垂直型电商平台可以适当扩充品类，获得边际成本递减的效益。

从年龄代际看，"90后"拥有较好的网购习惯，是电商企业的重点培育对象。"90后"对购物网站的浏览量不高，但是订单转化率较高。因此，培养"90后"用户可以扩充购物网站的后备力量，把握住年龄代际更替的机遇。

（二）购物网站要与第三方物流企业协调发展

物流配送是制约购物网站发展的一个重要问题。购物网站一般有三种物流模式可供选择：

第一种模式是自建物流，如京东、凡客诚品等，都建立了自己的物流配送体系，能够在确保货物质量的同时，及时送货。购物网站自建物流体系可以实现对从消费者下单到售后服务的全过程进行监督、控制，并在第一时间获得消费者的反馈信息，在达到一定规模后，物流配送成本可以大幅度降低并可控，其优势在于：①降低物流成本费用；②加快资金回流速度，开通货到付款、晚间配送、预约送货、上门退换货、消费者自提等服务，不仅有利于实现客户体验，还可大大提高资金周转率，降低资金周转压力；③增加企业自主控制权，避免由引入第三方物流企业产生的物流管理信息缺失、低效等问题，减少购物网站无法实现信息即时交换与传递、货物一旦发出就无法控制、发货过程中货物缺失或破损也无法界定责任等现象或纠纷的产生；④信息系统易于整合，可以根据自己的商品特点建立统一的信息整合标准，无须为不同规格的商品建立不同的信息整合标准以符合第三方物流企业的要求。然而，自建物流体系不可避免地会受到第三方物流企业的抵制，所以选择自建物流体系的购物网站要在仓库设立和货品配送领域与第三方物流企业不断协调以寻找双赢的方法。

第二种模式是第三方物流，其优势在于：①减轻购物网站自身的资金压力，自建物流体系不仅在选址上需要花费大量的时间和资金，而且在兴建物流体系的过程中会面临各种各样的问题，这些问题会在一定程度上制约物流体系的建立和企业自身的发展，故购物网站如果没有雄厚资金的持续投入，很难实现自建物流系统；②可以集中精力发展核心业务，任何企业的资源都是有限的，无法做到面面俱到，购物网站应该把自己的资源集中投放在自己擅长的主业方面，而如果其将一半精力放在物流自建发展上，必将影响网站的长远发展，选择第三方物流可以使购物网站从运输、仓储等相关业务中解脱出来保障其核心业务的发展，从而有利于其保持竞争优势；③提供多样化的顾客服务，未来电商主要的竞争点必然是服务，而购物网站选择第三方物流的仓储功能，就可以在急需补充货源的时候更加专业化地为顾客提供服务。但是在这种模式下，第三方物流公司直接面对消费者，它所提供的服务会在一定程度上影响消费者的购物体验，从而影响购物网站的业绩，这就要求购物网站与第三方物流公司进行协调，通过供应链体系的整合，或者上下游企业间的整合，来实现物流服务质量的大幅提高、物流总体费用的降低以及利润的合理分配。

第三种模式是自建物流与第三方物流混合配送模式，这种模式产生的原因在于网络购物具有配送量大、批次多且分散等特点。对于网购规模小、网购用户较少的区域，自建物流配送网络会造成资源浪费，因此在这种情况下，购物网站可以在主要经营区域采用自建物流的模式，而将部分区域的配送业务外包给第三方物流企业来完成。采用混合的物流配送模式，可以充分利用第三方物流已有的配送网点完成三四线城市，甚至乡镇的物品配送，这样不仅能够节省资源、提高配送服务质量，还可以满足消费者的配送需求，规避企业配送成本高的问题，同时也能够形成一定的品牌效应。

我国B2C、C2C模式购物网站的物流配送模式以第三方物流企业的配送为主、企业自建物流为辅的方式进行，这主要是由其运营能力、核心业务在市场的定位、服务覆盖的范围以及目前国内物流的环境等因素共同决定的。表7-1列出了我国具有代表性的购物网站的物流配送模式。

表7-1　我国具有代表性购物网站的物流配送模式

序号	网站名称	业务种类	网站模式	物流配送模式
1	当当网	以图书音像为主综合类	B2C	第三方物流
2	淘宝网	个人交易网络购物平台	C2C	第三方物流
3	京东商城	综合交易网络购物平台	B2C	自建物流+第三方物流
4	亚马逊中国	以图书音像为主综合类	B2C	自建物流+第三方物流

我国物流业正处于由传统物流向现代物流转变的过程中，不同服务方式的物流业正在不断壮大，智慧化程度逐步提高，而购物网站恰恰急需智慧化的物流系统或者企业来支撑网购业务的急速发展。在这样的环境下，购物网站应根据自己的配送需求联合第三方物流企业重新打造第三方物流服务标准，共同协调购物网站与物流企业之间的利益关系，同时整合各种物流资源，降低服务成本，提高运营效率。

（三）购物网站应将交易额与顾客及会员数量作为主要竞争标准

我国网络购物市场的发展需要大量的资金，其是购物网站走向成功的基础，而对投资商吸引最大的是行业发展前景和其获利的可能性。评价网络购物行业发展状况的两个非常重要的指标分别是购物网站的交易额和顾客及会员数量。这两个指标不仅已经逐渐成为公众评价购物网站规模和发展前途的主要标准，而且也成为各购物网站之间竞争的主要内容。购物网站要做大做强，就必然需要大量的忠诚顾客。因此，通过各种营销手段吸引消费者增加顾客及会员数量，并逐渐将他们转化为忠诚顾客，提升购物网站的销售收入和利润，将是未来电商企业要考虑的首要问题。

（四）购物网站应向社交化发展

随着互联网的发展和分享理念的广泛传播，越来越多的消费者喜欢将自己的购物体验通过网络平台分享给更多的人，而消费者的网络购物活动也越来越多地受到其他消费者的体验的影响，并越来越依赖他们社交网络中的集体智慧做出购物决策。例如，在购买之前阅读评论和向其他消费者寻求建议等。随着这种趋势的不断凸显，购物网站的社交化逐步显现。社交化购物网站是指通过社交化媒体、社交网络以及社交化 App 的应用来销售产品和服务，既包括购物网站自身，也包括与购物网站相联系的社交媒体、社交网站、微博、博客等。在社交化的购物网站上，消费者之间、消费者与购物网站之间能够互动与分享。从消费者的角度看，购物网站的社交化主要体现在三个方面：第一，消费者购物前进行店铺选择、商品比较等；第二，购物过程中消费者通过论坛等与购物网站间的交流与互动；第三，购买商品后消费者进行消费评价及使用分享等。从购物网站的角度来看，社交化的购物网站通过对社交化工具的应用以及与社交化媒体网络的合作，可以完成企业营销推广和商品销售，而且在与消费者进行沟通的过程中，可以更加深入地了解消费者的需求，更好地改进产品和服务。

随着一些社交化分享购物网站的兴起，越来越多的消费者开始选择在这类网站上进行购物，这就要求其他购物网站能够跟上时代发展的步伐，有效地聚合社交网络技术和电子商务技术来构建属于自己的社交平台。许多大型购物网站建立了自己的博客、社区、论坛等以激励新老顾客进行社交化购物分享体验，如淘江湖、麦包包口碑中心等，这些都是购物网站社交化的具体体现。

（五）购物网站应重视移动设备网络购物

手机购物的原理和计算机网络购物一样，只是购物的载体从计算机变成了手机。近年来，智能手机、平板电脑等高科技产品不断涌现并迅速更新换代，移动支付、手机支付快速兴起并实现便捷化服务，客观上为消费者使用移动设备进行网络购物提供了可能。从计算机上网购物到手机上网购物，消费者的购物平台渐渐移动化和个性化，其便利性和时效性再一次升级。因此，商家应及时抓住这一市场机遇，以求获得网络营销的新突破。

手机购物微信平台目前已经受到年轻人群的追捧。各种各样的企业、网店商户、媒体类服务号每天发送不同的新闻、产品信息、优惠折扣等。人们只需关注感兴趣的服务号，就可以免费收到所需信息，这样的精准营销确保了信息发送的准确性、及时性。同时，微信的朋友圈功能也为手机购物网站提供了社交化的条件，朋友之间可以更加便利地分享购物体验，并通过留言功能进行深度交流沟通。计算机网络购物与手机网络购物均属于虚拟网络环境下的购物行为，其消费者行为必定存在近似或趋同之处。因此，网络零售商应紧抓商机，持续拓展网络销售业务。移动设备网络购物具有广阔的市场前景，购物网站应重视移动设备网络购物行为，为消费者提供移动设备网络购物渠道。

（六）购物网站应适当采用团购与低价策略

价格便宜是消费者主要的网购动机。在互联网信息越来越透明的当下，尤其是能够提供各主要购物网站产品价格比较信息的网站的出现，使得消费者对价格越来越敏感。研究表明，价格因素已经成为影响消费者选择某一购物网站的主要因素。基于此，购物网站应在商品打折促销活动的基础上，针对某些特定商品开展团购活动，以此来提高消费者的品牌认知，进而培育消费者的品牌忠诚。

参考文献

［1］安泽．消费者行为心理学［M］．苏州：古吴轩出版社，2019.

［2］毕继东．负面网络口碑对消费者行为意愿的影响［M］．北京：经济科学出版社，2011.

［3］韩小红．网络消费者行为［M］．西安：西安交通大学出版社，2008.

［4］侯治平．消费者网络信息产品购买行为及演化规律：有限理性视角的实证与实验研究［M］．北京：经济科学出版社，2014.

［5］华春芳．网络市场调研与消费者行为分析［M］．北京：机械工业出版社，2017.

［6］汇智书源．一本书轻松读懂消费者行为心理学［M］．北京：中国铁道出版社，2018.

［7］焦阳．网络购物的发展对消费者行为变化的影响研究［M］．成都：西南财经大学出版社，2017.

［8］黎红艳．网购直播的意见领袖在营销中的作用［J］．商业文化，2021（27）：51-53.

［9］李何琪．浅谈电商平台"二选一"行为的法律规制路径［J］．老字号品牌营销，2021（10）：121-123.

［10］李明芳，薛景梅．B2C网络零售情境中消费者退货行为研究［M］．北京：经济科学出版社，2021.

［11］李永涛．消费者生鲜购买渠道选择的影响因素研究：异质性消费者视角［J］．商业经济，2022（1）：165-168.

［12］李永涛．异质性消费者视角下的生鲜电商营销策略［J］．食品工业，2021，42（11）：280-284.

［13］李志飞．旅游消费者行为［M］．武汉：华中科技大学出版社，2019.

［14］刘枚莲，徐丽芳．网络消费者品牌选择行为研究［M］．北京：中国经济出版社，2021.

［15］刘洋．网络购物节中消费者购物行为研究［M］．北京：科学出版社，2019.

［16］刘业政，姜元春，张结魁，等．网络消费者行为：理论方法及应用［M］．北京：科学出版社，2011.

［17］罗伯特·伊斯特，马尔科姆·赖特，马克·范于埃勒．消费者行为：基于数据的营销决策（第2版）［M］．钟科，译．上海：格致出版社，2018.

［18］宋晓兵．营销沟通对双重社会身份消费者行为的影响研究［M］．北京：知识产权出版社，2017.

［19］苏文．消费者在线互动行为：网络口碑对中国旅游者的影响机制研究［M］．厦门：厦门大学出版社，2017.

［20］孙瑜，吴冬淳，王宁．电商直播中草根导购影响青年消费行为的机制研究［J］．青年探索，2021（5）：91-101.

［21］陶安，王江涛，王京安．直播电商消费者消费行为产生机制研究——基于双渠道影响视角［J］．企业经济，2021，40（11）：64-71.

［22］汪彤彤．消费者行为分析［M］．上海：复旦大学出版社，2008.

［23］王海鹰，郑玉香．新消费者行为研究［M］．沈阳：辽宁大学出版社，2002.

［24］王孟博，尹玉婷，莫惠茵．物联网环境下国内鲜活农产品电商运营模式研究［J］．边疆经济与文化，2021（12）：43-47.

［25］王平．网络互助社群中消费者生成内容与选择行为研究［M］．北京：经济科学出版社，2017.

［26］王毅．网络营销环境下的消费者行为研究［M］．济南：山东人民出版社，2009.

［27］魏嵩寿，黄云清．消费者行为［M］．南宁：广西人民出版社，1987.

［28］薛君．网络消费者行为研究［M］．西安：陕西人民出版社，2006.

［29］燕云鸿，钱晓东．区块链环境下电商消费者网络多子群混合增长模型构建及特性研究［J］．计算机工程与科学，2021，43（12）：2157-2168.

［30］杨劼，王璐．"直播+电商"模式下消费者重购意愿的影响因素［J］．中国流通经济，2021，35（11）：56-66.

［31］姚秀丽．消费者行为及网络购物［M］．北京：科学出版社，2010.

［32］张淑贞．移动电商消费者购买意愿影响因素分析［J］．科技资讯，2021，19（29）：175-178.

[33] 赵占波.移动互联时代洞察消费者行为 ［M］.北京：首都经济贸易大学出版社，2015.

[34] 周飞.网络虚拟人物对消费者行为的影响研究 ［M］.北京：经济管理出版社，2020.